T0283994

REPARTIR EL PASTEL

Barry Nalebuff

REPARTIR
EL PASTEL

Una manera radical de negociar

EMPRESA ACTIVA

Argentina – Chile – Colombia – España
Estados Unidos – México – Perú – Uruguay

Título original: *Split the Pie*
Editor original: Harper Business
Traducción: Andrés Ruster López

1.ª edición Octubre 2022

Copyright © 2022 by Barry Nalebuff
All Rights Reserved
© 2022 by Ediciones Urano, S.A.U.
© de la traducción 2022 *by* Ediciones Urano
Plaza de los Reyes Magos, 8, piso 1.º C y D – 28007 Madrid
Ilustraciones de Dan Ashwood
www.empresaactiva.com
www.edicionesurano.com

ISBN: 978-84-16997-69-5
E-ISBN: 978-84-19413-04-8
Depósito legal: B-15.008-2022

Fotocomposición: Ediciones Urano, S.A.U.
Impreso por: Romanyà Valls, S.A. – Verdaguer, 1 – 08786 Capellades (Barcelona)

Impreso en España – *Printed in Spain*

Para Herb Cohen y David Stern (1942-2020),
dos gigantes de la negociación de quienes he tenido
el privilegio de aprender.

Índice

Introducción

La negociación es estresante, incluso para mí. Hay mucho en juego: dinero (a veces dinero que cambia la vida), oportunidades, tiempo, relaciones y reputación. La negociación puede sacar lo peor de las personas, cuando algunas intentan aprovecharse de la otra parte o simplemente imitan de modo ingenuo a los duros negociadores de los que han oído hablar.

¿No sería mejor que hubiera una forma de negociar basada en principios? ¿No sería aún mejor si existiera una forma de tratar a la gente de forma justa y de recibir un trato justo en una negociación? *Repartir el pastel* hace ambas cosas a través de un nuevo y radical enfoque de la negociación que he estado enseñando durante los últimos quince años a los estudiantes de MBA y a los ejecutivos de la Escuela de Administración de Empresas de Yale, y a más de 350.000 alumnos en línea de Coursera. Es el enfoque que utilicé para vender mi empresa a Coca-Cola. Es un método sencillo y práctico basado en la teoría de los juegos. Como todas las nuevas ideas buenas, también es antigua. La idea fundamental se remonta a más de dos mil años de antigüedad, y procede del Talmud babilónico. (Exploramos esta conexión en el capítulo 9).

Empezaré por ayudarte a identificar lo que realmente está en juego en una negociación, lo que yo llamo «el pastel» y que es el valor adicional que se crea a través de un acuerdo de trabajo conjunto. Una vez veas el pastel, cambiará tu forma de pensar sobre la equidad y el poder en la negociación. La noción de «repartir el pastel» es habitual en las negociaciones.

Pero la mayoría de las personas se reparten el pastel equivocado porque se centran en la cantidad total, no en la ganancia derivada del acuerdo. En consecuencia, se discute sobre cifras y cuestiones equivocadas, y se adoptan posturas que se perciben como razonables pero que, en realidad, son interesadas. Lo difícil de la negociación es medir el pastel correctamente. Cuando se entiende lo que está en juego, es mucho más fácil llegar a un acuerdo.

En pocas palabras, la negociación consiste en crear y captar valor. Como Roger Fisher y William Ury enseñaron al mundo en su libro *Obtenga el sí*, para tener éxito cuando se trata de crear valor hay que centrarse en los intereses, no en las posiciones. Queda sin resolver el complicado problema de cómo repartir las ganancias que se crean, ya sean sinergias en una fusión o ahorros de costes por compartir un Uber. La tensión resultante es la razón por la que a mucha gente le disgusta negociar.

Para resolver la tensión, algunos negociadores apelan a la ecuanimidad: «Te he hecho una oferta justa, deberías aceptarla». Pero lo que parece justo para una parte puede no parecérselo a la otra. Una de las partes podría ofrecer menos de la mitad y seguir considerándolo justo si la otra parte se preocupa más por el acuerdo en sí. En otras circunstancias, una parte podría argumentar que es justo dividir todo por la mitad, aunque los puntos de partida sean diferentes. Creo que estas divisiones no reflejan la verdadera naturaleza de la ecuanimidad en una negociación.

Otros negociadores apelan a argumentos basados en el poder. Así, una de las partes puede argumentar que tiene «derecho» a una parte mayor porque es más grande, porque aporta más a la mesa, porque puede marcharse más fácilmente, porque tiene más opciones, etc. Es frecuente que estas apelaciones al poder prevalezcan. Un resultado normal es dividir las cosas con proporcionalidad, referida esta a términos de tamaño (unidades, ingresos, beneficios, dólares invertidos), o alguna otra supuesta métrica de poder. Creo que estas divisiones son erróneas y no reflejan la verdadera naturaleza del poder en una negociación.

Este libro introduce un nuevo enfoque, el cual revela el verdadero poder de los actores y presenta sus contribuciones con ecuanimidad. La parte radical es la conclusión de que el pastel debe repartirse por igual. Eso no significa que ambas partes se queden con la misma cantidad.

Lo que se divide por igual no es el total, sino solo el valor adicional creado por el acuerdo, es decir, el pastel de la negociación. Dado que este reparto equitativo cambia fundamentalmente la forma en que la gente ve el poder, habrá resistencias, especialmente de las personas que se benefician de la ilusión de poder en ese *statu quo*. Sin embargo, esa resistencia puede superarse, y voy a explicar cómo.

Lo que obtendrás de *Repartir el pastel* es un enfoque práctico y teórico de la negociación. Cuando digo que es práctico, quiero decir que ha sido probado sobre el terreno. Te mostraré cómo este enfoque me ayudó a replantear lo que para mí fue una negociación de alto riesgo cuando Coca-Cola compró Honest Tea, una empresa que cofundé con mi antiguo alumno Seth Goldman (somos los Seth & Barry de la contraetiqueta). Fue en esa negociación de 2008 cuando la teoría salió por primera vez del aula. Hasta entonces solo había sido una idea que germinó en mi curso de negociación de Yale. El enfoque del pastel se desarrolló por necesidad, para ayudar a superar la razonable objeción de Coca-Cola de que no querían pagar por el valor que habían ayudado a crear. Desde el principio, acordamos repartir el pastel, fuera cual fuera, y eso dio a ambas partes un incentivo para hacerlo lo más grande posible, que es justo lo que hicimos.

El modelo del pastel no sirve solo para negociaciones corporativas de alto riesgo. También descubrirás que puede guiarte si alguna vez tienes que cancelar un contrato de alquiler con un propietario o comprar un nombre de dominio a alguien que lo tiene para especular. Aprenderás una forma mejor de repartir los costes entre las partes cuando los beneficios son desiguales. Verás de qué manera los abogados patrimonialistas más inteligentes de Nueva York emplean el pastel para reequilibrar un reparto desfavorable por defecto de los ahorros fiscales y, con ello, ganan varios miles de dólares para sus clientes. Tú también aprenderás a hacerlo.

Este sistema cambiará tu forma de abordar las negociaciones tanto en los negocios como en tu vida personal. Te permitirá ver la negociación de forma más clara y lógica. Te conducirá a un acuerdo en el que el principio aplicado no depende de las particularidades de tu situación. Te ayudará a elaborar argumentos que persuadan a los demás al identificar las incoherencias de sus planteamientos.

El reparto del pastel funciona cuando existe la oportunidad de cooperar con la otra parte para maximizar el valor que podéis crear juntos. Como pronto verás, también funciona cuando te enfrentas a alguien a quien no le importa la equidad o la perspectiva del pastel. Por sus principios, y porque conduce a resultados justos, este planteamiento ofrece la posibilidad de negociar sin necesidad de adoptar poses. Conseguir un reparto justo permite a ambas partes centrar su energía en conseguir el mayor pastel posible. Este sistema contribuye en gran medida a resolver la tensión entre la creación y la captación de valor.

Pronto comprobarás que este libro contiene más números que una guía de negociación típica. Pero los números tienen un propósito: ayudan a comprender la lógica del pastel para diferentes usos. Los datos te permitirán meterte de lleno en los ejemplos. Además, se ofrece información suficiente para que busques una idea mejor en lugar de aceptar las respuestas a pies juntillas. Espero que puedas sentir la emocionante experiencia de participar en un debate de casos de MBA. Al mismo tiempo, he hecho todo lo posible para que los números sean sencillos: no es necesario usar Excel.

Puede que te preguntes si para esto tienes que ser muy lógico y analítico, pero ¿qué pasa con tus emociones y empatía? Por supuesto, las emociones son importantes y sí, la empatía también es fundamental. De hecho, es totalmente racional ser empático. Sin embargo, en una negociación la lógica es fundamental y se comprende menos. Tener un argumento lógico —un principio al que remitirse— puede ayudar a rebajar las emociones. Porque es la lógica del pastel la que permite encontrar soluciones verdaderamente ecuánimes y la que te permite adoptar una posición de principios.

No te preocupes, este libro no es una guía para negociar en Vulcano. La primera mitad del libro se centra en la lógica y la segunda mitad se enfoca en la empatía. Las herramientas y los casos que contiene están diseñados para ayudarte a ser menos egocéntrico y más alocéntrico, es decir, más centrado en los demás. La empatía, no la simpatía ni la caridad, te ayudará a comprender mejor los objetivos de la otra parte y, por tanto, a ampliar el pastel. La lógica te asegurará que recibas la parte justa. Si puedes combinar la lógica y la empatía, tendrás lo mejor del Doctor Spock y del Capitán Kirk.

A continuación, nos atrevemos a llegar adonde ningún libro de negociación ha llegado antes.

PARTE I
EL PASTEL

1

Una pizza

Vivo y trabajo en New Haven, Connecticut. La ciudad, además de ser conocida por la Universidad de Yale, es famosa por su *pizza*. Algunos son apasionadamente fieles a la de Sally's y otros a la de Pepe's. Viendo sus largas colas se podría pensar que es más difícil entrar en estos restaurantes que en Yale. Eso es porque sus *pizza*s de almejas están en una liga propia. A riesgo de decantarme por un bando, contemplo una negociación con una *pizza* de Pepe's.

Pepe's les dará a Alice y a Bob una de sus *pizza*s de almeja de 12 porciones si ambos se ponen de acuerdo en cómo repartirla. Si no lo hacen, Pepe's seguirá dándoles *pizza*, pero solo media y, además, con cierto favoritismo: 4 trozos serán para Alice y 2 para Bob.

Hay muchos incentivos para llegar a una resolución. El reto es que hay varios acuerdos que pueden funcionar para ambas partes, unos más favorables para Alice y otros, para Bob. Pero tienen que elegir uno. La mayoría de la gente emplearía una de estas dos perspectivas para que Alice y Bob negociaran un acuerdo:

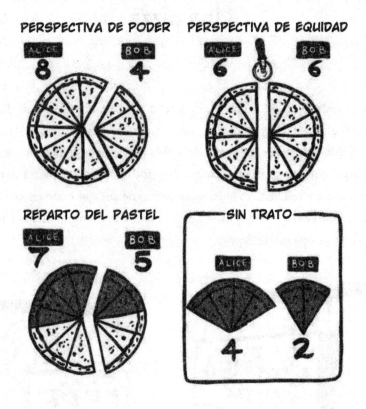

La primera es *la perspectiva del poder*: Alice comienza con más poder ya que sin acuerdo —su parte es de 4 pedazos, es decir dos veces mejor que la de Bob—, por lo que debería obtener el doble (8 porciones para Alice y 4 para Bob).

La segunda es *la perspectiva de la equidad*: las dos partes se centran en lo que se lleva cada una. En este caso, dividen la *pizza* por la mitad (Alice se queda con 6 porciones y Bob con otras 6).

Sin embargo, hay una forma diferente —y más lógica— de repartir la *pizza*. Es más lógica porque se centra en lo que realmente es la negociación: las 6 porciones extra creadas mediante acuerdo. Si Alice y Bob no llegan a un trato, tendrán un total de 4 + 2 = 6 porciones. Si, por el contrario, se avienen a él, tendrán 12 trozos. El valor de llegar a un acuerdo es pasar de 6 a 12 porciones. Ese aumento de 6 porciones es lo que está en juego o lo que yo llamo el «pastel de la negociación». Para conseguir esas 6 porciones, Alice y Bob se necesitan por igual. Como tienen el mismo poder, las 6 porciones deben repartirse a partes iguales. Además, cada uno recibe su parte de vuelta. Esto lleva a un reparto global de 4 + 3 = 7 porciones para Alice y 2 + 3 = 5 porciones para Bob.

Aunque parezca extraño decir esto, la mayoría de la gente acaba confundida sobre lo que realmente se negocia. Discuten sobre las 12 porciones, en lugar de las 6. Se centran en toda la *pizza*, no en la parte que corresponde. El pastel de la negociación es como una idea obvia que se esconde a la vista. Una vez que se enmarca la negociación en términos del pastel pertinente, la conclusión lógica es que esa parte que de verdad corresponde debe repartirse equitativamente. Eso es de lo que tengo que convencerte. Luego te daré las herramientas para convencer a los demás.

Como primer paso, quiero explicar lo que está mal en el *statu quo*. En mi opinión, la perspectiva de poder confunde el poder *externo* de la negociación con el *interno* de la negociación. ¿Por qué habría que repartir el importe del total en proporción al no acuerdo? Aunque 8:4 parece un resultado razonable porque imita la proporción de sus respectivas cantidades de no haber un acuerdo, no hay ninguna razón inherente para que el resultado se base en esa proporción.

Una forma de ver la debilidad de este argumento de la proporción es considerar un escenario diferente, uno en el que, si no hay acuerdo, Bob no obtendría ninguna porción, solo algunas migajas. En ese caso, tratar de imitar la proporción del no acuerdo llevaría a proporciones absurdamente altas de porciones (acercándose al infinito), lo que sugiere que de las 12 porciones casi todas serían para Alice.

Se podría argumentar que Bob está en una posición de negociar más débil, ya que solo obtendrá 2 porciones si no hay acuerdo, mientras que Alice obtendrá 4. Este argumento no tiene en cuenta el objetivo de la negociación. Si no llegan a un acuerdo, Alice solo conseguirá sus 4 porciones, y Bob solo 2. Una negociación eficaz consiste en superar el no acuerdo y para eso Alice y Bob son igual de necesarios y, por tanto, igual de poderosos.

El segundo enfoque, un reparto equitativo del total, es una visión exagerada de la equidad. A la hora de repartir los 12 trozos, Alice y Bob no están en igualdad de condiciones. Alice tiene una opción mejor. Si 6:6 es realmente una visión viable de la equidad, debería funcionar cualquier sea la opción de no acuerdo. Pero no es así. Mira qué pasaría si la opción de Alice fuera de 7 trozos en lugar de 4, mientras que la de Bob se quedase en 2 trozos. Si la equidad significa una división 6:6, Alice la rechazaría. Preferiría quedarse con su opción de 7 pedazos antes que aceptar 6. Mientras que en un reparto equitativo este error puede no ser aparente cuando las opciones alternativas son 4 y 2 porciones, sí lo es cuando la alternativa es 7 y 2. Por lo tanto, como regla de equidad, dividir el total en dos es fundamentalmente un error.

Dividir el total es un error común. Digamos que asignamos los trozos que corresponen a Alice y Bob al azar y luego los hacemos negociar. ¿Qué se puede predecir? Un experimento de este tipo fue realizado por Nejat Anbarci y Nick Feltovich[1]. Si la alternativa de ambas partes es menos de la mitad del total, el 42 % de las veces se lo dividirán a partes iguales. Parece justo y ninguno de los dos bandos sale ganando si no acuerda. Pero en cuanto una de las opciones alternativas superase la mitad, en menos del 8 % de las veces se optaría por un reparto equitativo.

Lo que ocurre es que las dos partes se aferran a una solución que parezca justa. El problema es que no han aprendido a ver el pastel pertinente como $12 - (4 + 2) = 6$ porciones y por eso acaban repartiendo el total equivocado. Dividen las 12 porciones, no las 6. Está bien preocuparse por la equidad, pero la equidad debe aplicarse al pastel de negociación pertinente, no al total. Cuando se trata de las 6 porciones del pastel de la negociación, Alice y Bob son perfectamente simétricos, están en la misma posición y son igualmente necesarios. Repartir el pastel de la negociación a partes iguales es lo justo. Bajo la perspectiva del pastel, el pastel de la negociación de 6 se divide en 3 y 3.

Cada parte obtiene su opción alternativa más la mitad del pastel. Alice termina con $4 + 3 = 7$ porciones, y Bob obtiene $2 + 3 = 5$ porciones.

Repartir el pastel de la negociación no es solo una cuestión de equidad. Alice y Bob tienen el mismo poder. Si Alice no acepta el reparto, dicho pastel se pierde. Lo mismo ocurre con Bob. No se puede decir que ninguna de las partes contribuya más que la otra a crear este pastel de 6. Dentro de la negociación, donde el objetivo es crear un valor creciente más allá del punto de partida de las partes, ambas son totalmente simétricas. Fuera de ella, las dos partes tienen un poder diferencial que se refleja en sus desiguales opciones alternativas, lo cual no influye en la forma de repartir el pastel de la negociación.

Ahora has visto la salsa secreta. En el caso de la *pizza* puede parecer engañosamente sencillo, al menos en retrospectiva. Cuando aplicamos este enfoque a problemas más complicados del mundo real, el ejemplo de la *pizza* subyace a todo lo que hagamos.

A partir de ahora, cuando utilice el término «pastel» me referiré siempre al que corresponde a la negociación. Ese es el pastel que importa. Como ya he dicho, lo difícil de la negociación es medir el pastel correctamente. No siempre es tan sencillo como en el ejemplo de la *pizza*. Puede que tengas que trabajar con la otra parte para descubrir cuál es.

Reconocerlo es la clave para conseguir la mitad. Y, una vez resuelto el problema de dividirlo, puedes centrar tu atención en trabajar juntos para hacer que crezca.

Empecemos.

2

Negociar con un trol

Sé lo que algunos estáis pensando. Todo esto está bien si Alice y Bob son razonables y racionales. Pero ¿qué pasa si a la otra parte le importa un bledo la equidad y no está interesada en conocer el pastel? ¿Qué pasa entonces? ¿Y cómo se calcula el pastel en un escenario real?

Tengo un amigo que pensó que podía ahorrarse algo de dinero registrando una marca sin contratar a un abogado. Eso le llevó a cometer un error de novato. No sabía que los registros de marcas son información pública y, cuando fue a registrar el nombre de dominio asociado, descubrió que alguien había comprado recientemente la URL. Eso le llevó a tener una negociación por correo electrónico.

El okupa de la marca —lo llamaré Edward porque ese era su verdadero nombre— se ofreció a revenderle el dominio y le escribió:

> Lamentamos no haber sabido ni esperábamos que nuestro dominio estuviera relacionado con su marca. Lamentamos haberle hecho sentir mal. Así que le proponemos transferirle a usted el dominio si nos envía 2.500 dólares. Por favor, deme su confirmación lo antes posible.

Edward intentaba anclar la negociación con un precio inicial alto, de 2.500 dólares. Es una táctica de negociación típica. En cuanto a sus disculpas, mi amigo no se las creyó. La compra del nombre de dominio no fue una casualidad: fue adquirido el mismo día en que se hizo pública la presentación de la marca.

Mi amigo le daba un valor muy alto al nombre del dominio, tal vez 5.000 o incluso 10.000 dólares. (Por supuesto, Edward no tenía forma de saberlo). El valor de Edward era cero. Eso podía sugerir que la apuesta era elevada. Pero para calcular el tamaño del pastel hay que saber qué pasaría si no se llegara a un acuerdo. Esto le llevó a mi amigo a investigar un poco.

Descubrió que hay una corporación sin ánimo de lucro llamada ICANN que gestiona la asignación de nombres de dominio en internet. Según las normas de la ICANN, lo que Edward había hecho era un registro de mala fe. La ICANN tiene un proceso de resolución de disputas que cuesta 1.300 dólares y que prácticamente garantiza la asignación del dominio al propietario de la marca. Si mi amigo no llegaba a un acuerdo con Edward, podía recuperar el nombre de su dominio pagando una tasa de 1.300 dólares a la ICANN. No importaba si el valor del dominio para mi amigo era de 5.000 o de 10.000 dólares, el pastel era solo de 1.300 dólares.

La razón que le motivaba ahora a negociar era ahorrarse la tarifa de 1.300 dólares de la ICANN. También se ahorraría un poco de tiempo, pero eso era una preocupación menor. Además, no tenía prisa, ya que aún faltaban unos meses para el lanzamiento del negocio.

En su respuesta a Edward, mi amigo le explicó el proceso de resolución de conflictos de la ICANN y le señaló que el coste de 1.300 euros era mucho menor que los 2.500 dólares que le pedía Edward.

> Aprecio tu preocupación. Aunque me sienta mal que tengas el dominio, yo me sentiría aún peor pagándote 2.500 dólares. Preferiría gastar 1.300 y proceder con el proceso de disputa de la ICANN. Basándome en tu precio de venta de 2.500 dólares, si procedo con el proceso de la ICANN, me ahorraré dinero y tú terminarás sin nada. Por lo tanto, te sugiero que aceptes 500 dólares. Si realmente

te sientes mal, esto debería cubrir con creces tus costes. Y, si no te sientes mal, estoy preparado para emplear el proceso de disputa.

Edward tenía experiencia en este tipo de atracos y sabía que perdería. (Un poco de investigación en el sitio web de la Organización Mundial de la Propiedad Intelectual mostró que el historial de Edward era de 0 a 3). Bajó a 1.100 dólares, un poco menos de los 1.300 de la tarifa de la ICANN. Esta vez intentó otra táctica, añadiendo un plazo de pago.

Lo siento, pero 500 dólares es demasiado poco para mí. Considerando el costo de la disputa y el tiempo, le sugiero amablemente que quedemos en 1.100 dólares. Me voy de vacaciones a partir del 9/1, ¿podría confirmarme su respuesta lo antes posible?

Hasta este momento todo era un regateo bastante normal. Pero había llegado el momento de que mi amigo empleara el sistema del pastel. Así que le envió un correo electrónico:

Así es como veo las cosas: evitar el proceso de disputa de la ICANN me ahorrará 1.300 dólares. Eso es lo que queda disponible para compartir entre usted y yo. Con su propuesta de 1.100 dólares, yo acabaría pagando 200 dólares menos y usted acabaría ganando 1.100 dólares. Eso no me parece justo. Sería tan injusto como que yo le ofreciera a usted 200 dólares para acabar ahorrándome los 1.100 del proceso de disputa de la ICANN. Estoy dispuesto a dividir el ahorro a partes iguales con usted, 650/650 dólares, pero hasta ahí llegaré. Es decir, le pagaré 650 dólares. Eso le dejará a usted 650 dólares más de lo que le correspondería si yo siguiera adelante con el proceso de disputa y yo terminaría ahorrando 650 dólares.

El correo electrónico presentaba el pastel de 1.300 dólares. La estrategia consistía en exponer primero de qué se trataba la negociación, luego destacar la simetría de las dos partes y, por último, insistir en un reparto equitativo.

En respuesta a la proposición de Edward de repartir 200/1.100 dólares, mi amigo había hecho una contraoferta igual pero opuesta. No había más justificación para un reparto de 200/1.100 dólares que para uno de 1.100/200 dólares. Tenía sentido, pues, ofrecer esa contraoferta como algo hipotético y no como una propuesta real, ya que Edward probablemente se habría sentido insultado al probar el sabor amargo de su propia e injusta oferta. La posibilidad de darle la vuelta a cualquier oferta conducía naturalmente al único resultado justo, un reparto equitativo del pastel.

Edward hizo un rápido contraataque.

Quedemos en 900 dólares. Este es mi precio final. Creo que si usted no puede aceptar este precio, no tenemos otra opción. Tenga en cuenta que mi precio original era de 2.500 dólares. Y me marcho muy pronto. Vamos a cerrar el trato.

El que Edward hubiera hecho una gran concesión, bajando de 2.500 a 900 dólares, era irrelevante. Su punto de partida era solo una fachada. La mayor parte del movimiento —el paso de 2.500 dólares a 1.300— no contaba. Mi amigo tenía una opción sobre la mesa de la ICANN de 1300 dólares. Por tanto, la negociación solo comenzó cuando Edward estuvo por debajo de los 1.300 dólares.

En cuanto a convenir quedarse en 900 dólares, Edward sugería que se repartieran la diferencia, no el pastel. Él había estado en 1.100 y le propuso moverse a mitad de camino, hacia 650 dólares (con un poco de redondeo hacia arriba). Quedar a medio camino parece justo desde el punto de vista del procedimiento, pero el precio que le pedía de 1.100 dólares era arbitrario, mientras que la oferta de 650 dólares era justa. Quedarse a medio camino entre lo arbitrario y lo justo sigue siendo arbitrario y ya no es justo.

Edward probó todos los trucos para asegurarse, desde una división de la diferencia a poner un ultimátum y dar plazos. Estos trucos pueden funcionar cuando la otra parte es inexperta. En este caso, mi amigo se dio cuenta de todos ellos y, lo que es más importante, tenía un argumento de principios que vencía esas tácticas. Dejó que el correo electrónico quedara sin respuesta. Tres días después, Edward aceptó la oferta de 650 dólares.

A Edward no le interesaba el pastel, la equidad o la negociación; solo quería explotar la situación lo máximo posible. Entonces, ¿por qué funcionó el argumento del pastel? Funcionó porque le permitió a mi amigo mantener su posición. Ambas partes entendieron que el trato podía hacerse en cualquier precio en un rango entre 0 y 1.300 dólares. Sin el pastel, el precio «final» de 900 dólares de Edward podría ser tan creíble como la propuesta de 650 dólares de mi amigo. Pero había una diferencia clave: Edward no tenía ningún principio en el que basar su cifra. Por el contrario, mi amigo argumentó que proponía algo justo basado en un reparto equitativo del pastel.

Aunque a Edward no le importara la equidad, lo que importaba era convencerle de que la otra parte sí lo hacía. Por eso el pastel resultó ser poderoso. Mi amigo insistía en hacer algo justo. Si Edward quería alcanzar un acuerdo, tendría que llegar a la cifra de 650 dólares o quedarse sin nada. Y ahí vemos cómo el pastel añade un razonamiento de principios a una negociación. El principio de dividir el pastel permitió a mi amigo hacer una oferta justa y atenerse a ella.

El trato de 650 dólares fue el plan de mi amigo todo el tiempo. No empezó con 650 dólares porque no creía que Edward aceptara su primera oferta, sino que esperó a que las cifras se acercaran y estuvieran dentro del rango de 0 a 1.300 dólares antes de sacar el argumento del pastel.

Puede parecer extraño hablar de pasteles y equidad cuando uno está inmerso en una negociación con rehenes, que es a lo que se parece. Edward había tomado el nombre del dominio como rehén y estaba pidiendo por él un rescate. El rescate potencial podía estar en una cifra entre 0 y 1.300 dólares. A menos que mi amigo y Edward se pusieran de acuerdo en el precio, mi amigo pensaba acudir a la caballería de la ICANN para rescatar al rehén.

Pero eso costaría 1.300 dólares. Era un amargo pastel de 1.300 dólares. Mi amigo no podía ahorrarse la tarifa de la ICANN sin el acuerdo de Edward, y este no podía conseguir ningún rescate sin el acuerdo de mi amigo. Tal vez, por una cuestión de principios, mi amigo debería haberse negado para evitar recompensar el comportamiento de Edward. Esa era otra razón por la que no estaba dispuesto a dar a Edward más de la mitad del pastel. Para ahorrar 650 dólares estaba dispuesto a dejar que Edward obtuviera 650 dólares, pero ni un centavo más.

Como habrás supuesto, este «amigo» era yo mismo. Hay un consejo más: gasta 12 dólares y compra el dominio antes de registrar la marca.

3

El pastel

El punto de partida de cualquier negociación debe ser: ¿qué está en juego? Aunque parezca una pregunta obvia, la respuesta resulta ser sutil.

El alcance de una negociación es lo que las dos partes pueden crear conjuntamente, además de lo que pueden hacer por su cuenta: el pastel. Para crear el pastel se necesitan las dos partes. Por definición, lo que se crea conjuntamente es lo que ninguna de las partes puede crear por sí sola. Desde esta perspectiva, ninguna de ellas es más poderosa. Esta es la simple pero profunda percepción que lleva a afirmar que el pastel debe dividirse siempre al 50:50.

En el caso del nombre de dominio, el pastel era relativamente sencillo de calcular y de explicar. En otras circunstancias, la gente tiene dificultades para ver el pastel correspondiente e, incluso cuando lo hacen, siguen la convención y proponen una división proporcional. Hay una larga historia a favor del enfoque convencional. Según Aristóteles en su *Ética a Nicómaco*: «Lo justo, entonces, es una especie de lo proporcionado... lo injusto es lo que viola la proporción; porque lo proporcional es intermedio, y lo justo es proporcional».

Aunque es intimidante no estar de acuerdo con Aristóteles, creo que la división proporcional viola un principio central de justicia: *Si una regla para repartir el pastel se considera justa, debe considerarse justa para cualquier conjunto posible de puntos de partida.* Como veremos en el siguiente ejemplo, y a lo largo del libro, una división proporcional que parece justa en un contexto se rompe en otro. Esto no es solo un problema de la división proporcional. Una división equitativa del total también se rompe. Repartir el pastel es el único enfoque que constituye un compromiso sólido y de principios con la justicia.

Solo interés

Durante la festividad de Diwali, Anju y su hermano mayor, Bharat, estaban reunidos en la casa de su infancia con sus padres. Después de la cena, Bharat se dirigió a su hermana para pedirle consejo financiero, al fin y al cabo, ella tenía un MBA en Yale. Él no se decidía a elegir un modo de invertir mejor su dinero. El mercado de valores era volátil, pero los bonos pagaban pocos intereses. Con los 20.000 dólares que tenía para invertir, podía obtener un 2% en un CD (certificado de depósito) a un año*.

Anju le dijo que tenía el mismo dilema, pero incluso mayor. Ella había planeado comprar un certificado de depósito a un año con los 5.000 dólares que tenía para invertir. Pero, como tenía una cantidad menor para invertir, el banco solo le ofrecía un tipo de interés del 1%. Aunque 50 dólares de interés eran mejor que nada, no eran mucho mejor.

Los dos acordaron rápidamente que tenía sentido reunir sus fondos e invertir juntos. Buscando por internet, Anju descubrió que podían obtener una tasa mejor, de un 3%, si compraban un certificado de depósito de 25.000 dólares.

---

* He redondeado los tipos de interés para simplificar los cálculos.

	Cantidad invertida	Tipo de interés	INTERÉS
Anju	5.000 $	1%	50 $
Bharat	20.000 $	2%	400 $
Anju y Bharat	25.000 $	3%	750 $

Hasta aquí, todo iba sobre ruedas. Enseguida llegó el momento de decidir cómo repartirían los intereses. Bharat presentó lo que le parecía una solución justa y lo que casi todo el mundo propondría en esta situación: los dos ganarían cada uno el 3 % del dinero invertido. Eso significa que Anju se llevaría 150 dólares en intereses (3 % sobre 5.000 $), mientras que Bharat se llevaría 600 dólares (3 % sobre 20.000). Esto era justo porque todos recibían el mismo tipo de interés. Bharat dividía los 750 dólares —la *pizza* entera— en proporción al dinero invertido.

Anju había hecho mi curso y veía las cosas de forma un poco diferente. El dinero no era un gran problema, ya que la cantidad de dinero involucrada era bastante pequeña. Pero ella quería ser tratada con justicia. La forma en que ella veía las cosas —y la forma en que espero que tú las veas ahora— era que invertir juntos creaba 300 dólares de valor. Los dos podían ganar 50 $ + 400 $ = 450 $ antes de que decidieran juntar sus fondos. Al hacer equipo, ese total aumentó a 750 dólares. Ella era igualmente responsable del aumento de 300 dólares. En nuestro lenguaje, diríamos que ese aumento de 300 dólares es el pastel.

Anju quería los 50 dólares que podía ganar por su cuenta más la mitad del pastel, es decir, 50 + 150 = 200 dólares en total. La diferencia respecto a la propuesta de Bharat de dividir 600 $/150 $ no merecía meterse en una gran pelea, pero sí estaba en juego su orgullo.

Ella le hizo el argumento del pastel a Bharat. Le explicó que no quería repartir los 750 dólares (lo que dejaría a Bharat con menos que si actuara solo). Solo quería repartir las ganancias de 300 dólares obtenidas al invertir juntos. Y le insistió en que necesitaba su ayuda para obtener esas ganancias.

Bharat le señaló que, sin su ayuda, ella no pasaría de los 50 dólares. Debería estar contenta de terminar con 150 dólares. ¿No se estaba volviendo un poco codiciosa?

Anju estaba preparada para esto. Sin su ayuda, Bharat estaba atascado en los 400 dólares de intereses. Él le pedía 200 de los 300 dólares de aumento o dos tercios de las ganancias. Él era el que estaba siendo codicioso.

En este punto, se convirtió en una discusión amistosa. Cada uno quería tener razón. Bharat, como todo un caballero, se ofreció a repartir la diferencia entre su propuesta de 150 dólares y la de ella de 200 dólares. Le propuso a Anju que aceptara 175 dólares en concepto de intereses.

A medio camino entre lo injusto y lo justo seguía siendo injusto, así que Anju no estaba dispuesta a ceder. Me contó con cierto orgullo cómo consiguió convencerle. «Bharat —le dijo—, imagina por un momento que un certificado de depósito de 25.000 dólares paga el mismo tipo de interés del 2 % que uno de 20.000 dólares. Sigue teniendo sentido que invirtamos juntos, ya que eso supone 50 dólares más de intereses».

	Cantidad invertida	Tipo de interés	Interés
Anju	5000 $	1 %	50 $
Bharat	20.000 $	2 %	400 $
Anju y Bharat	25.000 $	2 %	500 $

«Con el esquema que propones, cada uno ganaría el mismo 2 % sobre el dinero invertido. Eso significa que tú seguirías recibiendo 400 dólares (tu 2 % sobre 20.000 dólares) y yo obtendría 100 dólares (mi 2 % sobre 5.000 dólares). Yo pasaría de 50 a 100 dólares y me quedaría con toda la ganancia. Eso no sería justo para ti. En este caso, ganamos un interés extra de 50 dólares y yo debería repartir esos 50 dólares a partes iguales contigo».

Bharat estuvo de acuerdo en que debía recibir 25 dólares en el caso de que un certificado de depósito de 25.000 dólares solo pagara el 2 %. El juego había terminado. Él aceptaba la idea general de repartir el pastel, se había dado cuenta de que el reparto proporcional que había propuesto no sería en general justo para él. No podía pedirle a Anju que adoptara la división proporcional en un caso si no estaba dispuesto a aceptarla en otro que no le favorecía. Aunque era difícil perder una discusión con su hermana pequeña, estaba empezando a ver que ya no era tan pequeña.

Me gusta mucho el enfoque de Anju. Una buena manera de convencer a alguien de que su solución no es la correcta es darle un ejemplo en el que acabaría siendo, bajo esas reglas, la parte desfavorecida. Una cosa es que Anju le diga a Bharat que se ponga en su lugar, pero es mucho mejor dar un ejemplo en el que se coloque en su lugar, pero ya no se sienta cómodo.

Para convencer a alguien de que adopte el enfoque del pastel, hay que persuadirle de la verdad, que repartir el pastel es justo. Si además puedes ayudarle a ver por qué la división proporcional es injusta —y potencialmente injusta para él—, entonces estás libre. Espera que digas por qué la división proporcional es injusta para ti. Elevarás la discusión si presentas un ejemplo en el que la división proporcional va en contra de sus intereses. Ese ejemplo demuestra que la solución que propone no es un compromiso sólido con la equidad, el cual funciona para cualquier conjunto de condiciones.

Lo que la gente hace en la división proporcional es tratar cada dólar de inversión de la misma manera. Aunque a simple vista pueda parecer justo, no lo es, ya que cada dólar no tiene el mismo coste ni genera la misma ganancia. Antes de que las dos partes decidan cómo repartir el total, cada parte debe ser compensada primero por lo que podría ganar por sí misma. Lo que queda es el exceso de ganancia y eso es lo que se divide a partes iguales. Si Anju se marchara, Bharat no podría obtener ninguno de los 300 dólares adicionales por su cuenta. Esta ganancia de 300 dólares depende por igual de las dos partes. No depende en proporción a las cantidades aportadas.

Al unirse, la inversión de 5.000 dólares de Anju creó 100 dólares de intereses adicionales en su dinero y 200 en el de Bharat. Cada parte debe quedarse con la mitad de lo que se genere con su dinero y obtener la mitad de lo que permitió que se generara. ¿Por qué no quedarse solo con lo generado por su parte? Recordemos el ejemplo hipotético de Anju: su inversión de 5.000 dólares generó 50 dólares de intereses adicionales en su dinero y nada en el de Bharat. No es justo que este no reciba nada extra. Anju necesita que él gane esos 50 dólares. Él tiene derecho a la mitad de los 50 dólares extra de Anju, al igual que Anju tiene derecho a la mitad de los 200 dólares extra de intereses de Bharat en la negociación real (en la que ella desempeña un papel esencial para hacer posible ese interés extra).

Detrás de la idea de equidad está el tratamiento de igualdad. La cuestión es: ¿qué es lo que debe tratarse por igual? No son los dólares los que tienen poder. Son las dos partes las que se necesitan para hacer el trato. Cuando el pastel se mide correctamente, las partes son igualmente esenciales y, por tanto, igual de poderosas. Eso es lo que me lleva a tratar a las personas por igual, no los dólares.

Anju era el único socio inversor potencial de Bharat y viceversa. Dada la escasa inversión, ninguno de los dos iba a salir a buscar otro socio. En otras circunstancias, probablemente sea más fácil sustituir a alguien con una inversión de 5.000 dólares que a alguien con 20.000. En ese caso, la opción alternativa de Bharat sería encontrar a otra persona que invirtiera 5.000 dólares y llegar a un acuerdo con ese inversor. Si Bharat puede encontrar inversores alternativos con más facilidad que Anju, podría conseguir un acuerdo mejor con Anju.

Por ejemplo, si otra persona, digamos Chiragh, inviertiera 5.000 dólares con Bharat y aceptara su oferta inicial del 3 %, entonces

Bharat podría ganar el 3 % de sus 20.000 dólares o 600 dólares de intereses. Es una mejora para Bharat, pero sigue teniendo sentido hacer un trato con Anju, sobre todo si Chiragh no acepta menos de 150.

Anju tiene que rebajar a Chiragh, pero puede resistirse hasta más de 51 dólares.

	Cantidad invertida	Tipo de interés	Interés
Bharat y Chiragh	25.000 $	3 %	750 $
Pago a Chiragh	5.000 $	3 %	–150 $
Dinero para Bharat			600 $

La lógica del pastel sigue siendo válida. A falta de un acuerdo, Anju y Bharat ganarán 50 + 600 = 650 dólares, lo que supone 100 dólares por debajo del interés potencial de los 750 que podrían ganar juntos. Anju y Bharat se reparten el pastel disminuido a 100 dólares, lo que hace que Anju cobre 50 + 50 = 100 dólares y Bharat cobre 600 + 50 = 650 dólares.

A veces, cuando la gente piensa en una negociación de dos personas, cree que se pueden incorporar a otros. Sin embargo, al hacerlo cambia el pastel y lo que cada parte acaba obteniendo. Si solo hay dos personas que pueden unirse para hacer posible el acuerdo, el pastel es de 300 dólares y Anju, incluso en la peor de las alternativas, tiene el mismo derecho a la mitad. Si hay más de dos personas, sigue habiendo una negociación de dos personas entre Anju y Bharat. Es una negociación diferente con un pastel más pequeño, pero se siguen repartiendo este pastel. Volveremos a tratar este tema en el capítulo 14, donde tratamos las negociaciones multipartes.

Un sistema para negociar

Las negociaciones exigen un sistema que integre equidad y poder en un único principio. La teoría de los juegos ofrece ese sistema. Dos partes que entran en una negociación tienen a su disposición opciones alternativas fuera de la negociación (aunque no sean opciones atractivas). El concepto de pastel de la teoría de los juegos tiene en cuenta estas alternativas y determina así lo que está en juego.

La definición del pastel puede expresarse con una sencilla fórmula:

Pastel = Valor total con acuerdo − (Valor de MAAN de A + Valor de MAAN de B)

En esta definición, el «valor total con acuerdo» es lo que las dos partes, A y B, pueden hacer juntas. Las MAAN (Mejor Alternativa a un Acuerdo Negociado) —en inglés BATNA o *Best Alternative to a Negotiated Agreement*— son las acciones que A y B llevarán a cabo por su cuenta si no llegan a un acuerdo, es decir, la opción alternativa de cada una. El pastel es la cantidad de valor que se crea al llegar a un acuerdo en comparación con el mayor valor creado cuando las partes siguen sus mejores opciones alternativas.

Para simplificar las cosas, identificaré las MAAN por su valor (o coste). En el ejemplo de la *pizza*, la MAAN de Alice era conseguir 4 porciones y la de Bob era conseguir 2 porciones. En la negociación de los nombres de dominio, mi MAAN era pagar 1.300 dólares a la ICANN y la de Eduardo era obtener 0. En la negociación de los tipos de interés, la MAAN de Anju era ganar 50 dólares de intereses por su cuenta y la de Bharat, 400 dólares.

El objetivo de una negociación es superar la propia MAAN. El pastel es la medida en que las partes superan colectivamente sus MAAN. En el ejemplo de la *pizza*, el pastel es 12 − (4 + 2) = 6 trozos. En el ejemplo de la negociación del nombre de dominio, el valor total con un acuerdo fue de 0 dólares, lo que es 1.300 dólares mejor que pagarle al

ICANN esos 1.300 y que Edward no obtenga nada*. La unión de Anju y Bharat aportó 750 dólares de interés, lo que supera sus MAAN colectivas de 50 y 400 por 300 dólares.

La definición del pastel no se preocupa por tu riqueza, tu género o la función que desempeñas, A o B. Ni siquiera se preocupa por tu MAAN individual. El pastel es el mismo si las MAAN son [4 trozos para Alice, 2 para Bob] o [2 trozos para Alice, 4 para Bob] o incluso [0 trozos para Alice, 6 para Bob]. Lo único que importa es cuánta ganancia es posible sobre los MAAN colectivos. Por eso se negocia.

La perspectiva del pastel revela que los dos lados son siempre perfectamente simétricos e igualmente poderosos. Por poder me refiero a la esencialidad de uno de ellos en la creación del pastel. Si A o B se quedan fuera, no hay pastel: A y B son igualmente esenciales y, por tanto, su poder es siempre el mismo. Un poder igual debería llevar a un reparto igual. Un reparto equitativo también es justo: la simetría de las dos partes significa que están igualmente situadas bajo la perspectiva del pastel. Esto nos lleva al principio de la negociación: *calcular el pastel y repartirlo por igual.*

Es natural concluir que las personas que se encuentran en posiciones simétricas deben recibir el mismo trato. Si A y B son iguales en todos los sentidos, por supuesto que deberían recibir la misma cantidad. La ventaja del enfoque del pastel es que revela la simetría oculta en situaciones en las que la simetría no es evidente de modo inmediato. En el ejemplo de la *pizza*, Alice y Bob no son simétricos en cuanto a sus opciones alternativas. Por tanto, no se puede afirmar que cada uno acabe con el mismo número de porciones. Sin embargo, son perfectamente simétricos cuando se trata de crear el pastel de seis trozos. Su perfecta simetría en el objetivo del pastel lleva a un reparto equitativo de la misma. Anju y Bharat no son simétricos en cuanto a la cantidad de dinero

---

* Pagar 1.300 dólares significa que mi MAAN era un número negativo. El pastel es 1.300 = 0 − (−1.300 + 0 − (1.300 + 0) dólares

que tienen que invertir, pero lo son en cuanto a que generan 300 dólares extra de interés. Esta es la importancia del sistema del pastel. La simetría esencial solo aparece cuando se entiende de qué va la negociación. De ahí que se calcule el pastel y se reparta a partes iguales.

Sé que parece sencillo, tal vez demasiado sencillo. Durante el tiempo, que he enseñado el sistema del pastel, he escuchado muchos «Sí, pero…»:

- ¿Y si hay un tercero? ¿Y si el pastel está escondido?
- ¿Y si una de las partes se preocupa más?
- ¿Y si las dos partes no se ponen de acuerdo sobre el pastel?
- ¿Por qué debería adoptar este enfoque el bando que tradicionalmente lo hace mejor?
- ¿Por qué no puede tener más poder una de las partes?

Tengo respuestas a todas estas preguntas y más. Como acabamos de ver con Anju y Bharat, añadir a un tercero modifica el pastel, pero no la idea de repartirlo. Hay una tendencia de la gente a precipitarse cuando llegan las complicaciones que pueden surgir en las negociaciones. Continuaré con algunos ejemplos de negociaciones relativamente sencillas que ayudarán a tener una buena base de conocimiento. Las negociaciones sencillas acaban siendo muy complicadas. Prometo que abordaremos todas estas cuestiones. Por el camino, también explicaré por qué alguien que podría obtener más de la mitad debería adoptar el enfoque del pastel.

4

Dos mitos sobre la negociación

Peter Thiel es un famoso empresario e inversor de Silicon Valley. Cofundó PayPal y Palantir y fue el primer inversor externo de Facebook. También es famoso por sus preguntas poco ortodoxas en las entrevistas. En concreto, le gusta preguntar:

¿En qué verdad importante están de acuerdo muy pocas personas contigo?

Es casi una pregunta con trampa porque la afirmación tiene que ser cierta y ser importante. Y, lo más difícil, debe ser algo que casi nadie se cree. No puedes decir: el calentamiento global es la mayor amenaza del mundo. Es cierto e importante, pero demasiada gente estará de acuerdo contigo. Los pepinos y las judías verdes son frutas, no verduras. Es cierto y no se entiende mucho, pero no es importante.

En el caso de la negociación, hay dos verdades importantes que casi nadie aprecia.

1. Tener una MAAN pobre no te sitúa en una posición débil en la negociación.
2. No importa la disparidad de tamaño o capacidades, ambas partes contribuyen por igual al pastel.

Intentaré convencerte de cada una de ellas por separado.

Una mala MAAN

El argumento habitual en la literatura sobre negociaciones es que tener una MAAN más alta da más poder. Según Roger Fisher y William Ury en *Obtenga el sí*: «Cuanto mejor sea tu MAAN, mayor será tu poder […]. El relativo poder de negociación de dos partes depende principalmente de lo atractiva que sea para cada una la opción de no llegar a un acuerdo».

Como explican los profesores Robin Pinkley, Margaret Neale y Rebecca Bennett, una MAAN inferior te sitúa en una posición débil:

> [Si] un negociador tiene pocas opciones o muy poco atractivas para la negociación actual, es poco probable que esté dispuesto a abandonar esta negociación. Así, el negociador debería estar teóricamente en una posición menos poderosa que la de un oponente con más alternativas atrayentes.[2]

No estoy de acuerdo. Una MAAN superior no hace que una persona tenga más poder en una negociación. Simplemente significa que empieza con más, lo que supone que hay menos que negociar. Pero no debería recibir más de la mitad del pastel. Y alguien con una MAAN baja no debería estar menos dispuesto a abandonar una negociación.

En la negociación de la *pizza*, la MAAN de Alice era el doble de la de Bob: 4 porciones frente a 2 porciones. Y, sin embargo, no tenía ningún sentido que Bob estuviera en una posición más débil que Alice para conseguir cualquiera de las 6 porciones adicionales. Si Alice se aleja, pierde la oportunidad de mejorar su MAAN al igual que si Bob se alejara. Cuando las dos partes entienden correctamente lo que se negocia —el pastel—, Alice y Bob están igualmente bien posicionados e igualmente fuertes en la negociación.

Yo tenía una MAAN peor en la negociación del nombre de dominio, pero eso no me impidió conseguir la mitad del pastel. Yo ofrecía 650 dólares y Edward se aferraba a los 900 dólares. La oferta de Edward era solo 400 dólares mejor para mí que marcharse, mientras que mi oferta era 650 dólares mejor para él que marcharse. Por eso no se marchó cuando no respondí a su correo electrónico. La persona a la que se le ofrece menos de la mitad del pastel es la que está más dispuesta a marcharse.

Podría dar ejemplos de otras negociaciones en las que a alguien se le ha ido igual de bien a pesar de tener una MANN mala, pero no sabríamos si se trata de un golpe de suerte o si es que estoy seleccionando mis ejemplos. Para responder realmente a la pregunta, deberíamos realizar un experimento en el que diéramos a una de las partes una MAAN superior y ver el resultado. Los profesores Francesca Gino y Don Moore realizaron un experimento de este tipo[3]. Las negociaciones consistían en la venta de un coche usado. La situación es la siguiente. Te mudas al extranjero para aceptar un nuevo trabajo y necesitas vender tu fiel Toyota Prius. Vas a CarMax y te hacen una oferta sin compromiso. Tienes otra opción: una persona te comprará el coche ahora mismo si os ponéis de acuerdo en el precio. Te vas mañana, así que esta es tu última oportunidad de superar la oferta de CarMax.

En el caso de una MAAN alta, tienes una buena oferta de CarMax y el comprador ofrece una alternativa menos competitiva. En el caso de una MAAN baja, tienes una oferta menos atractiva de CarMax y el comprador ofrece una alternativa mejor.

Caso del vendedor con una MAAN elevada: la oferta de CarMax es de 8.000 dólares. El comprador ha visto un coche casi idéntico que se vende por 10.000 dólares.

¿Qué precio crees que puedes conseguir?

Caso del vendedor con una MAAN baja: la oferta de CarMax es de 7.000 dólares. El comprador ha visto un coche casi idéntico por 9.000 dólares.

¿Qué precio crees que puedes conseguir?

¿Tienes menos poder en el caso de una MAAN baja? Puede parecer que sí. Pero en los datos experimentales, el precio medio de las transacciones fue de 9.027 dólares en el caso de una MAAN alta y 8.061 dólares en el caso de una MAAN baja. Aunque el precio es unos 1.000 dólares más en el caso de una MAAN alta, si miramos un poco más vemos que tu poder es realmente el mismo. En ambos casos, el comprador está dispuesto a pagar 2.000 dólares más que la MAAN del vendedor. En ambos casos, el pastel es de 2.000 dólares. En ambos casos, el reparto es de aproximadamente 50:50.

	MAAN Alta	MAAN Baja
MAAN del comprador	10.000 $	9.000 $
MAAN del vendedor	8.000 $	7.000 $
Pastel	2.000 $	2.000 $
Precio de la transacción	9.027 $	8.061 $
Ganancia para el comprador	973 $	939 $
Ganancia para el vendedor	1.027 $	1.061 $
Reparto del pastel	49:51	47:53

Una vez que la negociación se enmarca en los términos del pastel, no hay motivo para pensar que los mismos 2.000 dólares se dividirán de forma diferente en los dos casos. Según nuestro principio de reparto equitativo, los precios previstos son 9.000 dólares en el primer caso y 8.000 dólares en el segundo, y ambas partes acabarán ganando 1.000 dólares. Y eso es lo que el experimento descubrió, aunque las cifras nunca son exactas. *El poder del vendedor (y el del comprador) son iguales en los dos casos.*

En el lenguaje de análisis de la negociación, hay una ZOPA (Zona de Posible Acuerdo) del tamaño de 2.000 dólares. La ZOPA en el caso de una «MAAN Alta» es de 8.000 a 10.000 dólares, mientras que en el caso de una «MAAN Baja» es de 7.000 a 9.000 dólares. La negociación termina en el punto en el que la ZOPA de las dos partes aterricen. El pastel es el tamaño de la ZOPA, y repartir el pastel es lo mismo que encontrarse en medio de la ZOPA.

Espero que ahora veas que el vendedor no tiene menos poder en el segundo caso. Por supuesto, como vendedor le irá peor en el segundo caso que en el primero. De hecho, le iría peor con 1.000 dólares, pero eso no implica que tenga menos poder.

Te va peor solo porque tienes un producto menos valioso para vender. En el caso de una MAAN alta, es posible que tengas un Prius de 2011 a la venta, mientras que en el caso de una MAAN baja tienes un Prius de 2010. La negociación, sin embargo, no es sobre la valoración, sino sobre cómo repartir la diferencia de valoración entre el comprador y el vendedor. En ambos casos, esa diferencia es de 2.000 dólares.

No niego la ventaja de llegar a una negociación con una MAAN óptima porque permite obtener más. Si tu MAAN es de 8.000 dólares en lugar de 7.000, espero que acabes obteniendo más por tu coche. Pero no espero que acabes con una mayor parte del pastel. El dinero extra no proviene de la negociación, sino de factores externos y anteriores a la negociación, como tener un coche mejor para vender.

Esto puede parecer una cuestión semántica. No lo es y la razón es que la gente cuenta dos veces la ganancia de tener una MAAN óptima. Incluso en el caso extremo de que la MAAN de una parte valga cero y el de la otra sea positivo, ambas partes son igualmente necesarias para superar sus MAAN. La parte con pocas o con opciones muy poco atractivas no debería estar ni más ni menos dispuesta a abandonar. Siempre que la negociación se enmarque en términos del pastel, ambas partes tienen exactamente las mismas ganancias potenciales en la negociación y, por tanto, el mismo incentivo para seguir negociando. Una parte con una MAAN débil está cediendo demasiado si no se aferra a la mitad del pastel.

Volviendo a nuestro ejemplo de la *pizza*, si Alice puede aumentar su MAAN de 4 a 5 porciones, el pastel se reduce de 6 a 5 porciones, ya que 12 -(5 + 2) = 5. La clave aquí es que el pastel, ahora de 5 porciones, todavía se divide por igual entre Alice y Bob. El motivo de la negociación será obtener las 5 porciones adicionales. El hecho de que Alice tenga una MAAN mejor no significa que vaya a obtener más de las 5 porciones de Bob.

El hecho de que Alice tenga una MAAN mejor significa que tiene menos razones para participar en la negociación. Y lo mismo ocurre con Bob. El hecho de reunir su dinero solo crea una ganancia mutua de 5 en lugar de 6 porciones. También es cierto que ahora Alice termina con más. La razón es que ella empieza con 5 trozos en vez de 4. La ganancia de la MAAN más alta es una ganancia que tuvo lugar antes de la negociación. Alice termina con 5 + 2,5 = 7,5 porciones, mientras que Bob termina con 2 + 2,5 = 4,5 porciones.

No quiero que saques una conclusión equivocada. Aumentar el valor de tu MAAN es la forma más segura de acabar con más dinero. Obtienes el 100 % de tu MAAN y solo el 50 % del pastel. Si encuentras la forma de mejorar tu MAAN, te irá mejor. De hecho, por cada dólar extra de MAAN te irá 50 centavos mejor. Tu punto de partida es 1 dólar mejor y el pastel es 1 dólar menor, así que la ganancia neta para ti es de 50 centavos.

Del mismo modo, si puedes encontrar una manera de reducir el MAAN de la otra parte, también obtendrás 50 centavos adicionales por cada dólar que se reduzca. El punto de partida de la otra parte es ahora 1 dólar menos y el pastel es 1 dólar más grande, por lo que la pérdida neta para la otra parte es de 50 centavos, que van a parar a tu bolsillo.

Lo que el jugador A acaba obteniendo es

Total de A = MAAN de A + el 50 % del pastel

$\qquad$ = MAAN de A +1 /2 [Valor total – (MAAN de A + MAAN de B)]

$\qquad$ = 1/2 [Valor total + MAAN de A – MAAN de B]

Asimismo,

$$\text{Total de B} = 1/2 \, [\text{Valor total} + \text{MAAN de B} - \text{MAAN de A}]$$

Hay tres palancas que son igualmente eficaces para ayudarte a conseguir más: (1) hacer que el acuerdo sea mejor aumentando el valor total; (2) mejorar el valor de tu MAAN; (3) reducir la MAAN de la otra parte.

Si estás negociando con alguien que ha leído este libro, estas son las únicas palancas que debes emplear. Los dos os repartiréis el pastel. Como no puedes conseguir una parte mayor del pastel, tu único movimiento es cambiar el valor total creado o las MAAN*.

Si las MAAN son tan importantes, ¿por qué digo entonces que no dan poder? Mi razón es sencilla. Las personas con una mala MAAN no solo parten de un punto bajo, sino que además se sienten presionadas a aceptar menos de la mitad del pastel. No hay ningún sentido por el que tengan más o menos razones para abandonar la negociación. No puedo contar el número de veces que he oído a la gente decir «Tú necesitas este acuerdo más que yo». Lo que hay implícito o explícito en este argumento es que la persona con la peor MAAN debería llevarse menos de la mitad del pastel. No es así. Ambas partes necesitan el acuerdo en la misma medida. Cada una de ellas necesita el acuerdo por igual para mejorar su MAAN. Y cada una de ellas contribuye por igual a crear el pastel. Por eso el pastel debe repartirse por igual, independientemente de las MAAN.

---

* Las negociaciones se basan en la percepción de las MAAN. Por tanto, cambiar las percepciones modifica el resultado de la negociación. La gente suele imaginar que su MAAN es mejor de lo que realmente es. Es posible que quieras ayudar a la otra parte a entender que su verdadera MAAN es menos atractiva de lo que podría desear.

Contribuciones equitativas

A la gente le cuesta ver la igualdad de las contribuciones cuando las partes ponen sobre la mesa lo que parecen ser elementos muy diferentes. Por eso, en una negociación, el que más juega suele obtener más. La mayoría de la gente cree erróneamente que las contribuciones están relacionadas con el tamaño y, por tanto, son desiguales.

Quiero convencerte de que, en todas las negociaciones bipartitas, por muy diferentes que sean las partes, sus contribuciones al pastel deben ser siempre iguales. Eso tiene que ser cierto a nivel macro: si el acuerdo no se produce, el pastel desaparece. Pero cuando entramos en los detalles, puede ser más difícil apreciar las contribuciones iguales.

Dos periódicos

Los periódicos *Gaceta* y *Planeta* están estudiando la posibilidad de asociarse si llegan a un acuerdo sobre las condiciones. La *Gaceta* tiene el doble de tamaño y puede aportar 10.000 nuevos suscriptores a *Planeta*, mientras que este puede aportar 5.000 nuevos lectores a la *Gaceta*. El aumento de los beneficios que supondrán estos nuevos lectores sería de 150.000 dólares. En la *Gaceta* dicen que tienen derecho a un reparto de beneficios 2:1, ya que aportan el doble de lectores y, por tanto, el doble de beneficios.

¿Realmente aportan el doble? No, las aportaciones son iguales. La impresión errónea proviene de la comparación del número de nuevos lectores en lugar de considerar de forma aislada cada conjunto de nuevos lectores. Considere los nuevos 10.000 lectores que la *Gaceta* puede aportar al periódico *Planeta*. ¿Qué aporta el *Planeta* a cambio? La respuesta es: su contenido. Sin el contenido de *Planeta*, no hay nada que los lectores de *Gaceta* puedan leer. Las dos empresas se necesitan por igual para crear el valor de 10.000 nuevos lectores.

Del mismo modo, cuando *Planeta* aporte 5.000 nuevos lectores a la *Gaceta*, esta está contribuyendo con su contenido. Las contribuciones no son de 10.000 frente a 5.000 nuevos lectores. Cada una de las dos contribuciones requiere de ambos periódicos. El aumento de los beneficios debería repartirse en 75.000 dólares para cada uno.

Sísifo

A veces, un lado debe hacer mucho más esfuerzo para que el pastel se produzca. En esos casos, no parece justo dividirlo. La razón por la que es injusto es porque el pastel no se mide correctamente. Explicaré la confusión usando mi versión del mito de Sísifo.

Zeus está dispuesto a pagar a Sísifo 100 dracmas de plata para hacer rodar una roca pesada hasta la cima de una montaña. Hay un paso complicado cerca de la cima donde Sísifo siempre resbala y la roca vuelve a rodar hasta el fondo. Afortunadamente, Atenea está allí para ayudar. Con solo un pequeño empujón en el momento adecuado, puede ayudar a Sísifo a atravesar el paso y llegar a la cima. ¿Atenea realmente tiene derecho a 50 dracmas por su momento de ayuda?

Darle a Atenea la mitad suele provocar una reacción visceral de injusticia. No ha trabajado tanto como Sísifo. No se merece tanto. Y hay algo de verdad en ese sentimiento.

Sí, ella y Sísifo son igual de esenciales y, por tanto, cada uno debería recibir la mitad del pastel. Pero, no, el pastel no son 100 dracmas, sino el valor que ambos crean por encima de sus MAAN. El valor creado tiene que tener en cuenta el coste —en este caso todo el trabajo duro— asociado a la tarea.

Digamos que requiere 4 horas de trabajo extenuante y que Sísifo puede ganar 15 dracmas/hora por ese trabajo. El pastel no es de 100 dracmas; es solo de 40 dracmas después de tener en cuenta el inevitable pago de 60 dracmas que Sísifo ha dejado de ganar. Si Zeus solo hubiera ofrecido 50 dracmas por el trabajo, Sísifo lo habría rechazado (al menos en mi versión). No habría pastel: el esfuerzo requerido de 4 horas no habría compensado. Podemos decir que la MAAN de Sísifo sería de 60 dracmas si hubiera ganado eso en otro lugar por la misma cantidad de duro trabajo. De modo equivalente, podemos decir que el trabajo viene acompañado de 60 dracmas de esfuerzo costoso, lo que deja un pastel efectivo de 40. Atenea y Sísifo realmente solo tienen 40 dracmas para repartir. Ella recibe 20 y Sísifo 80; 60 son los que le compensan por toda la carga pesada y 20 por el pastel.

Todavía puede parecer que a Atenea le sale bastante bien por solo un momento de ayuda. Pero a Sísifo le falta un ingrediente esencial sin el cual no puede ganar más que sus 15 dracmas/hora habituales. Si hay otras diosas a las que puede recurrir, Atenea ya no es esencial, y Sísifo obtendrá más de los 40. Si Atenea es la única disponible, le aconsejaría que aguantara por la mitad de los 40 (o que viera si Atlas puede hacer rodar la roca por menos).

El lado del ahorro de Coca-Cola

En el ejemplo de la *pizza* vimos que repartir el pastel en proporción a las MAAN no tenía sentido cuando la MAAN de una de las partes era 0. Las divisiones proporcionales están más relacionadas con el tamaño, no con las MAAN, donde el tamaño se mide en unidades o en dólares. Incluso en este caso, conduce a resultados absurdos.

El problema de la división proporcional se hace evidente cuando los cocientes se vuelven extremos. Lo que parece un fallo técnico cuando la proporción es de 2:1 se convierte en insostenible cuando la proporción es de 1.000:1. Yo era el más joven y me enfrentaba a este problema en la que era mi negociación más importante.

Como he mencionado en la introducción, además de ser profesor, he creado una empresa de té helado orgánico listo para beber con mi antiguo alumno Seth Goldman. Se llama Honest Tea. La empresa acabó teniendo negociaciones con Coca-Cola, y yo era la persona de contacto.

Voy a compartir dos historias de estas negociaciones. La primera está un poco adornada, y la segunda es completamente cierta. En el próximo capítulo, leerás sobre la negociación entre Honest Tea y Coca-Cola para la venta de la empresa. Aquí quiero compartir uno de los preliminares del evento principal.

Antes de que las dos empresas empezaran a hablar de una adquisición, existía la posibilidad de que Coca-Cola ayudara a Honest Tea con la compra de botellas. Coca-Cola no solo tiene un enorme poder adquisitivo, sino que consigue precios muy bajos en todos sus ingredientes y envases. En el debate sobre las posibles sinergias entre Coca-Cola y Honest Tea se descubrió que Coca-Cola podría ayudar a Honest Tea a reducir drásticamente el coste de sus botellas, de 19 centavos por botella a 11 centavos. Esto supone un ahorro de 8 centavos por botella, y en aquel momento la empresa vendía 40 millones de botellas al año. Dado que el negocio crecía casi un 100 %, en un acuerdo de tres años el número previsto de botellas vendidas sería de 250 millones. Ciframos el ahorro de costes ¡en 20 millones de dólares!, una cantidad casi imposible de imaginar en aquel momento. Con esa estructura de costes, el negocio sería rentable. La cuestión era cómo repartir los 20 millones de dólares entre Coca-Cola y Honest Tea.

Una opción, ciertamente favorable para Coca-Cola, sería dividir el ahorro de 20 millones de dólares en proporción al volumen de ventas por unidad. De este modo, cada empresa ahorraría la misma cantidad por botella vendida. Aunque las unidades y los dólares no están perfectamente alineados, los ingresos por ventas proporcionan una buena estimación del resultado probable. El volumen de ventas de Coca-Cola fue de 40.000 millones de dólares al año. El volumen de ventas de Honest Tea fue de 20 millones de dólares. Si las dos empresas compartieran los 20 millones de dólares en proporción a los ingresos, Coca-Cola obtendría 19.990.000 de dólares y Honest Tea 10.000. ¡Ay!

Como puedes imaginar, eso no me pareció justo. Y ni siquiera se lo pareció a Coca-Cola. Está claro que la división proporcional no funciona cuando se lleva al extremo. Y eso significa que tampoco es justa en ningún otro caso. La división proporcional no es una regla sólida, por lo que se debe sospechar de esta cuando la proporción es de 2:1 en lugar de 2.000:1. Sigue siendo igual de injusta, pero su desigualdad es menos aparente.

Reconociendo lo injusto de dividir el ahorro en proporción a las ventas, el equipo de Coca-Cola presentó una oferta más razonable: proponían quedarse con 19 millones y que nosotros nos quedáramos 1 millón. Según ellos ese era su poder adquisitivo. No estamos aportando el mismo valor a la mesa.

Pero ¿aporta Coca-Cola algo más? Sin su poder de compra, no habría ahorros. Eso es cierto. ¿Qué aportaba Honest Tea?

En mi cabeza pensaba: tu poder adquisitivo es genial, pero necesitas nuestras ineficiencias. Vale, puede que ese no fuera el mejor momento para ser gracioso. Así que me incliné por el siguiente argumento: necesitas nuestro té para llenar tus botellas. Tu poder adquisitivo es genial, pero para conseguir el ahorro que conlleva vender 250 millones de botellas más, necesitas acceder a nuestros clientes. Solo juntando tu poder de compra con la gente a la que le gusta este té orgánico no demasiado dulce, podemos ahorrar 20 millones de dólares. Por eso debemos repartir el ahorro a partes iguales: 10 millones y 10 millones.

Coca-Cola ya había extraído todo el potencial de ahorro de sus propias botellas. Para conseguir otros 20 millones de dólares de ahorro, tenía que encontrar a alguien que pagara demasiado por las botellas y que utilizara muchas. Éramos nosotros.

Tratar de determinar qué lado contribuye más al pastel es como preguntar qué es más importante para un bote de mantequilla de cacahuete Reese: el chocolate o la mantequilla de cacahuete. No hay respuesta a esa pregunta. Se necesitan ambos.

Incluso aunque estés de acuerdo en que ambos éramos igualmente necesarios, algunos pensarán que estaba pidiendo demasiado. Estoy negociando con el Imperio Galáctico... o al menos eso parece. Coca-Cola es una empresa de la lista Fortune 100 y tiene una de las marcas más conocidas del mundo. Aquí yo soy el pequeño y me importa mucho más el trato. Se podría esperar que Coca-Cola respondiera con algo como: «Somos Coca-Cola. Para nosotros, 19 millones de dólares no es ni siquiera un error de redondeo en un error de cálculo. Para ti 1 millón de dólares es una cantidad enorme. Es más dinero del que has ganado nunca. Deberías ser feliz con esa cantidad. Nos quedaremos los 19 millones».

Todo eso era cierto. Un millón de dólares habría sido un gran trato. Y sin embargo... a cada argumento sobre la división del pastel se le puede dar la vuelta. En este caso, así es como funcionaría: «Vale, Coca-Cola, acabas de decirme que no te importa el dinero. Diecinueve millones de dólares es un error de redondeo en un error de cálculo. No te importa si no lo consigues. Pero a nosotros sí nos importa. Tomaremos los 19 millones de dólares, y puedes quedarte el millón de dólares. Nadie de tu lado se dará cuenta».

Una de las razones por las que las grandes empresas suelen acabar recibiendo más es que argumentan que se preocupan menos y, por tanto, necesitan más para obtener la misma ganancia. Pero eso no tiene mucho sentido. Si argumentan que deberían recibir más porque no les importa, ese es un argumento que puede darse la vuelta. La respuesta es: «Bueno, en ese caso, si no te importa, te resultará fácil sacrificarte y renunciar a más». Volveremos a tratar este tema en el capítulo 11.

Al final, la conversación sobre la compra conjunta pronto fue sustituida por una conversación sobre la compra de la empresa. Nunca tuvimos que llegar a un acuerdo sobre el precio de las botellas. En cambio, tuvimos que hacerlo por algo mucho más importante, como el precio de la empresa. Antes de entrar en materia, retrocederé y ofreceré algunos antecedentes más.

5

Un pastel honesto

El gurú de la negociación Herb Cohen ofrece algunos consejos muy prácticos: debes preocuparte, preocuparte de verdad, pero… no tanto. Es difícil ser objetivo cuando la negociación es personal y hay mucho en juego. Por eso la gente contrata a abogados y banqueros para que les representen en una negociación.

En aquel 2008 no podía permitirme el lujo de seguir el excelente consejo de Herb. Me encontraba en una negociación de alto riesgo con Coca-Cola, al menos de alto riesgo para nosotros. Coca-Cola estaba interesada en comprar Honest Tea, la empresa que cofundé con Seth Goldman. La multinacional había dicho desde el principio que no quería ningún banquero de inversión ni estar en una situación de subasta. No me gustaban mucho esas reglas del juego, pero no deseaba correr el riesgo de que Coca-Cola se fuera de la mesa de negociación[4].

Durante los diez años anteriores, Seth y yo habíamos estado trabajado para levantar Honest Tea. La verdad es que el negocio debería haber sido una receta para el desastre. Ni Seth ni yo teníamos experiencia previa en la dirección de una empresa. Nos enfrentábamos a Coca-Cola, Pepsi, Nestlé, Arizona, SoBe y a una docena de empresas más en lo que suele considerarse el mercado más competitivo del mundo.

Y sin embargo, sobrevivimos, e incluso florecimos. Honest Tea tuvo éxito porque adoptó un enfoque diferente. Sin jarabe, sin concentrados, sin aromas, sin jarabe de maíz de elevado o bajo en fructosa. La receta consistía en hojas de té orgánicas de primera calidad, agua caliente y solo un poco de miel, jarabe de arce, agave o azúcar de caña orgánico.

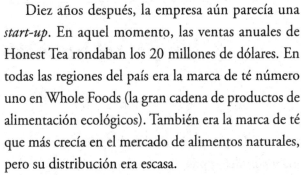

Mientras otros vendían té helado que sabía a caramelo líquido, Honest Tea era té que sabía a té.

Diez años después, la empresa aún parecía una *start-up*. En aquel momento, las ventas anuales de Honest Tea rondaban los 20 millones de dólares. En todas las regiones del país era la marca de té número uno en Whole Foods (la gran cadena de productos de alimentación ecológicos). También era la marca de té que más crecía en el mercado de alimentos naturales, pero su distribución era escasa.

El futuro estaba lejos de estar asegurado. La empresa había sobrevivido a botellas deformadas, a accidentes de tráfico e incluso a una retirada de productos del mercado nacional. Para cubrir el efectivo necesario para los inventarios, la empresa había pedido un préstamo de 5 millones de dólares, pero el banco nos exigía garantías personales. Si las cosas se torcían, lo perderíamos todo.

El sueño de todo empresario es recibir una llamada de Coca-Cola diciendo que están interesados en comprar tu negocio. Aunque Seth y yo estábamos entusiasmados por hablar con ellos, no estábamos preparados para vender. Estábamos disfrutando con ello y nos parecía que estábamos alcanzando nuestro nivel.

Por otro lado, no vender daba miedo. Nuestro MAAN no era el *statu quo*, iba a ser mucho peor que eso. Ya en 1991 Coca-Cola y Nestlé habían formado una asociación para comercializar Nestea*. Pero esa asociación no estaba funcionando, lo que significaba que, por primera

---

* Honest Tea tuvo una historia con Nestea. Cuando se lanzó la empresa, el nombre era Honestea. Los abogados de Nestlé bloquearon la presentación de la marca alegando que el nombre utilizaba la suya, como HoNESTEA. Resolvimos el problema añadiendo un espacio y una T de más. El resultado, Honest Tea, fue un nombre mucho mejor.

vez en mucho tiempo, Coca-Cola y Nestlé eran libres de perseguir otras empresas de té por su cuenta, fuera de su asociación con Nestea.

Durante ese verano, Nestlé USA intentó comprar nuestra empresa. Las dos partes de la multinacional habían hecho algunos progresos en cuanto al precio, pero, cuando la sede suiza vio la cifra, el director general se asustó y rechazó el trato. El director de Nestlé USA volvió a Honest Tea con una cifra muy reducida que yo rechacé. El jefe de Nestlé USA escribió entonces a Seth insinuando que yo había arruinado las esperanzas y los sueños de Seth, su familia y todas sus futuras generaciones. El asunto se estaba volviendo personal.

El interés de Nestlé y Coca-Cola significaba una cosa. Ambas empresas estaban decididas a comprar un negocio de té. Si no compraban Honest Tea, comprarían uno de los rivales de Honest Tea. Entonces no competiríamos con otras empresas de nueva creación como Long Life, Inko, Sweet Leaf y Tradewinds, sino con esas empresas respaldadas por los grandes. Y si Honest Tea se vendiera a Coca-Cola o a Nestlé en el futuro, seríamos un complemento y no los principales.

Seth y yo ni siquiera nos imaginábamos esto hasta que la gente de Coca-Cola nos lo hicieron saber de la forma más amable posible: No nos dijeron «Si no nos vendéis, os aplastaremos como a estas hojas de té». (Eso sí nos lo dijo el director general de Tetley cuando Honest Tea no se mostró interesado por su oferta). Lo que nos dijeron fue: «El consejo de administración nos ha exigido incorporar una empresa de té a nuestra cartera. Hemos estudiado 150 opciones diferentes y vosotros sois nuestra primera opción. Estamos entusiasmados con lo que habéis hecho y podéis hacer, pero entended que tenemos una orden». Competir con antiguos rivales respaldados por los grandes era intimidante. Pero Seth y yo no nos centramos solo en el lado negativo. La oportunidad de formar parte de Coca-Cola suponía una enorme ventaja para nuestro objetivo. Como nos dijo Muhtar Kent, entonces director general de esta multinacional: «No queremos que Coca-Cola os cambie; queremos que Honest Tea cambie a Coca-Cola». Honest Tea sería el primer té ecológico de Coca-Cola. Con su ayuda, Honest Tea podría reducir el coste de sus botellas de plástico, podría mejorar la calidad de la producción, ayudar a democratizar y generalizar lo orgánico; en fin, podría demostrar que se puede crear una empresa de éxito sin tener que sacrificar los ideales. De ahí la paradoja. Seth y yo queríamos el respaldo de Coca-Cola, pero no deseábamos vender. ¿Podríamos obtener lo mejor de ambos mundos? Lo que acordamos desde el principio fue que Coca-Cola compraría una participación minoritaria en la empresa por el momento, y luego tendría la opción de comprar el resto en tres años. Y después de algunas idas y venidas, también conseguimos lo que se llama una «opción de venta», el derecho a asegurar que Coca-Cola compraría la empresa en tres años si los accionistas de Honest Tea querían vender.

Esto resolvió un problema, pero creó otro. ¿Qué precio pagaría Coca-Cola al cabo de los tres años? La multinacional había prometido ayudar en las compras, la producción y la distribución durante los siguientes tres años. Con razón, no querían tener que pagar más debido a toda la ayuda que estaban prestando.

Aquí es donde puse en práctica por primera vez el enfoque del pastel. Hasta entonces había sido una idea que germinaba en mi curso de negociación en Yale. ¿Podría resolver la paradoja?

¿Cuál es el pastel creado por este acuerdo? Trabajar con Coca-Cola permitiría a Honest Tea alcanzar un nivel de ventas muy superior al que podría lograr por sí sola. Coca-Cola no quería pagar más por la empresa debido a las ventas que ella misma posibilitaba.

Mi respuesta fue que las dos partes eran igualmente necesarias para hacer posibles esas ventas adicionales. Sí, Honest Tea no podría conseguir las ventas sin los camiones de Coca-Cola, pero esta no podría hacer esas ventas adicionales sin Honest Tea en sus camiones. Solo si nos uníamos podíamos crear un pastel.

Y de ahí llegó la solución. Coca-Cola pagaría a Honest Tea un precio basado en un múltiplo de las ventas. El múltiplo representaría el valor total de las ventas hasta un nivel de X dólares (que debo mantener en secreto), siendo X las ventas previstas según las tendencias actuales. Por encima de ese nivel, Coca-Cola pagaría el 50 % del múltiplo. En otras palabras, las dos empresas se repartirían el pastel, donde el pastel es el valor de las ventas adicionales que posibilitaba este acuerdo.

Hubo muchas idas y venidas sobre cuál era el valor total (lo que se conoce como el «múltiplo de mercado») y cuál era el valor correcto de X en dólares. Piensa en ello como si se tratara de una cuestión de detalles. Eran cuestiones basadas en datos.

Desde el principio todo el mundo estuvo de acuerdo con el concepto de repartir el pastel. Gracias al sistema del pastel, lo difícil acabó siendo fácil. Con el acuerdo en marcha, todos pudieron trabajar juntos para crear un pastel gigante. Ahora, una docena de años después de que se cerrara el acuerdo, los tés se venden en todo el mundo y el negocio es más de diez veces superior al de 2008.

Además de ser un buen acuerdo para ambas partes, hay un último punto que me gustaría que tomaras en cuenta sobre el acuerdo de Honest Tea. Las dos partes no tenían que saber cuál era el pastel para repartirlo. Acordaron hacer un reparto del pastel, fuera cual fuera, *a posteriori*. Esto es muy útil cuando se negocia en un entorno de incertidumbre. Las dos partes saben que hay un pastel que crear, pero ninguna de ellas sabe de qué tamaño será, o bien cada parte tiene su propia opinión y no se ponen de acuerdo. Pero no tienen por qué ponerse de acuerdo. Mientras el pastel pueda medirse *a posteriori*, las dos partes pueden acordar su reparto. Esta es una idea clave que utilizaremos en muchos de los próximos ejemplos.

6

Un pastel legal

Los contratos pueden rescindirse. Cuando eso sucede, la gente se molesta. Discuten para que se les indemnice y se demandan unos a otros. El enfoque del pastel puede ayudar no solo a resolver el conflicto, sino a determinar cuánto debe pagar alguien en concepto de daños y perjuicios, y también a proporcionar mejores incentivos para que las pérdidas resultantes sean lo más pequeñas posible.

Una forma de pensar en esta cuestión es la siguiente. Una de las partes adoptó una acción unilateral. En lugar de negociar su salida del contrato, se retiró. Pero ¿cuál habría sido el resultado si las dos partes hubieran renegociado los términos? El acuerdo al que habrían llegado las dos partes es mi punto de partida para resolver el conflicto. Por supuesto, esa solución es repartir el pastel.

Romper un contrato de arrendamiento

Shayne acababa de aceptar un nuevo trabajo a dos horas y media de donde vivía. Eso era una buena noticia para Shayne, pero no tanto para su casera. Shayne se mudaría dentro de un mes. El problema era que le quedaban cinco meses de contrato, es decir, se iría cuatro meses antes. Cuando le dijo a su casera que iba a romper el contrato, esta no se mostró muy contenta. Le dijo que tendría que pagarle los alquileres perdidos y que tenía hijos a su cargo.

Insistió en que Shayne le pagara 2.400 dólares por dos de los cuatro meses restantes de alquiler. Además, le comunicó que si rompía el contrato de alquiler perdería el depósito de 1.200 dólares y, para colmo, una fianza extra de 500 dólares del seguro para mascotas. Shayne se quedó sin 4.100 dólares.

Este aceptó de mala gana porque era ligeramente mejor que pagar los cuatro meses de alquiler. Cuatro días después de mudarse a su nuevo hogar, Shayne volvió a su antigua casa para recoger unas herramientas que había dejado en el patio. Para su sorpresa, ya se habían instalado nuevos inquilinos. El casero los había conseguido durante el mes de preaviso que Shayne le había dado.

Me enteré del caso de Shayne mientras conducía a casa escuchando mis podcasts de Slate Plus y apareció *¡Cómo!* con Charles Duhigg. En cada episodio, Duhigg trae a un experto para ayudar a un oyente a resolver un problema. Ese día, Duhigg estaba ayudando a Shayne, de Virginia, a aprender a negociar mejor. El experto visitante era Chris Voss, antiguo negociador de rehenes del FBI y autor de *Rompe la barrera del no.*

Chris Voss le explicó a Shayne cómo podría haberlo hecho de otra manera. Para empezar, Voss quería que Shayne demostrara que entendía la posición del propietario de la vivienda. Luego le pidió que empezara su conversación con el casero con un «Sientes». Shayne probó así: «Sientes que te estamos dejando en la estacada porque no es una buena temporada para alquilar porque realmente nadie se muda. Y tienes miedo de que el apartamento vaya a estar vacío durante uno o dos meses antes de conseguir un inquilino».

A Voss le pareció estupendo y yo estoy de acuerdo. Como digo en el capítulo 18, hay que defender los argumentos de la otra parte. Es la mejor manera de demostrar que entiendes su posición.

A continuación, Voss hizo que Shayne practicara la formulación de preguntas sobre el «Cómo». Shayne propuso: «¿Cómo podemos llegar a una solución con la que ambos estemos contentos?». Voss lo aprobó, pero cambió la frase: «¿Cómo podemos llegar a una solución en la que ambos no acabemos odiándonos después de todo esto?». Como explica Voss: «Cuando dices que ambos podamos estar contentos, mi reacción es que solo te interesa tu felicidad y que no podría importarte menos mi felicidad».

Me encanta el alocentrismo y el *jujitsu* verbal. En mi opinión, solo falta una cosa: el sistema del pastel.

Me puse en contacto con Shayne y juntos descubrimos el pastel. Empecemos por su MAAN. Shayne podría haber pagado los cuatro meses de alquiler que le quedaban y mantener el apartamento vacío, sin romper el contrato de alquiler. En ese caso, tendría derecho a recuperar la fianza. El apartamento estaría vacío durante cuatro meses. Eso suponía una pérdida de 4.800 dólares.

Pero esa no era su mejor alternativa al no acuerdo. Según la ley de Virginia (Va. Code Ann. § 55.1.-1251 (2020)), el propietario debe hacer esfuerzos razonables para volver a alquilar la vivienda, incluso si el inquilino rompe el contrato. Esto no es así en todos los estados. En Florida, el propietario no tiene ese requisito. Afortunadamente, Shayne estaba en Virginia. Solo tenía que pagar el alquiler perdido hasta que el propietario encontrara un nuevo inquilino.

Dado que Virginia tiene un mercado de la vivienda muy ajustado, el apartamento no duraría vacío cuatro meses, ni siquiera dos. Lo más probable es que el propietario tardara menos de seis semanas en encontrar un nuevo inquilino. Aunque me gustaría investigar un poco más para obtener mejores datos antes de una negociación real, por ahora vamos a suponer que con el propietario haciendo el mínimo esfuerzo legalmente requerido, la vivienda estaría vacía durante un mes. A veces podía ser más, a veces menos, pero como media tardaría un mes. Ese es el daño económico causado por la ruptura del contrato de Shayne.

INVESTIGA

Para determinar tu MAAN (y por tanto, el pastel) a menudo es necesario investigar. En el caso del dominio, había que entender el proceso de disputa de la ICANN. En este caso, significaba averiguar las responsabilidades legales del propietario. Volveremos a tratar este tema en el capítulo 20, donde nos centraremos en cómo preparar una negociación.

Para la propietaria, su MAAN era hacer el mínimo esfuerzo razonable. Ella cobraría el alquiler de Shayne hasta que apareciera un nuevo inquilino.

El pastel potencial es encontrar un inquilino de reemplazo antes de que la vivienda se quede vacía. Si el propietario se esfuerza de verdad, podría encontrar un nuevo inquilino en una semana o menos.

La propietaria pedía 4.100 dólares, más de tres veces la pérdida prevista. Eso no es razonable. Como oferta inicial, Shayne podría ofrecerle 1.200 dólares para cubrir la pérdida de un mes de alquiler. Eso le daba a la propietaria un mes de preaviso y además cubriría un mes extra de alquiler para encontrar un nuevo inquilino.

No me sorprendería que la propietaria hubiera pedido más. Bajo aquel *statu quo*, Shayne estaba condenado a perder el alquiler sin que la propietaria corriera riesgo alguno. Ahora ella tendría que trabajar más y a asumir un riesgo que no estaba en el contrato. Tal vez ella podría insistir en recibir 1.800 dólares para cubrir el riesgo y su esfuerzo extra.

Aunque pagar 1.800 dólares es mucho mejor que pagar 4.100 dólares, eso es dar demasiada parte del pastel al propietario. Si puede encontrar un inquilino que se mude cuando Shayne se vaya (como hizo), saldrá ganando 1.800. Obtendrá el alquiler completo del nuevo inquilino más los 1.800 dólares de Shayne.

Una mejor opción para Shayne es dividir el pastel. Este se compromete a pagar 1800 dólares por seis semanas de alquiler, mucho más que el tiempo medio requerido si la casera se apresura a alquilar. De todo lo que esta recupere durante ese tiempo, el 50 % se lo queda Shayne. En teoría, la ley dice que Shayne debe recibir el 100 % de todo lo que la propietaria recupera, pero entonces esta no tiene ningún incentivo para darse prisa y encontrar un nuevo inquilino rápidamente. Y Shayne quiere que se dé prisa.

Si lo hace y consigue un sustituto de inmediato, Shayne perdería 1.800 dólares, pero recuperaría 900 por una pérdida neta de 900. La propietaria tendría 900 dólares de ventaja. Si pasan dos semanas antes de que alguien se mude, Shayne recuperaría la mitad de las últimas cuatro semanas de alquiler, es decir, 600 dólares por una pérdida neta de 1.200. La propietaria ganaría 600 dólares. Esto parece un enfoque más razonable, ya que Shayne debería asumir parte del riesgo y la propietaria debería compartir la ganancia de volver a alquilar el apartamento. Ahora que entendemos el pastel y cómo tratar el riesgo y los incentivos, tenemos que vendérselo al propietario. Aquí es donde entran en juego la empatía y los ejemplos. Esto es lo que yo propondría decir.

Empecemos por el «Sientes»: «Sientes que te dejamos en la estacada. Necesitas el alquiler».

Déjala que hable de la necesidad de cuidar a sus hijos. Entonces, continúa con:

Esta es la buena noticia: podemos trabajar juntos para que termines con más dinero, no con menos. Con mi preaviso de cuatro semanas, me imagino que puedes encontrar un nuevo inquilino antes de que yo me mude porque Virginia es un mercado de alquiler escaso. Solo para estar seguro, voy a garantizarte seis semanas de alquiler. Al mismo tiempo, quiero reconocer y recompensar el esfuerzo que hagas para encontrar un nuevo inquilino que me sustituya. Una vez que encuentres a alguien, nos repartiremos el alquiler de lo que quede de esas seis semanas.

Me gusta dar ejemplos. Lo hago en todos los contratos que redacto. Un ejemplo ayuda a eliminar cualquier posible ambigüedad de lo que se ha redactado. Así, continuaría diciendo: «Por ejemplo, si encuentras a alguien de inmediato, dividiremos la garantía del 1.800 alquiler y tendrás 900 dólares de ventaja. Si pasan dos semanas después de que me mude, aún terminarás con 600 dólares».

Si ella se queja de todo el trabajo extra que tendrá que hacer, esto parece una buena compensación por unas pocas horas de tiempo. Si ella responde que no es razonable esperar encontrar un nuevo inquilino sin tiempo de preaviso, tú podrías responder que tampoco es razonable que tarde seis semanas en encontrar inquilinos. Si ella se resiste a repartir el alquiler que recibe, puede ser el momento de sacar a relucir su responsabilidad de mitigar los daños y reembolsar efectivamente todo el alquiler recuperado. Según la ley, ella no puede quedarse con nada del alquiler extra. Al llegar a un acuerdo, tu salida anticipada le da a ella la oportunidad de cobrar un 50 % más del alquiler.

Daños y perjuicios

En algunos casos —como el de Shayne— existe la posibilidad de reducir los daños de un contrato rescindido. En otras circunstancias, lo único que se puede hacer es determinar cuánto debe pagar la persona que rescinde el contrato. Tenemos que ser muy cuidadosos, ya que la norma que elijamos determinará cuándo decidirá la gente romper sus contratos. No queremos que la gente se aferre a un contrato existente cuando su rescisión crearía un pastel mucho más grande. (Recuerda que ese pastel más grande tiene que tener en cuenta cualquier pérdida de la otra persona). Y no queremos que nadie rompa un contrato existente cuando al hacerlo se destruye el pastel.

El caso del acuerdo de coche roto de Alice muestra cómo recorrer este camino. Alice había aceptado comprar un Prius 2013 por 9.000

dólares a un estudiante de último curso que parecía tener prisa por vender el coche. Ella sabía que era una ganga, porque el coche tenía poco kilometraje y estaba en buenas condiciones. Por eso pensó que valía 11.500 dólares. Firmó un acuerdo con el vendedor dejándole 500 dólares en efectivo mientras iba al banco a buscar un cheque por el resto.

Cuando volvió, ¡el coche ya no estaba! El vendedor, al que llamaremos Bob, le explicó que alguien había pasado por allí mientras ella estaba en el banco y le había ofrecido 13.000 dólares. Bob se disculpó y devolvió a Alice sus 500 dólares.

Llamé a mi amigo Richard Brooks, profesor de la Facultad de Derecho de la Universidad de Nueva York que enseña derecho contractual y le pregunté qué podía hacer Alice. En el ámbito del derecho existe la opinión de que a veces tiene sentido romper intencionadamente (o en lenguaje jurídico, incumplir) un contrato. Esto se denomina «incumplimiento eficiente». Este fue el caso de Shayne, ya que no tenía sentido que permaneciera en su apartamento y empleara cinco horas al día para trasladarse a su nuevo lugar de trabajo.

La cuestión que se plantea es cuánto se debe compensar a alguien cuando se rompe su contrato. No queremos fomentar este comportamiento, especialmente cuando no es eficiente hacerlo.

Como explicó Richard, la ley sugiere tres posibles opciones para estimar la cantidad que debe recibir Alice.

1. Restitución o crédito
2. Expectativa o lucro cesante
3. Reintegro de la totalidad

Permíteme repasar lo que significa cada uno de estos términos y por qué ninguno de ellos ofrece una buena solución.

En virtud de la «restitución», Alice recupera su dinero y nada más, mientras que Bob se queda con la totalidad de los 13.000 dólares recibidos del Señor PayPal. Eso no parece justo. Alice valoró el coche en más de lo que pagó por él, así que devolverle solo el precio de compra es un mal negocio. De hecho, si lo único que se exige es la restitución, Bob podría vender el Prius a otra persona por solo 10.000 dólares y no pagarle nada a Alice. Bob tiene un incentivo para romper el contrato si puede obtener algo más de 9.000 dólares. Esto podría llevar fácilmente a lo que se denomina un «incumplimiento ineficiente». La persona que le quita el coche a Alice puede valorar el coche aún menos que ella. El resultado sería igual que si estuviésemos obligando a Alice a vender a Bob un coche que ella valora en 11.500 por solo 9.000 dólares. Ella pierde todas las ganancias que hubiera podido obtener con el trato.

Según la «expectativa» o lucro cesante, Alice recibiría una indemnización basada en el valor total del coche. Ella tenía la expectativa de que había comprado un coche que valía 11.500 dólares[5] Así, si Bob le devuelve el depósito más 2.500 por romper el contrato, sería como si hubiera revendido el coche a Bob por su valor total. Esto garantizaría que el vendedor no rompería el contrato a menos que hubiera alguien dispuesto a pagar más que el valor del coche de Alice. La expectativa es ciertamente mejor para Alice que la restitución. Y evita el incumplimiento ineficiente.

Según la opción de «reintegro» Bob tiene que entregar todo el dinero extra a Alice. Esto sería lo mejor para ella, hasta el punto de que se alegraría de que se haya roto el contrato. Ahora termina con una ganancia de 4.000 dólares, que es 1.500 dólares mejor que quedarse con el coche al precio estimado. Es como si ella tuviera el coche en su poder y lo revendiera de nuevo a Bob al precio que recibió del señor PayPal. El problema con el teintegro es que el vendedor no obtiene ninguna recompensa. Bob consigue los mismos 9.000 dólares tanto si vende el coche a Alice como al comprador de PayPal. Eso es un problema porque significa que Bob nunca romperá el contrato ni venderá el coche por 13.000 dólares y, por tanto, no habrá dinero que devolver.

Resumimos los pagos a Alice y Bob en la siguiente tabla. Obsérvese que el total siempre suma 13.000, el dinero que Bob cobra del señor PayPal.

	Restitución	Expectativa	Reintegro
DINERO PARA ALICE	0 $	11.500 $ - 9.000 $ = 2.500 $	13.000 $ - 9.000 $ = 4.000 $
DINERO PARA BOB	13.000 $ - 0 $= 13.000 $	13 000 $ - 2.500 $ = 10.500 $	13.000 $ - 4.000 $ = 9.000 $

La ganancia en términos del pastel cuando la persona de PayPal compra el coche en comparación con la Alice es de 13.000 – 11.500 = 1.500 dólares. El pastel es de 1.500 dólares porque es el valor extra creado al venderle el coche al señor PayPal en lugar de a Alice. (Al calcular el pastel, dejo fuera la ganancia del señor PayPal, ya que no forma parte de la negociación entre el vendedor y Alice por la ruptura del contrato).

La restitución da más del 100 % del pastel al vendedor o, más en concreto, a la persona que rompe el contrato. (Bob gana 4.000 dólares al romper el contrato). Como tal, crea unos incentivos terribles y va más allá de la injusticia para entrar en el terreno del robo.

El reintegro da todo el pastel al comprador o, más específicamente, a la parte que no ha roto el contrato. La expectativa da todo el pastel al vendedor o, más específicamente, a la parte que ha incumplido el contrato. Aunque ambas opciones son mucho mejores que la restitución, eso no es decir mucho. ¿Por qué debería quedarse con todo el pastel una de las partes?

La solución obvia —aunque no para los tribunales— es repartir el pastel. Bob devuelve el depósito de Alice, y luego le paga un extra de 2.500 dólares para compensar la ganancia que habría tenido si el contrato se llevara a cabo. Eso deja 1.500 dólares para repartir. Alice termina con 2.500 + 750 = 3.250 dólares en efectivo y la devolución de su depósito. Esto es 750 dólares mejor que recibir el coche. Bob termina con 13.000 – 3.250 = 9.75 dólares, que también es 750 dólares mejor que su trato inicial con Alice de 9.000 dólares.

	Dividir el pastel	Ganancia por rescisión de contrato
DINERO PARA ALICE	11.500 $ – 9.000 $ + 50 % x (13.100 $ – 11.500 $) = 2.500 $ + 750 $ = 3.250 $	750 $
DINERO PARA BOB	13.000 $ – 3.250 $ = 9.750 $	9.750 $ – 9.000 $ = 750 $

Lo que estamos haciendo es obligar a Bob a repartir el beneficio que Alice habría obtenido si hubiera vendido el coche al señor PayPal. Piensa ahora en la siguiente negociación: Alice tiene la matrícula en su poder para que Bob no pueda vender el coche al señor PayPal, pero Bob tiene en su poder la información de contacto del señor PayPal. Alice no conoce la identidad del comprador misterioso dispuesto a pagar 13.000 dólares. Solo si se juntan Alice y Bob podrían crear este pastel de 1.500 dólares. Aunque a ambos se les negó la oportunidad de negociar los 1.500 dólares, los tribunales podrían imponerles el reparto del pastel.

Esta solución no es perfecta en términos de incentivos para el vendedor, ya que solo obtiene 50 centavos por cada dólar de pastel que crea. Por lo tanto, podría no esforzarse lo suficiente para encontrar compradores que estén dispuestos a pagar los altos precios que conducen a una ruptura eficiente. Pero 50 centavos siguen siendo mucho mejor que el incentivo de 0 dólares que supone el reintegro.

Incentivos

La cuestión de los incentivos es un problema común, y el motivo subyacente es que, al calcular el pastel, no tenemos en cuenta el coste del esfuerzo. Al igual que Sísifo tuvo que ser compensado por su esfuerzo para hacer rodar la roca cuesta arriba, el propietario tiene que ser compensado por esforzarse en encontrar un nuevo inquilino y Bob, por cualquier esfuerzo necesario para encontrar un mejor comprador de coches.

Cuando introdujimos la idea del pastel, se dio el tamaño: seis porciones en el ejemplo de la *pizza* o 300 dólares de interés en el de Anju y Bharat. No se necesitó ningún esfuerzo especial para crear el pastel. Hay otras circunstancias en que una o ambas partes tienen que esforzarse para crear el pastel en primer lugar o para hacerlo más grande. Aquí me centro en el caso de ampliar el pastel.

Cuando el pastel se mide correctamente, se reembolsan todos los costes asociados a la ampliación del pastel. Si una de las partes gasta 10 dólares para crear 18 dólares extra de valor, debería ser reembolsada por los 10 dólares. Los problemas de incentivos surgen cuando el tiempo y el esfuerzo necesarios para ampliar el pastel son difíciles de observar o medir y, por tanto, de compensar. Esto puede llevar a la gente a ver incorrectamente el pastel extra como 18 dólares, y no como 8 y, por lo tanto, dividir el total equivocado. Si no hay reembolso y las dos partes se reparten el pastel y cualquier aumento mal medido del total, a ninguna de las partes le merecerá la pena gastar 10 dólares y solo recuperar la mitad de los 18 o 9 dólares.

Esta cuestión se plantea en menor medida en la solución que proponemos para la negociación entre Shayne y su casero. Shayne paga 1.800 por seis semanas de alquiler y de todo lo que el casero recupera durante ese tiempo, el 50 % vuelve a Shayne. El propietario es el que se esfuerza por encontrar un nuevo inquilino, pero solo cobra 50 centavos por cada dólar de alquiler recuperado. Esta cantidad recuperada no es realmente el pastel, ya que deja fuera el coste del esfuerzo del propietario. La casera pondrá algo de esfuerzo, pero no la cantidad ideal, ya que ella soporta todo el coste y solo obtiene la mitad del beneficio. (Dividir la renta recuperada crea unos incentivos mucho mejores que la ley de Virginia, que hace que toda la renta recuperada sea para Shayne).

Si no hay reembolso por el esfuerzo, aún podemos crear los incentivos adecuados si todos los ingresos extra van a la parte que hace el trabajo. En nuestro ejemplo anterior, si la parte se lleva los 18 dólares pagando 10, el esfuerzo merece la pena.

Esto nos lleva a una paradoja: ¿cómo podemos dar todos los ingresos extra a una parte y seguir repartiendo el pastel? La respuesta es dividir el pastel previsto o anticipado. Una de las partes se queda con todos los ingresos extra, pero da a la otra parte un pago fijo igual a la mitad del pastel previsto. Si el propietario se quedara con todos los ingresos extra, se esforzaría aún más y probablemente encontraría un inquilino de reemplazo para cuando Shayne se mude. Así se ahorraría seis semanas de vivienda vacía (según la estimación más conservadora del propietario) o 1.800 dólares. Las seis semanas ahorradas no son el pastel, ya que primero tenemos que reembolsar al propietario por su esfuerzo extra. Digamos que ese esfuerzo tiene un coste de 300 dólares.

Ganancia de ingresos prevista	Seis semanas de alquiler = 1.800 $
Pastel esperado	1.800 $ – 300 $ = 1.500 $
Pago al arrendador	50 % de 1.500 $ + 300 $ = 1.050 $

En este caso, Shayne pagaría al propietario la mitad del pastel de 1.500 dólares más sus 300 dólares de coste, lo que supone un total de 1.050 dólares, pase lo que pase. Otra forma de ver esto es que Shayne le pague al propietario los 1.800 dólares por las seis semanas perdidas y el propietario le devuelva a Shayne la mitad del pastel previsto, o sea 750 dólares (para el mismo pago neto de 1.050 dólares). El propietario realiza este pago de 750 dólares a cambio del derecho a quedarse con el 100 % de la renta recuperada.

El pastel previsto se reparte y el propietario recibe una compensación completa por su trabajo, ya que se queda con todo el alquiler recuperado. La solución no es perfecta: aunque los incentivos son correctos y el resultado final reparte el pastel previsto, todo el riesgo recae ahora en el propietario. El cálculo del pastel debería reflejar esto también, lo que significa que Shayne debería pagar un poco más al propietario. Después de reflexionar, la propuesta anterior de un pago fijo de 1.200 dólares al propietario parece un acuerdo justo para todas las partes y uno que consigue que los incentivos sean correctos.

En nuestros ejemplos de contratos rescindidos, solo una de las partes tenía la capacidad de ampliar el pastel. En otras situaciones, ambas partes pueden tener la oportunidad de ampliar el pastel y puede que no sea posible reembolsarles adecuadamente su esfuerzo. Si una de las partes se lleva todo o la mayor parte del pastel extra, esa parte está bien motivada para hacer el pastel más grande, pero la otra parte tiene poco o ningún incentivo para hacerlo. Una parte trabajará y la otra no. Cuando las dos partes acuerdan repartir el aumento de ingresos, no el pastel, cada parte está motivada a medias para hacer el pastel más grande. Puede que dejen pasar algunas pequeñas oportunidades para crear el pastel, pero seguirán asumiendo las grandes, aunque no se les reembolse. Dos personas con la mitad del incentivo cada una suelen funcionar mejor que darle a una parte un incentivo completo y a la otra nada.

7

¿Hay que repartir el pastel?

La mayoría de la gente no ha oído hablar del enfoque del pastel. He hecho hincapié en las situaciones en las que uno es el pequeño y obtendría menos de la mitad a no ser que emplee el pastel. ¿Y si estuvieras preparado para conseguir más de la mitad del pastel? Los de la otra parte, que no conocen el pastel, tampoco son conscientes de que están recibiendo menos de la mitad. Estarían más que contentos de que seleccionaras el pastel y lo repartieras con ellos. Pero también podrías quedarte callado. ¿Qué es lo que harías?

CEMA

Tengo un colega que, por razones que pronto serán evidentes, prefiere permanecer en el anonimato. Le llamaremos Arturo. Él había firmado un contrato para comprar una de esas casas de piedra rojiza de Brooklyn y estaba en proceso de conseguir una hipoteca. Para su sorpresa, se enteró de que, en Nueva York, quien contrata una hipoteca paga un 1,8 % del impuesto por el registro de hipotecas de menos de 500.000 dólares y un 1,925 % en las de 500.000 dólares o más. Era una cifra importante. Había planeado contratar una hipoteca de 1 millón de dólares, por lo que el impuesto de registro sería de 19.250 dólares.

Tras la sorpresa, Arturo se informó en internet y se enteró de que el código fiscal permite reducir la factura mediante un CEMA, que son las siglas en inglés de Acuerdo de Consolidación, Ampliación y Modificación. Con un CEMA, el comprador se hace cargo de la hipoteca del vendedor y deduce el importe de la hipoteca del precio de venta. Por supuesto, esto solo es operativo si el vendedor tiene una hipoteca previa.

La buena noticia fue que el vendedor sí tenía una hipoteca anterior por valor de 600.000 dólares. Eso significaba que Arturo podía hacerse cargo de la hipoteca del vendedor y consolidarla en la suya. El impuesto de registro solo se aplicaría a la nueva parte de la hipoteca, a los 400.000 dólares adicionales, no a los 600.000 dólares existentes. El impuesto se reduciría a 7.200 dólares, ¡un ahorro de algo más de 12.000 dólares!

Había más buenas noticias. Al hacerse cargo de la hipoteca del vendedor, el precio de venta se vería compensado por esa cantidad. Eso significaba que el vendedor también pagaría menos impuestos. En el estado de Nueva York, el vendedor paga un impuesto de transferencia del 0,4 % sobre el precio de venta. El vendedor se ahorraría un porcentaje de 0,4 sobre 600.000 dólares, es decir, 2.400 dólares.

	Sin CEMA	Con CEMA
Precio de compra	1.300.000 M$	1.300.000 M$
Hipoteca del comprador	1.000.000 $	400.000 $
Hipoteca del vendedor	600.000 $	Se hace cargo de 600.000 $
Precio de la transacción	1.300.000 M$	700.000 $
Impuesto sobre el registro de hipotecas	19.250 $	7.200 $
Impuesto sobre el vendedor	5.200 $	2.800 $
Ahorro de impuestos		24.450 $ – 10.000 $ =14 450 $

La vía del CEMA ahorraría un total de 14.450 dólares en impuestos. También habría un pequeño aumento en gastos legales. Por lo que Arturo estimó el ahorro total neto en unos 14.000 dólares. En nuestra terminología, eso era el pastel. Esto condujo al momento de la verdad. Para completar un CEMA, Arturo tenía que conseguir que su prestamista estuviera de acuerdo y también que el vendedor diera su permiso. Ambas partes debían firmar. ¿Qué le diría Arturo al vendedor?

Había dos opciones:

1. Pedirle su colaboración para facilitar el CEMA, explicándole en términos generales que esto le permitiría ahorrar algo de dinero.
2. Explicar la situación con más detalle y proponer que los dos se repartieran el ahorro de 14.000 dólares a partes iguales.

Llegados a este punto, se puede adivinar qué hizo Arturo. Mantuvo la boca cerrada y se decantó por la opción 1. El vendedor estaba feliz de ayudar. Ya que no estaba familiarizado con el funcionamiento de un CEMA, se limitó a firmar los formularios que necesitaba. Basándose en los impagos de impuestos, el vendedor obtendría 2.400 dólares de ahorro y Arturo casi cinco veces más: 11.600. No hay que culpabilizar demasiado a Arturo. La mayoría de la gente estaría contenta de aceptar el reparto por defecto que sale en función de los impuestos del comprador y del vendedor. No ven el mundo en términos del pastel, y no reconocen su poder equitativo. De hecho, miles de compradores que organizan un CEMA acaban llevándose más del 80 % del ahorro. Según el abogado inmobiliario estrella de Nueva York, Sandor Krauss: «Cuando represento al comprador, pedimos todos los créditos del CEMA y normalmente los conseguimos, y cuando estoy en el lado del vendedor, siempre obtenemos la mitad».

La mañana del cierre, el abogado inmobiliario de Arturo le llamó para informarle de más buenas noticias. El abogado le había explicado al vendedor que estaba a punto de conseguir un ahorro fiscal de 2.400

dólares. Este estaba encantado, ¡tanto que se ofreció a dividir el ahorro con Arturo! El abogado le llamó para decir que lo había hecho muy bien. El comprador se llevaría los 11.600 más la mitad de los 2.400 dólares.

Incluso para Arturo esto era demasiado. Le pidió al abogado que devolviera al vendedor los 2.400 dólares que se había ahorrado en impuestos. Pero antes de que este pudiera ponerse en contacto con el vendedor, recibió otra llamada. La curiosidad del vendedor se había despertado. Después de investigar un poco, se había dado cuenta de que Arturo estaba a punto de ahorrarse 11.600 dólares y se puso furioso. Quería la mitad.

Realmente no había ningún contraargumento principal. Si el vendedor hubiera entendido la situación desde el principio, habría estado dispuesto a hacer el CEMA si y solo si las dos partes acordaban dividir el ahorro combinado a partes iguales. Aunque era poco probable que el vendedor abandonara el trato por 5.000 dólares, podría haber retrasado el cierre o haber puesto alguna otra dificultad.[6]

Bien, había un contraargumento semiprincipal. El vendedor había aceptado implícitamente el reparto de 5:1 al no plantearlo cuando aceptó el CEMA. Pero retenerlo en esa división no valía la pena. Arturo no quería mudarse a una nueva casa y que el vendedor hablara mal de él a sus nuevos vecinos. Murmuró algo y puso unos cuantos miles más. Se dieron la mano y cerraron el trato. Aun así, la experiencia dejó un mal sabor de boca al vendedor. Y a Arturo tampoco le sentó bien.

De aquí se desprenden dos moralejas:

La primera es que a veces puedes salirte con la tuya y llevarte más de la mitad del pastel. Pero esa es una estrategia peligrosa, y puede que al final no puedas mirarte al espejo.

La segunda viene de tomar la perspectiva del lado del vendedor en la transacción. Cuando alguien diga que algo te favorecerá, asegúrate de averiguar cuánto ganará él. Sé alocéntrico. No te fijes solo en tu ganancia. Calcula el pastel y consigue la mitad. Este mensaje forma parte de un tema más amplio: hay que estar atento a los repartos por defecto del pastel que provienen de la tradición, la normativa, la proporcionalidad o la igualdad errónea (dividir los 12 trozos, no los 6). No hay nada que le impida deshacer el defecto y proponer un reparto equitativo del pastel. El vendedor de Arturo habría obtenido la mitad del pastel si lo hubiera pedido.

8

¿La otra parte comprará?

Reconozco que esta visión de las negociaciones es novedosa. Soy plenamente consciente de que la mayoría no negocia de la manera que hemos discutido, lo cual no es sorprendente. A no ser que hayan descubierto de forma independiente el sistema del pastel, no verían la fuerza de la división equitativa ni tendrían las herramientas para convencer a los demás. Aunque hay excepciones, la mayoría de las veces la norma es una simple heurística que varía según la situación y quien hace la propuesta[7]. En algunos casos, vemos una división proporcional; en otros, una de las partes propone una división equitativa de los ingresos o de los costes que solo contempla una parte del panorama, o bien propone una división equitativa de los beneficios, pero ignora las diferentes MAAN. El resultado son ofertas aparentemente justas para la parte que hace la propuesta, pero no para la otra. Mi objetivo es utilizar el pastel para ofrecer un sistema coherente, un modelo que sea justo para ambas partes y que refleje la igualdad de su poder.

Sin embargo, hay una vuelta de tuerca más. Puede parecer que el sistema del pastel es unilateral y que favorece a la parte más pequeña o a la que se percibe como más débil. Pero si bien este enfoque tiene el potencial de proporcionar mejores resultados a los más pequeños, requiere que los grandes estén de acuerdo. Estos lo harán porque quieren ser considerados justos, para conseguir el acuerdo, o porque si las dos partes pueden resolver amistosamente el problema de la división, esto les permite centrarse en la creación de valor. Pero, en otros casos, se resistirán.

El trabajo de este libro es, en primer lugar, cambiar la forma en que ves una negociación y, a continuación, darte las herramientas para cambiar la forma en que la otra parte la ve. A la otra parte le costará abandonar la ilusión de poder, así que es posible que tengas que enseñarle.

Esa enseñanza comienza con el establecimiento de algunas reglas básicas para la negociación. Puedes introducir el concepto del pastel y explicar por qué el poder es equitativo en ese sistema. Resume las reglas básicas así: «Nuestro objetivo común es alcanzar un resultado justo basado en la igualdad de poder. Intentemos crear el máximo valor posible en la negociación y compartamos por igual esta creación de valor». Si la otra parte está de acuerdo con estos términos, puedes pasar a negociar en términos de reparto del pastel y luego buscar oportunidades para hacerlo más grande.

Existe un peligro si no empiezas con unas reglas básicas. Porque si, por el contrario, empiezas a negociar con una oferta que lleve a un reparto equitativo del pastel, es posible que acabes con menos de la mitad. Empezar así te pone en peligro cuando la otra parte se queda negociando a la antigua usanza y ve tu apertura como una aspiración, no como una solución de principios. En mi opinión, lo primero que hay que resolver es cómo van a negociar las dos partes.

No basta con proponer unas condiciones de compromiso. Hay que conseguir un acuerdo sobre tales condiciones. A continuación, hay que asegurarse de que la otra parte cumple el acuerdo y de que tú también lo haces. Si se llega a un acuerdo sobre las reglas básicas, se crea un interés compartido para crear el mayor pastel posible. Esto convierte la negociación en un problema conjunto de optimización.

Si no empiezas con las reglas básicas, déjate un margen en el que esté la mitad del pastel una vez introduzcas este sistema. Por eso, en mi negociación con Edward sobre el nombre del dominio, empecé con una cifra que le ofrecía menos de la mitad del pastel. Supuse que él esperaba que hubiera algún tipo de intercambio, así que le seguí el juego. Edward pedía algo más que el pastel. Desde el principio, le dirigí hacia el pastel enmarcando las cosas en términos de mi MAAN (que consistía en pagar los 1.300 dólares de los costes de resolución de disputas de ICANN). Este planteamiento hizo que su precio se situara rápidamente por debajo de los 1.300 dólares. Como habíamos dado unos pequeños pasos y, sentí que era el momento de explicar el pastel.

Utilicé el pastel para explicar por qué su propuesta de división era injusta. Luego le di un ultimátum —aceptar un trato justo o no aceptarlo—, aunque fui más cortés y le dije: «Estoy dispuesto a repartir los ahorros a partes iguales contigo, 650 $:650 $, pero hasta ahí llegaré». Intentó presentar una contraoferta como un ultimátum, pero era una cifra arbitraria y, por tanto, no se mantuvo. Cuando no respondí a su contraoferta, se lo pensó mejor y aceptó el trato justo.

En este caso, el pastel surgió bastante rápido y no hubo un coste de demora, ya que no se esperaba que generáramos lazos de confianza ni que encontráramos la forma de ampliar el pastel. De hecho, incluso después de acordar el reparto del pastel no había confianza; utilizamos escrow.com para gestionar la transferencia del nombre de dominio y el dinero en efectivo.

Por supuesto, no todo el mundo estará de acuerdo con estas reglas básicas, se presenten al principio o más adelante. La otra parte puede ser un matón o actuar como tal y plantear exigencias, amenazas y ultimátums. Si la otra parte rechaza este enfoque, al menos sabrás con quién estás negociando. Puede ser un buen momento para buscar otro socio negociador. O, si eso no es una opción, podrías explicar de nuevo por qué el pastel representa lo que está en juego, por qué el poder es equitativo y por qué sin un reparto justo puede no haber acuerdo.

Esta última explicación es la razón por la que ambas partes deberían aceptar negociar de esta manera. Una vez la negociación se enmarca en términos del pastel, el poder es igual, un reparto equitativo es justo, y en ausencia de un reparto equitativo puede no haber acuerdo. Acordar un reparto equitativo no perjudica a la parte más grande: un reparto equitativo es mejor a que no haya reparto.

Si tú eres la parte más pequeña o tradicionalmente más débil, querrás presentar este enfoque. Para hacerlo de forma convincente, primero tienes que convencerte a ti mismo. Eso puede ser suficiente. Puedes insistir en un reparto equitativo y explicar por qué estás siendo razonable. No hay ninguna contrapartida igualmente convincente en la que la otra parte pueda insistir. Dado que cualquier reparto injusto es arbitrario, no hay por qué estar adherido a ninguna contrapartida. La otra parte entrará en razón cuando se dé cuenta de que has adoptado una postura de principios. Si quieren un trato, tienen que aceptar un trato justo.

Si tú eres la parte aventajada y la otra parte presenta nuestro enfoque de principios, admito con orgullo que no tengo nada en contra. No hay ninguna posición de honradez que puedas ofrecer como contrapartida. Puede que a ti no te importe la equidad o el pastel, pero a la otra parte sí y tiene derecho a insistir en conseguir la mitad. Sé razonable y acepta que tu percepción de mayor poder era ilusoria. Negarse a aceptar argumentos con principios de igualdad de poder te hará parecer intransigente y puede costarte el trato. E, incluso si consigues un acuerdo, la otra parte puede no confiar en ti y estar menos dispuesta a explorar cómo crear el pastel más grande. Si no aceptas repartir el pastel, es difícil imaginar que la otra parte confíe en ti y trabaje contigo para explorar cómo crear el pastel más grande.

Si eres la parte aventajada y la otra parte desconoce el planteamiento del pastel, ¿qué haces? Esto es más difícil. Es posible que hayas presentado argumentos sinceros a favor de que tienes más poder. No intentabas engañar a la otra parte: creías que tenías más poder y, por tanto, estaba justificado exigir más de la mitad. Ahora que ya lo sabes, ¿debes intentar conservar la ilusión de poder? Algunos optarán por compartir nuestro enfoque. Las personas a las que no les gusta negociar porque no quieren que se aprovechen de ellas, tampoco quieren aprovecharse de los demás —aunque puedan hacerlo— porque eso viola su ética. Siguiendo la regla de oro, tratan a los demás como desean ser tratados. Quieren una solución justa y, ahora que la tienen, querrán compartirla.

Otros optarán por compartir nuestro enfoque por motivos tácticos. Si no se emplea el del pastel, acabas centrándote en medidas como el tamaño o la cuota de mercado, que son ajenas. La otra parte puede sentir que su contribución no se respeta adecuadamente, incluso si no tiene el léxico del pastel para articular su preocupación, y puede bloquear cualquier acuerdo que perciba como injusto. Por ello es mejor compartir el enfoque al principio de la negociación y llegar a un acuerdo.

Podría ser un acuerdo mejor, ya que la otra parte está más dispuesta a trabajar contigo para maximizar el pastel cuando siente que está siendo tratado como el socio igualitario que es. Los acuerdos de reparto del pastel se hacen con rapidez y eficacia. A largo plazo, las partes que negocian con principios mejorarán su reputación de imparcialidad y se convertirán en contrapartes atractivas. Eso significa que se crea más pastel, aunque también signifique un reparto más equitativo.

Chris Voss (autor de *Rompe la barrera del no*) sugiere abrir una negociación con la promesa de ofrecer un trato justo. Pide a la otra parte que le haga saber si cree que se está siendo injusto. No se trata de un consejo para la parte más débil, que espera recibir un trato justo, sino un consejo dirigido a la parte más fuerte. Su razonamiento es que, si la gente se siente tratada injustamente, se cierran en banda y no colaboran contigo para ampliar el pastel. Puede que ni siquiera estén dispuestos a llegar a un acuerdo. Actuar de forma justa y dejar claro que quieres comportarte de esta manera, te ayudará a cerrar más tratos.

Estoy totalmente de acuerdo con Chris Voss en este punto, y voy un paso más allá. A menos que las dos partes tengan una visión común de lo que significa la equidad, cada parte puede elegir —y a menudo lo hará— una perspectiva de la equidad que le beneficie. La promesa de ofrecer un trato justo tiene más fuerza cuando se hace con un entendimiento común de lo que implica la justicia. Dividir el pastel proporciona la tan necesaria perspectiva neutral sobre la equidad que ambas partes pueden adoptar.

Las razones para que la parte favorecida se reparta el pastel son éticas (la regla de oro), prácticas y tácticas. En la mayoría de los casos, deberían ser las más importantes. Sin embargo, habrá ocasiones en las que querrás mantener la boca cerrada. En un mercadillo, no tienes que ofrecer 100 dólares por la taza de té que completa tu juego. Y si la otra parte ofrece un reparto proporcional que te favorece, puedes optar por aceptarlo. No tienes que tomar la iniciativa, pero tampoco luches contra los argumentos lógicos cuando la otra parte los presenta.

¿Qué pasa si se utilizan criterios objetivos?

Fisher y Ury aconsejan emplear criterios objetivos para repartir el pastel. Ofrecen ejemplos como el valor de mercado, los costes, los precedentes, la eficacia, la tradición, lo que decidiría un tribunal y la igualdad de trato. Me preocupa que haya múltiples criterios, ya que la gente puede elegir el que mejor se adapte a su situación. Estoy de acuerdo con la igualdad de trato, pero hay que tener cuidado con lo que se trata por igual: ¿dólares o personas? La igualdad de trato de los dólares de inversión lleva a una división proporcional, mientras que la igualdad de trato de las personas puede llevar a dividir la *pizza* en 6:6 o 7:5, dependiendo de si nos centramos en el total o en el pastel.

Los criterios objetivos, como el valor de mercado y los costes, ayudan a determinar el pastel, pero no orientan sobre cómo repartirlo. Por ejemplo, en mi negociación con Edward sobre el precio del nombre de dominio, la cifra relevante no era el valor de mercado del nombre de dominio (si lo había), sino el coste del proceso de la ICANN. Pero ni siquiera esa cifra objetiva aportaba una respuesta. Todo lo que hizo fue proporcionar el rango de respuestas posibles, de 0 a 1.300 dólares. Sabíamos lo que decidiría un tribunal: yo iba a ganar. Nuestra negociación consistía en evitar el coste de 1.300 dólares de ir al tribunal de la ICANN. ¿Qué criterios objetivos nos ayudarían a dividir el pastel de 1.300 dólares?

Hay un criterio objetivo universalmente relevante: cuando el pastel se mide correctamente, las dos partes son esenciales por igual en la creación de valor. Por eso defiendo un tipo específico de trato igualitario: repartir el pastel. Estoy de acuerdo con Fisher y Ury cuando escriben que «los criterios objetivos deben ser independientes de la voluntad de cada parte». Creo que esos criterios también deben ser independientes de la negociación concreta, y es mejor que haya uno solo para que nunca entren en conflicto. Queremos un criterio objetivo que sea independiente de la voluntad de cada parte y que pueda aplicarse a todas las negociaciones. Enmarcar la negociación en términos de pastel, reconocer las contribuciones iguales y luego repartir el pastel por igual encaja perfectamente.

En la Parte II del libro ofrecemos ejemplos de cómo repartir el pastel en el contexto del reparto de costes. En la Parte III, respondemos a las preguntas restantes de «Sí, pero». Puede parecer que estamos aplazando el tema de cómo hacer crecer el pastel.

Empecé —y sigo insistiendo— en cómo repartir el pastel por una sencilla razón: si tienes que vigilar tus espaldas todo el tiempo, es difícil trabajar juntos para crear un pastel más grande. Compara tus niveles de competencia en los dos escenarios siguientes:

1. Busquemos una manera de cooperar. Estoy seguro de que podemos encontrar una forma justa de dividir aquello que creamos.
2. Acordemos dividir a partes iguales lo que vayamos a crear juntos. Estoy seguro de que podemos encontrar una manera de hacer un pastel más grande.

La vía 1 está diciendo básicamente «confía en mí». Al igual que me pongo en guardia cuando alguien dice «de verdad», me preocupa cuando tengo que confiar en la otra parte*. En la vía 2, la parte conflictiva se ha resuelto de una manera que se hace con principios y es justa. Eso proporciona un modelo para la cooperación.

Según un dicho popular, es más fácil compartir una camiseta que aún no se tiene. Si no podemos ponernos de acuerdo en cómo compartir algo que aún no hemos creado, me preocuparía la pelea que vendrá cuando la camiseta esté entre nosotros. Por eso me he centrado tanto en cómo repartir el pastel. En última instancia, creo que resolver el problema de la división es lo que desbloquea el potencial para crear el mayor pastel. Las herramientas para hacerlo se tratan en la Parte IV. En la Parte V, abordamos cómo preparar y qué revelar. Incluso hay algunas herramientas para crear (o al menos no destruir) y capturar el pastel para cuando te encuentres en negociaciones más tradicionales.

Mientras tanto, no perdamos de vista un paso clave para crear el pastel: hay que llegar a un acuerdo. Un resultado de «no acuerdo» destruye el pastel. Si tenemos que trabajar juntos para crear valor o ahorrar costes, no hay pastel si no nos ponemos de acuerdo en cómo repartirlo. Los enfoques arbitrarios que la gente ha adoptado tradicionalmente son injustos y dificultan la consecución de un acuerdo.

---

* Cuando alguien dice «La verdad…» o «A decir verdad…» me hace preguntarme si todo lo demás que ha dicho es igualmente cierto.

PARTE II
DIVIDIR EL COSTE

Hasta ahora nos hemos centrado en repartir un pastel positivo. Por ejemplo, Anju y Bharat ganan más interés uniendo fuerzas; el *Planeta* y la *Gaceta* crean valor compartiendo listas de suscriptores. El mismo enfoque se aplica al reparto de un pastel negativo. Por un pastel negativo quiero decir que hay costes que hay que pagar, y entonces la negociación se centra en quién debe pagar y cuánto.

Las cuestiones van desde asuntos menores, como la forma de distribuir un informe de gastos en todas las divisiones de la empresa o dividir el coste de un viaje en coche, hasta retos fundamentales, como la forma en que los países deben repartir el coste de reducir las emisiones de carbono. Todos ven el beneficio de trabajar juntos, pero nadie quiere pagar más de lo que le corresponde.

Negociar quién paga qué coste es menos divertido, más emocional y más problemático que la tarea de repartir las ganancias. Por eso lo he pospuesto hasta que hayamos cubierto primero el problema más agradable de repartir un pastel positivo. Cuando las cosas son difíciles, hay un valor aún mayor en una estructura justa y lógica. De ahí nuestro enfoque de repartir el pastel negativo.

En algunos casos, las partes están inmersas en una negociación real. Otras veces, estas buscan una norma de reparto de costes que sea justa para todas las partes. Se puede pensar en una norma de reparto de costes justa como la que se conseguiría en un proceso de negociación justo sin tener que negociar. Como se puede predecir, creo que una regla de asignación de costes justa es la que reparte el pastel.

Comenzamos esta sección con una lección del Talmud sobre cómo repartir los gastos. Hasta donde yo sé, este es el primer ejemplo de aplicación del enfoque del pastel. Soy consciente de que se trata de una pequeña desviación, así que no hay problema si prefieres pasar al capítulo 10 e ir directamente a los ejemplos modernos de reparto de costes. Los que estén interesados en la conexión histórica, que sigan leyendo.

9

Una solución talmúdica

La idea fundamental de repartir el pastel se remonta a dos mil años atrás, al Talmud babilónico. El Talmud constituye la base del derecho civil, penal y religioso judío. En gran parte consiste en estudios de casos, de los que el lector debe discernir las lecciones generales. Un caso especialmente fascinante se refiere a la propuesta de resolución de una disputa financiera.

El Talmud ofrece la siguiente propuesta:

Dos personas se presentan ante un tribunal con una prenda en la mano. Una dice que es toda suya y la otra dice que la mitad es suya. La primera recibirá las tres cuartas partes y la segunda recibirá una cuarta parte.

Esto puede parecer extraño. Una persona ha reclamado todo el garaje y la otra la mitad. La división proporcional propondría un reparto de 2:1, dos tercios para la primera persona y un tercio para la segunda. Pero el Talmud dice que la división debe ser 3:1, tres cuartos al que pide todo, y solo un cuarto al que pide la mitad.

Hay una lógica simple que subyace en la solución. Se conoce como el «Principio de la tela dividida», y resulta ser lo mismo que dividir el pastel[8].

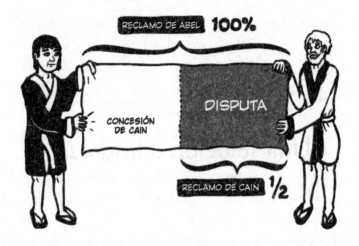

RECLAMO DE ABEL **100%**

CONCESIÓN DE CAIN

DISPUTA

RECLAMO DE CAIN **½**

Imagina que las dos partes de la disputa —los llamaremos Caín y Abel— sostienen una tela por extremos diferentes. Abel reclama todo el pastel o tela para él empezando desde el extremo izquierdo; sin dejar nada a su hermano Caín. Este reclama la mitad de la tela que empieza en el extremo derecho, concediéndole así la otra mitad a Abel.

Si examinamos ambas reclamaciones juntas, vemos que la disputa es realmente solo sobre la mitad de la tela. Caín ha concedido la mitad a Abel, por lo que no está en disputa. La solución del Talmud es dar a cada parte lo que le ha concedido la otra y luego dividir la cantidad en disputa. Abel recibe lo que Caín le ha concedido, la mitad de la tela, más la mitad de la mitad en disputa, lo que suma tres cuartos. Abel no ha concedido nada a Caín, por lo que este solo recibe la mitad de la cantidad en disputa, que es la mitad de la mitad o la cuarta parte.

Llegados a este punto, te preguntarás: ¿por qué Caín pide solo la mitad de la tela? Si Caín pidiera más, obtendría más. Sí, eso es cierto tanto en el caso de la división proporcional como en el del principio de la tela dividida. Esperamos que cada parte intente hacer la mayor reclamación que pueda justificar. La mayor reclamación de Abel puede estar justificada por factores externos, como que a Abel se le debe el doble de dinero.

Es útil pensar que una negociación tiene dos etapas. Una es la de las reclamaciones y la otra es la de la división de las cosas una vez hechas las reclamaciones. El Talmud se centra en la cuestión del reparto. En algunas negociaciones, las reclamaciones no son maleables. Tomemos el caso en el que la administración de una propiedad debe dinero a dos acreedores diferentes, 100 dólares a Abel y 50 a Caín. Desgraciadamente, la administración solo tiene 100 dólares en activos. En este caso, no se discute la cuantía de las deudas. La cuestión relevante es cómo deben repartirse los acreedores esos 100 dólares, dado que las dos deudas agotan con creces el patrimonio.

A falta del planteamiento del Talmud, probablemente tenías una opción en mente: la división proporcional. Un acreedor de 100 dólares recibirá el doble que un acreedor de 50, lo que hace que la división sea 66:33. El principio de la tela dividida le da a cada acreedor una segunda opción justa. El acreedor de 100 dólares (Abel) recibe los 50 cedidos más la mitad de los 50 en litigio, lo que supone un total de 75 dólares; esto deja a Caín con 25 dólares. La división proporcional trata por igual cada dólar de la reclamación. El principio de la tela dividida trata a cada acreedor por igual con respecto a la cantidad en disputa.

El principio de la tela dividida puede reinterpretarse como un reparto del pastel, aunque no es nada evidente. Nuestros siguientes ejemplos ilustran la conexión que hay entre ambos enfoques.

Volvamos a nuestra negociación original sobre una *pizza* de 12 porciones. Cuando presenté la historia por primera vez, Alice obtendría 4 porciones si no se llegaba a un acuerdo y Bob obtendría 2, por lo que la verdadera negociación era sobre las 6 porciones adicionales que recibirían de Pepe's si llegaban a un acuerdo. Según la interpretación del Talmud, los derechos de Alice y Bob sobre una *pizza* de 12 porciones son incompatibles. A Alice se le han prometido 10 porciones y a Bob se le han prometido 8, pero solo hay 12 porciones para repartir. El hecho de que Alice «solo» reclame 10 porciones significa que está concediendo 2 porciones a Bob. Como plan de refuerzo, Bob puede darle a Alice su concesión completa de

10 porciones y mantener 2. De la misma manera, la concesión de 8 porciones a Bob deja 4 porciones a Alice. Así, Alice y Bob entran en la negociación sabiendo que pueden obtener al menos 4 y 2 porciones, respectivamente. El objetivo de la negociación es pasar de esas 6 porciones combinadas a 12. El conflicto es sobre las 6 porciones que ambas partes quieren. Según el principio de la tela dividida, las 6 porciones en disputa se dividen por igual, dejando a Alice con un total de 7 y a Bob con 5.

El principio de la tela dividida tiene una aplicación natural en el reparto de costes. Seguiremos con Caín y Abel, pero modernizaremos la historia un poco, o más que un poco. Caín y Abel son pastores y están cansados de esquilar sus ovejas con tijeras. Están estudiando la posibilidad de comprar una esquiladora eléctrica para ovejas en Amazon. Como las ovejas solo necesitan ser esquiladas una vez al año, los dos hermanos pueden compartir fácilmente la misma esquiladora[9].

Antes de pulsar el botón de comprar, tienen que ponerse de acuerdo sobre cómo repartir el coste. La respuesta sería fácil si Caín y Abel tuvieran el mismo número de ovejas: dividirían el coste a partes iguales. La situación es complicada, ya que Abel tiene el doble de ovejas que Caín y, por tanto, se beneficia el doble.

Actuando de forma interesada, Caín y Abel quieren que el otro cubra la mayor parte de los costes, a tiempo que cada uno busca ser justo. ¿Pero qué es lo justo en este caso? No es de extrañar que Caín defienda el reparto proporcional: Abel debería cubrir dos tercios del coste, ya que lo utilizará el doble y obtendrá el doble de beneficios. Abel se pregunta si los celos de Caín se deben a que Abel tiene más ovejas. Él responde que la equidad implica un trato igualitario: cada uno debe pagar la mitad del coste. Están atrapados en posiciones incompatibles y no hay manera de avanzar. Según el Talmud, la forma de repartir el coste depende del coste total en relación con los beneficios potenciales de cada parte. Pondremos algunos números en el ejemplo para ilustrarlo. Digamos que el valor de la máquina de esquilar es de 200 dólares para Abel y de 100 para Caín.

El principio de la tela dividida ofrece una respuesta para cada uno de los posibles precios de la cortadora de lana.

Si la cortadora cuesta 50 dólares, Abel se sale con la suya y los gastos se dividen a partes iguales.
Si las cortadoras cuestan 150 dólares, Caín se sale con la suya y los costes se dividen proporcionalmente.
Si las cortadoras cuestan 250 dólares, Abel paga 175 mientras que Caín paga 75.

Esto se representa en la tabla siguiente:

Coste de las cortadoras	Abel (200 $ de beneficio)	Caín (100 $ de beneficio)
	Abel paga	Caín paga
50 $	25 $	25 $
150 $	100 $	50 $
250 $	175 $	75 $

A primera vista, la solución del Talmud parece arbitraria y misteriosa. El principio se aclara cuando miramos la negociación en los términos del pastel.

Fíjate primero en el caso en que las cortadoras cuestan 50 dólares.

Si Caín y Abel llegan a un acuerdo, comparten una cortadora eléctrica. Tienen un beneficio combinado de 300 dólares y la máquina cuesta 50 dólares, por lo que su ganancia neta combinada es de 250 dólares. Pero el pastel es la ganancia comparada con la ausencia de acuerdo. Por lo tanto, también tenemos que calcular lo que Caín y Abel harán si no llegan a un acuerdo. Abel comprará su propio juego de cortadoras. Con un beneficio de 100 dólares y un coste de 50 dólares, su ganancia neta será de 50 dólares. Si no hay acuerdo, los dos saldrán con 150 + 50 = 200 dólares de ventaja.

CORTADORAS DE 50 $	BENEFICIO DE ABEL DE 200 $	BENEFICIO DE CAÍN DE 100 $	TOTAL
Ganancia combinada en caso de acuerdo			300 $ – 50 $ = 250 $
Ganancias si no hay acuerdo	150 $	50 $	200 $
Pastel			50 $

El pastel es la ganancia de 250 dólares cuando comparten una cortadora, menos 200 dólares de ganancia cuando cada uno compra una. Por tanto, el pastel es de 50 dólares. Esto tiene un sentido intuitivo. Caín y Abel evitan comprar una segunda cortadora y se ahorran 50 dólares. Caín y Abel son igualmente responsables de este ahorro. Si Abel abandona el trato, los 50 dólares se pierden. Si Caín abandona el trato, los 50 dólares se pierden. No tiene sentido pensar que una de las partes sea más responsable que la otra en el ahorro de los 50 dólares.

El Talmud propone que los dos dividan los ahorros por la mitad. Cada uno ahorra 25 dólares. Esto significa que Abel paga 25 dólares (en lugar de 50) y Caín paga 25 dólares (en lugar de 50).

También podemos explicar este resultado en los términos de la tela dividida. La tela cuesta 250 dólares —la cantidad que tienen que repartir los dos después de pagar la cortadora—. Abel puede reclamar 200 dólares, ya que es su máximo beneficio posible. Por lo tanto, Abel le cede 50 dólares a Caín. Este solo puede reclamar un beneficio máximo de 100 dólares, por lo que Caín cede 150 dólares a Abel. Estas cesiones suman 200 dólares, mientras que 50 quedan en disputa. Así que se reparten entre los dos la cantidad en disputa, 25/25. Por tanto, Caín se queda con los 50 dólares que le ha cedido Abel más 25, es decir, un total de 75 dólares. Abel se queda con los 150 dólares cedidos más 25 dólares, haciendo un total de 175 dólares. Cuando cada uno pague 25 dólares, las ganancias netas serán de 75 y 175 dólares para Caín y Abel, respectivamente. Aunque creo que es más fácil explicar la respuesta en términos del pastel, los dos enfoques conducen a respuestas idénticas.

¿Y si el coste fuera de 150 dólares?

Si comparten una cortadora de lana eléctrica, tendrán un beneficio combinado de 300 dólares y un coste de 150 dólares, por lo que su ganancia neta combinada es de 150. Una vez más, hay que preguntarse qué harán Caín y Abel si no hay trato. Abel seguirá comprando la cortadora por su cuenta. Con un beneficio de 200 dólares y un coste de 150 dólares, su ganancia neta es ahora de 50 dólares. En cuanto a Caín, si comprara las cortadoras por su cuenta, acabaría perdiendo 50 dólares. Es mejor que siga con la situación actual y obtenga 0 dólares. Por lo tanto, en ausencia de un acuerdo, los dos saldrán con 50 dólares + 0 dólares = 50 dólares ahorrados.

El pastel es ahora 150 − 50 = 100 dólares. Esto también tiene sentido intuitivo. Caín no recibía nada sin un trato. Ahora es posible que

Caín obtenga su valor completo de 100 dólares compartiendo las cortadoras de Abel sin coste adicional. Si el pastel se divide en partes iguales, ambas partes deberían ahorrar 50 dólares. Puedes pensar en esto como si Caín pagara a Abel 50 dólares por pedirle prestada la cortadora. Caín está pagando 50 dólares por algo que valora en 100, por lo que termina ahorrando 50 dólares. Y Abel tiene 50 dólares de ventaja por el dinero de Caín.

Coste de las maquinillas 150 $	200 $ de beneficio para Abel	100 $ de beneficio para Caín	Total
Ganancias combinadas si hay acuerdo			300 $ – 150 $ = 150 $
Ganancias si no hay acuerdo	50 $	0 $	50 $
Pastel			100 $

En cuanto a la tela dividida, aquí la tela es de 150 dólares. Abel puede reclamar 200 dólares, por lo que no cede nada a Caín. Pero Caín solo puede reclamar 100 y, por lo tanto, cede 50 a Abel. De este modo, 50 dólares de la tela de 150 se distribuye mediante cesiones y el resto de los 100 dólares queda en disputa. Cada parte obtiene 50 dólares adicionales (la mitad de la cantidad en disputa), lo que deja a Abel con una ganancia de 50 + 50 = 100 dólares y a Caín con 0 + 50 = 50 dólares de ganancia. El último paso es convertir las ganancias en costes pagados. Cuando Abel paga 100, sale con 100 de ventaja; cuando Caín paga 50, sale con 50 de ventaja. Estas son las ganancias propuestas en la solución de la tela dividida.

Una característica clave del principio de la tela dividida es que una vez que pides todo el pastel, no obtienes un crédito extra por pedir algo más. Si hay 150 dólares para dividir y Abel tiene una reclamación de 200, no obtiene más que si pidiera solo 150 dólares. Lo máximo que puedes pedir legítimamente es todo.

Caín y Abel no están ni repartiendo los costes a partes iguales en un caso ni proporcionalmente en el otro. En ambos casos, se distribuyen el pastel a partes iguales. Puedes predecir la respuesta para el caso en el que las cortadoras cuestan 250 dólares. Caín y Abel se repartirán el pastel a partes iguales. Vamos a comprobarlo.

Si combinan sus fuerzas, salen ganando 300 − 250 = 50 dólares. Si no llegan a un acuerdo, el coste de 250 dólares de la cortadora es tan elevado que a ninguno de los dos le merecerá la pena comprarla por su cuenta. Si no llegan a un acuerdo, ambos acaban con 0 dólares. Por lo tanto, el pastel es de 50 − (0 + 0) = 50 dólares. Dividir el pastel implica que cada parte termina ahorrándose 25 dólares. Si Abel aporta 175 dólares por algo que vale 200 para él, termina con 25 dólares de ventaja. Y si Caín aporta 75 dólares por algo que vale 100 para él, también acaba ganando 25 dólares[10]. El ejemplo de la cortadora puede parecer un poco exagerado, pero es representativo de un amplio conjunto de negociaciones comerciales. En lugar de cortadoras, podría haber un paquete de software que redujera los costes administrativos en 1dólar/empleado. Abel tiene 200 empleados, mientras que Caín tiene 100. Por consiguiente, Abel tiene el doble de beneficios potenciales. O bien podría tratarse de una campaña de marketing conjunta como «¿Tienes leche?». Las lecherías de Abel tienen el doble de cuota de mercado que las de Caín, por lo que Abel obtendrá el doble de beneficios por el aumento de la demanda. Como hemos visto, el hecho de que una parte se beneficie el doble no significa que deba asumir dos tercios del coste. Siempre que haya beneficios desiguales —lo que sucede prácticamente todo el tiempo—, el Talmud ofrece una solución justa al problema de la negociación.

El hecho de que la idea de repartir el pastel se remonte al Talmud es extraordinario. Esta sola idea unifica lo que de otro modo parecerían tres soluciones idiosincrásicas. Resuelve el problema de tratar por igual a las personas en posiciones desiguales. El resultado es justo en el sentido de que cada parte acaba obteniendo el mismo beneficio, siempre que este se mida en términos de lo que está en juego en la negociación.

El principio de la tela dividida ilustra la idea profunda de que la negociación es sobre la cantidad en disputa o lo que llamamos «el pastel». Cuando se observa el problema por primera vez, se puede pensar que Caín y Abel están negociando sobre cómo repartir los 200 y los 100 dólares de beneficios. O se podría pensar que están negociando sobre cómo repartir el coste, ya sea de 50, 150 o 250 dólares. Ninguna de las dos perspectivas es correcta. El objetivo de la negociación es crear el pastel. Eso es lo que está en juego. Si no entiendes de qué va realmente la negociación, hay pocas esperanzas de que llegues a una solución basada en principios.

10

¿Quién paga?

Todos hemos estado en situaciones en las que hemos tenido que pagar más de lo que nos corresponde, o al menos así lo hemos sentido. Cuando hacemos proyectos con otras personas, ya sea de trabajo o de ocio, tenemos que averiguar quién paga qué. Dividir el coste a partes iguales suele ser injusto. Cuando dos parejas comparten una casa de vacaciones, ¿qué pasa si uno se queda con el dormitorio principal? ¿O qué pasa si una de las parejas tiene hijos y utiliza dos de los tres dormitorios?

Los mismos problemas se plantean a una escala mucho mayor cuando las empresas se unen. Los fabricantes de automóviles están construyendo una red de estaciones de carga eléctrica de alta velocidad en Europa. ¿Cómo deben repartir las empresas el coste de miles de millones de euros? Desde luego, no por igual. Se puede pensar que sus cuotas de mercado, muy diferentes, son como usar un número diferente de habitaciones.

Más allá de las empresas, los retos del reparto de costes se plantean a escala mundial. ¿Cómo deben repartir los países industrializados el coste de apoyar el desarrollo económico y la ayuda humanitaria? Un reparto equitativo sería justo si todos los países industrializados tuvieran el mismo tamaño, la misma población y el mismo nivel de actividad económica (PIB). Pero cuando todos son diferentes, como es el caso, ¿qué debe aportar cada país?

La solución típica es dividir los costes de modo proporcional, ya sea en relación con las habitaciones, la cuota de mercado o el PIB. La motivación subyacente es que se trata de una aproximación a los beneficios obtenidos en los dos primeros casos, pero cuando se trata de ayuda humanitaria es más bien una carga equitativa. Como veremos, las soluciones proporcionales fallan a la lógica y a la equidad.

El problema básico es cómo tratar por igual a las partes que se encuentran en posiciones desiguales. En algunos contextos, se trata de buscar una norma justa de distribución de costes porque no siempre hay una negociación de por medio. Con amigos y familiares, las partes pueden no querer negociar porque les preocupa el efecto que tenga en la relación. Solo buscan hacer algo justo.

En una empresa, los costes tienen que repartirse entre proyectos y divisiones. Los directivos no quieren dedicar su tiempo a negociar entre ellos. Como en una familia, solo quieren una norma justa. En otros entornos, hay una negociación real: si las partes no se ponen de acuerdo sobre cómo dividir los costes, no podrán seguir adelante con el proyecto. En todos estos casos, hay que plantear el problema en los términos del pastel. Repartir el pastel implica una división de costes específica, que es la que resulta lógica y justa.

Mostraré cómo funciona el pastel en un contexto de costes, empezando por algunos ejemplos de pequeñas apuestas, como dividir un informe de gastos o compartir un Uber. Aunque lo que está en juego es poco, creo que son interesantes por sí mismos. Muestran lo difícil que puede ser ver el pastel incluso cuando está a la vista. Además, estos ejemplos ilustran la lógica que aplicamos cuando nos planteamos compartir el coste multimillonario de una tubería de agua o el coste multimillonario de una red de estaciones de carga para coches eléctricos.

El dilema del informe de gastos

Tenía la oportunidad de ir a hablar a Houston y a San Francisco. Sin ninguna coordinación entre las dos partes habría tenido que hacer dos viajes de ida y vuelta. Afortunadamente, los dos grupos tenían cierta flexibilidad de fechas. Al coordinar ambos horarios, pude hacer una ruta en triángulo. El precio total del billete de avión acabó siendo de 2.818 dólares*.

La cuestión a negociar es ¿cómo se reparten esos 2.818 dólares entre Houston y San Francisco?

En realidad, las dos partes no estaban negociando entre sí. Yo intentaba representar a ambas partes y hacer la negociación en mi cabeza. Para llegar a una solución justa, quiero que me sigan e imaginen cómo se desarrollaría una negociación real. Porque, en mi mente, una regla de asignación de costes justa es lo que cada una de las dos partes pagaría si se hubiera negociado.

En nuestro ejemplo, se puede pensar en las dos partes como si fueran dos divisiones de una empresa que intentan resolver el reparto de los

---

* Sé que es una cifra elevada, pero yo volaba en clase preferente.

gastos de viaje de un empleado. Cada división está dispuesta a pagar su parte justa. Al mismo tiempo, cada una quiere pagar lo menos posible.

A estas alturas ya sabes que debes preguntar por las MAAN. Si las dos partes no llegan a un acuerdo, tendría que hacer dos viajes de ida y vuelta. Y Houston acabaría pagando 1.332 dólares, que es el doble de la tarifa de ida a Houston que cuesta 666 dólares. Del mismo modo, San Francisco pagaría 2.486 dólares, el doble de una tarifa de ida a casa.

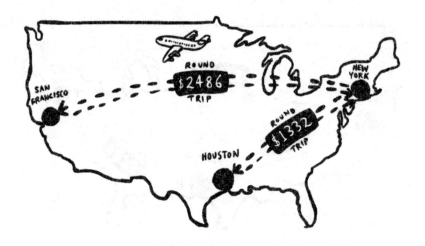

Es obvio que las dos partes no pueden dividir la tarifa aérea total por la mitad. Eso significaría que Houston acabaría pagando la mitad de 2.818 = 1.414 dólares, que es más de lo que cuesta el viaje de ida y vuelta de Nueva York a Houston. Haciéndonos eco de la frase de Apolo 13: «Houston, tenemos un problema».

Sin embargo, Houston y San Francisco llegan rápidamente a un acuerdo parcial, ya que consideran que, en cualquier caso, tenía que volar a Houston, por lo que esta ciudad debería hacerse cargo de los 666 dólares de ida de Nueva York a Houston. Del mismo modo, San Francisco debería cubrir del 1.243 coste del viaje de San Francisco-Nueva York a casa. La cuestión que queda es cómo cubrir los 909 dólares del trayecto de Houston a San Francisco.

San Francisco propone que se repartan el coste del tramo a partes iguales. Cada parte paga 454,50 dólares.

Houston contraataca con la propuesta de repartir el coste del tramo en proporción a las tarifas de ida. Es decir, Houston pagaría 371 dólares y San Francisco 592 dólares. Esta propuesta equivale a dividir la totalidad de los 2.818 dólares en proporción a la relación de las tarifas de ida y vuelta, o sea: 2.486:1.332 dólares.

¿Qué te parece más razonable?

Esperemos que no hayas caído en ninguno de los dos enfoques. La forma correcta de enfocar el problema es analizar la situación en términos del pastel. ¿Por qué las dos partes coordinan sus fechas? El objetivo es ahorrar dinero. La cantidad de dinero que se ahorra es

Coste de los viajes de ida y vuelta – Coste de la ruta triangular

$$= (2.486\$ + 1.332\$) - 2.818\$ = 1.000\$$$

Hay un número redondo escondido ahí. Aunque hemos planteado las cosas en términos de reparto de costes, el pastel real acaba siendo el ahorro de costes, que es un número positivo.

Si las dos partes se coordinan, pueden ahorrarse 1.000 dólares. Si no lo hacen, pierden los 1.000 dólares. Cada parte es responsable por igual del ahorro de 1.000 dólares, por lo que cada una debe recibir la mitad. Cada parte paga el precio total del viaje de ida y vuelta menos los 500 dólares de ahorro:

Houston paga 1.332 dólares – 500 dólares = 832 dólares
San Francisco paga 2.486 dólares – 500 dólares = 1.986 dólares

Elegí este ejemplo porque muestra cómo el pastel puede estar escondido a la vista. Los negociadores suelen buscar alguna justificación justa detrás de su propuesta. Dividir el total por la mitad, dividir el coste del tramo por la mitad, dividirlo proporcionalmente. Todas estas son formas de tratar la tarifa aérea o los tramos de viaje de forma equitativa (o proporcional). Pero la equidad no debe centrarse en las tarifas aéreas o los tramos de viaje. La equidad consiste en tratar a las personas por igual, ya que son estas las que negocian entre sí, no los tramos de avión.

Algunos lectores se preguntarán si yo también debería recibir algo de este pastel. Es posible. Tal y como he planteado la negociación, yo era un empleado de la empresa y, por tanto, la negociación era entre las dos divisiones. También he dejado fuera del cálculo el ahorro de tiempo para mí, junto con la reducción del desgaste y de las emisiones de gases de efecto invernadero.

Compartir una pista de aterrizaje

He elegido el siguiente ejemplo porque es un caso en el que se puede explicar la solución del pastel sin utilizar el léxico de la teoría del pastel, y porque deja claro el problema del reparto proporcional de los costes.

Dos compañías aéreas quieren compartir una pista de aterrizaje que aún no se ha construido. La aerolínea A pilota pequeños aviones turbohélice y solo necesita una pista de un 1 kilómetro. La aerolínea B vuela con Boeing 737 y necesita una pista de 2 km.

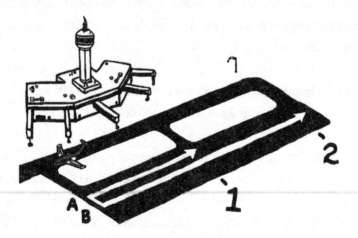

Las pistas de aterrizaje son caras de construir. Una pista de 1 kilómetro cuesta unos 5 millones de dólares y una de 2 kilómetros, unos 10 millones. Si las dos aerolíneas no se ponen de acuerdo, cada una construirá pistas distintas. (Por supuesto, es muy poco probable que eso ocurra, ya que tienen un gran incentivo para ponerse de acuerdo).

¿Cuánto debe pagar cada compañía aérea? Hay dos respuestas comunes.

1. La aerolínea A paga 3,33 M$ y la B, 6,67 M$
2. La aerolínea A paga 2,5 M$ y la B, 7,5 M$

El argumento a favor de la opción es 1 que la aerolínea B utiliza el doble de pista, por lo que debería pagar el doble. Esta es la solución proporcional en la que los costes se dividen en proporción a la longitud de la pista utilizada. El argumento de la opción 2 es que la compañía aérea A no utiliza la segunda mitad de la pista. Por lo tanto, todo el coste de esa segunda mitad debería ser pagado por B. Las dos aerolíneas solo comparten la primera mitad, por lo que ese es el coste que deberían repartir a partes iguales. Así, la aerolínea A paga la mitad de los 5 millones de dólares, mientras que la aerolínea B paga la otra mitad más el coste total de 5 millones de dólares para la segunda mitad.

El segundo argumento es el que tiene sentido para mí. Imaginemos que la aerolínea B volara con aviones A380 y necesitara una pista de 3 kilómetros. El coste total ascendería a 15 millones de dólares. Si el coste se dividiera en proporción al uso, la aerolínea A pagaría 1/4 del total o 3,75 millones de dólares (y la aerolínea B pagaría los 3/4 restantes del coste). Esto no tiene sentido para mí, ya que lo que paga la aerolínea A no debería depender de las necesidades de la aerolínea B, que son irrelevantes para A.

En este ejemplo, podemos resolver la negociación sin tener que recurrir al pastel. Pero no nos sorprenderá que la solución del pastel coincida con la opción 2: las dos partes no se ponen de acuerdo, el coste total será de 5 millones de dólares + 10 millones de dólares = 15 millones de dólares. Si llegan a un acuerdo, el coste total será de solo 10 millones de dólares. Trabajar juntos les ahorrará a los dos 5 millones de dólares.

¿Quién es más responsable del ahorro? Son igualmente responsables. Ninguna de las dos aerolíneas puede ahorrar los 5 millones de dólares sin llegar a un acuerdo. Por tanto, deben repartirse los 5 millones de ahorro. Esto significa que la aerolínea A paga 5 M$ – 2,5 M$ = 2,5 M$ y la compañía aérea B paga 10 M$ – 2,5 M$ = 7,5 M$.

Es reconfortante ver que la solución del pastel coincide con nuestra intuición. A veces se puede intuir la solución del pastel. Dicho esto, siempre aconsejo empezar con la respuesta del pastel. Puede que no decidas utilizar este en tu explicación a la otra parte, pero es una buena forma de comprobar que tu intuición es correcta.

Comparemos la solución de la pista con la ruta del triángulo. Creo que esto es útil porque muestra lo erróneo que puede ser el enfoque sin pastel.

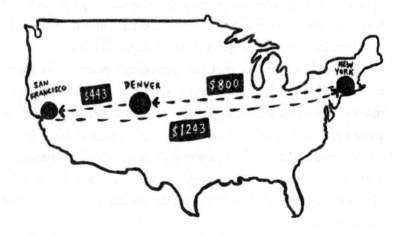

Digamos que el primer compromiso para dar una charla era en Denver, que estaba justo de camino a San Francisco. La pista y el enfoque del pastel harían que las dos ciudades se repartieran el coste del viaje de ida y vuelta Nueva York-Denver. Si pensamos en el avión como en un Uber de larga distancia, las dos ciudades pueden compartir el viaje de ida y vuelta desde Denver.

En cambio, si aplicamos la lógica del informe de gastos original, Denver debería pagar el tramo de Nueva York a Denver, ya que tuve que llegar a Denver en todo caso, mientras que San Francisco debería pagar el trayecto de San Francisco a Nueva York, ya que tenía que volver a casa desde San Francisco. La cuestión sería cómo dividir el coste del tramo de Denver a San Francisco.

La razón por la que esa lógica es errónea es que llegar a Denver me acerca a San Francisco. Por eso, San Francisco debería repartir el coste de llevarme a Denver y traerme de vuelta desde allí. Puedes pensar que el tramo de Nueva York a Denver es como la primera parte de la pista, en la que ambas partes comparten el coste. El segundo tramo corre a cargo de San Francisco. Pero esta es la forma difícil de obtener la respuesta. Es más fácil calcular el pastel.

Con las cifras de este ejemplo revisado, el ahorro total es 1.600 dólares. En Denver se pagarían 800 en lugar de los 1.600 del viaje de ida y vuelta Nueva York-Denver. Y San Francisco pagaría 2.486 – 800 = 1.686 dólares.

Nuestra intuición funciona bien cuando las pistas o las trayectorias de vuelo se superponen. Las cosas se tuercen cuando hay desvíos. Ese será el objetivo de nuestros ejemplos de viajes compartidos en la siguiente parte del libro.

Aunque el caso de la pista de aterrizaje puede parecer un poco artificial, y lo es, resulta ser un problema bastante común. En el capítulo 14 veremos un caso en el que varios promotores inmobiliarios tuvieron que dividir el coste de una acometida de agua a sus propiedades adyacentes. Las propiedades estaban dispuestas de oeste a este, como una pista de aterrizaje. La propiedad más alejada del este necesitaba la línea de alimentación más larga, y la situada al oeste, la más corta. (La razón por la que no utilizamos el ejemplo del oleoducto aquí es que había cinco empresas diferentes implicadas. Volveremos al ejemplo cuando hablemos de las negociaciones entre varias partes).

Para los habitantes de las ciudades, un ejemplo que nos toca de cerca es la cuestión de cómo los propietarios de un condominio de varios pisos deben compartir el coste de un ascensor. En Estados Unidos, es habitual repartir los costes a partes iguales entre todos los miembros del condominio, a pesar de que el valor no es en absoluto igual. Pero pensemos que se hace así. En Francia, la ley dicta que los propietarios pagan «en proporción a las ventajas» obtenidas. Los de la planta baja no usan el ascensor[11]. Los de la primera planta solo utilizan una pequeña parte del ascensor. Los de la segunda planta necesitan el doble de tramo del ascensor, mientras que los del último piso necesitan el recorrido completo. Los de las plantas superiores pagan proporcionalmente más, ya que la fórmula intenta repartir el pastel. Si hay que instalar un ascensor nuevo o modernizarlo considerablemente, el sistema del pastel nos conduce a un resultado mucho más razonable. Algo que resultó siendo importante cuando se privatizaron muchos edificios franceses y los residentes de los pisos superiores propusieron costosas inversiones para mejorar sus anticuados ascensores. Los de los pisos bajos no bloquearon las reformas porque solo pagaban una pequeña parte del coste. Utilizar el sistema del pastel nos ayuda a convivir mejor en el trabajo y en casa.

Compartir un viaje

Tanto Uber como Lyft son lo suficientemente grandes como para que cuando pidas un viaje, el conductor aparezca en pocos minutos. A menudo será el mismo conductor. Donde Lyft tiene más dificultades para competir es en los viajes compartidos, lo que Uber llamaba *UberPool* y Lyft llama *Lyft Shared*. Aquí es donde el mayor tamaño de Uber es el que le proporciona ventaja competitiva.

Durante los últimos años, las cuotas de mercado relativas entre los dos rivales se han mantenido aproximadamente en un 70:30 a favor de Uber. Si hay 70 personas que viajan en Uber, hay unas 2.500 formas de reunir a las personas en un grupo (el número exacto es 70 × 71/2 = 2.485). Para las 30 personas de Lyft, solo hay 465 opciones. Aunque Uber tiene un poco más del doble de cuota de mercado, puede hacer 5,4 veces las combinaciones de viajes compartidos.

La siguiente situación hipotética puede ser de ayuda. La compañía aérea 1 solo tiene un vuelo de ida y vuelta diario entre Nueva York y Los Ángeles, mientras que la compañía aérea 2 tiene 10 en cada dirección. En términos de horarios, la aerolínea 1 solo tiene una opción de ida y vuelta, mientras que la aerolínea 2 tiene 100 posibles opciones de horarios, 10 ida y 10 de vuelta. Diez veces el número de vuelos significa 100 veces el número de opciones de vuelo para un viaje de ida y vuelta.

La misma relación es válida para Uber y Lyft. La relación de su tamaño de mercado es 7/3 = 2,33, lo que implica que la relación del número de formas de agrupar a sus pasajeros es (7/3)2 = 5,44.

Compartir el viaje no es solo una forma de ahorrar dinero, reducir la congestión y disminuir los gases de efecto invernadero. También es una forma de que Uber se imponga sobre Lyft. Pero para que el viaje compartido funcione, la empresa tiene que averiguar cuánto debe pagar cada pasajero. La buena noticia es que los dos desconocidos no tienen que negociar entre sí. ¿Cuál es la forma justa de repartir la tarifa?

Tomaremos el caso en el que Alice y Bob se dirigen al aeropuerto de Los Ángeles. Alice comienza en el Museo Getty y Bob es recogido en Tsujita Noodles. Como puedes ver en el mapa, Bob está justo en el camino.

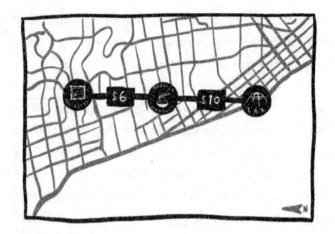

Si Alice hubiera ido sola, la tarifa habría sido de 16 dólares, mientras que el coste para Bob de ir por su cuenta sería de 10 dólares. Como Bob está justo en el camino, el coste combinado es de 16 dólares. Esto es idéntico al ejemplo de la pista. Alice debe pagar la tarifa completa entre el Getty y Tsujita y luego los dos se reparten el importe restante. Alice paga 6 $ + 50 % × 10 $ = 11 $, mientras que Bob paga el 50 % × 10 $ = 5 $.

Es fácil explicar esto sin usar el pastel. ¿Por qué lo que paga Bob debería depender del lugar donde empieza Alice? Él no debería pagar más si ella comienza su viaje en el Museo Hammer en lugar de en el Getty. Lo único que importa es la parte en la que viajan juntos.

Este es exactamente el resultado que obtenemos al dividir el pastel. El ahorro por ir juntos es de 10 dólares. Si cada uno fuera solo, la tarifa combinada sería de 16 + 10 = 26 dólares, pero juntos el coste es de 16 dólares. Si se reparten el pastel, cada uno se ahorra 5 dólares. Alice paga 16 − 5 = 11 y Bob paga 10 − 5 = 5 dólares.

Ahora quiero hacer el ejemplo de compartir viaje un poco más desafiante. Como vemos en la siguiente figura, Alice y Bob comparten un viaje a LAX. Al igual que antes, Alice sube primero y luego recogen a Bob. La tarifa total es de 10 dólares. ¿Cuánto deben pagar Alice y Bob?

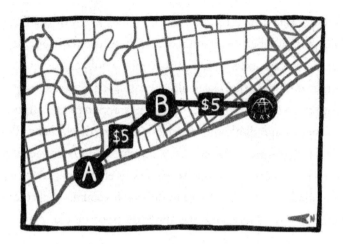

La respuesta tentadora, pero errónea, es que Alice paga los 5 dólares completos por el tramo en el que está sola y luego Alice y Bob se reparten el siguiente tramo al 50%. Así, Alice paga 7,50 dólares y Bob 2,50 dólares.

La principal razón por la que esto es erróneo y por la que no es lo mismo que el problema de la pista es que Bob está un poco apartado. Si Alice se dirigiera directamente al aeropuerto, la tarifa total sería solo de 9 dólares, no de 10 dólares, pero este hecho se ha omitido en la imagen original. Pero en el mundo, la gente no se limita a darte el pastel. Tienes que explorar un poco para obtener la información que necesitas para calcular el pastel.

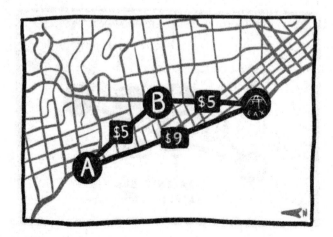

En este caso, la investigación es fácil. Uber y Lyft ofrecen tarifas fijas. Alice podría saber de antemano cuánto le costaría ir por su cuenta directamente al aeropuerto. De ahí salen los 9 dólares.

Otra razón por la que el cálculo del pastel sería erróneo es que Alice pierde un poco de tiempo con el desvío. El trayecto es más largo y quizá incluso menos agradable por tener que compartir el coche. Por otro lado, le da cierto placer saber que está reduciendo la congestión y las emisiones de carbono. Vamos a llamar a estos efectos negativos y positivos combinados un lavado. Y, como Bob va directamente al aeropuerto, no pierde tiempo. No le importa tener un poco de compañía para el viaje.

Por lo tanto, en ausencia de un acuerdo, los dos gastarían 9 + 5 = 14 dólares y no 15. El ahorro de que viajen juntos es de solo 4 dólares y no 5.

Como el pastel es de 4 dólares, Alice y Bob deberían ahorrarse 2 dólares cada uno del viaje compartido. Eso significa que Alice paga 2 dólares menos que yendo sola o 9 – 2 = 7 dólares, mientras que Bob paga 5 – 2 = 3 dólares.

Alice no está convencida del todo de que esto sea correcto porque Bob está fuera del camino. Si viviera en el lugar B', no habría necesidad de dar un rodeo. El desvío cuesta un dólar 1 más. Ella quiere que Bob cubra los costes del desvío y pague un dólar extra.

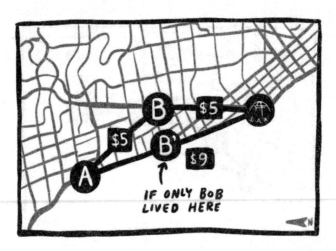

Si tú fueras Bob, ¿cómo responderías? Hay dos maneras de responder a esto. Una es la respuesta de alto nivel. Si los dos no se juntan, no hay posibilidad de ahorrar 4 dólares. Si Alice quiere ahorrar 4 dólares, tiene que aceptar el desvío como parte del trato.

Pero hay otra respuesta. Cuando estás en lo que yo llamo el país de los pasteles, puede darse la vuelta a cualquier argumento de la otra parte. Si Alice dice que Bob está fuera del camino, Bob puede decir igualmente que Alice también lo está. Si solo Alice viviera a la izquierda en A', Bob estaría directamente en el camino y no habría desvío.

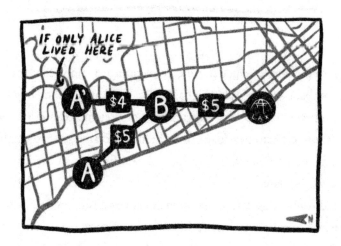

No tiene sentido que Bob o Alice estén más apartados de la ruta. Ambos están igualmente fuera de la ruta si los dos quieren compartir el viaje. De hecho, la primera respuesta en la que Alice pagó el primer tramo de 5 dólares y luego dividió el segundo tramo es un caso en el que Alice pagó el coste total del desvío. Si dividen el coste del desvío, entonces Alice de los 7,50 dólares pagaría 50 centavos menos, lo que supone 7 dólares, es decir, lo mismo que cuando los dos se reparten el pastel.

Quiero trabajar en un último ejemplo de transporte compartido. Elijo este porque parece superaterrador. Pero, si usas el pastel, es pan comido.

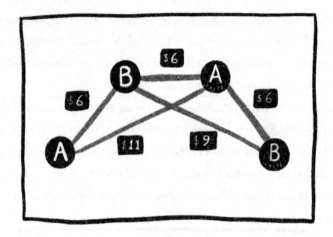

En este ejemplo, Alice se sube en el punto A, Bob se sube en el B. Después, baja Alice y luego se baja Bob. Cada uno de los tres tramos tiene un coste de 6 dólares. Al igual que en el ejemplo anterior, recoger a Bob supone cierto desvío. Si Alice fuera directamente a su destino, el coste sería de 11 dólares. Si Bob fuera directamente a su destino, el coste sería de 9 dólares.

Cuando los dos comparten el viaje, el coste total es de 6 + 6 + 6 = 18 dólares. Si cada uno fuera por separado, el coste sería de 20 dólares. Por lo tanto, el ahorro o el pastel es de 2 dólares. Así, cada parte se ahorra 1 dólar en comparación con ir solos. Esto significa que Alice paga 11 − 1 = 10 dólares y Bob paga 9 − 1 = 8 dólares. Espero que estés de acuerdo en que no ha sido demasiado difícil.

No puedo decir que sea necesario pasar por todo este trabajo por un dólar o dos para un viaje. Pero Uber tiene que idear un plan para dividir el coste entre las dos (o más) personas que comparten un recorrido. Uno de los objetivos debería ser tratar a sus clientes de forma justa. Otro es dar a todos los usuarios potenciales el mismo incentivo para compartir. De lo contrario, los que reciban pocos incentivos no compartirán tan a menudo y, por lo tanto, habrá menos viajes compartidos. Dividir el pastel es justo y ofrece los mismos incentivos a ambas partes. Cuanto más pueda Uber incentivar a compartir a la gente, mayor será su ventaja sobre Lyft.

Ionity

Para que los coches eléctricos despeguen, es necesario que haya una red mucho más sólida de estaciones de carga de alta velocidad. En Estados Unidos, el coste multimillonario de la construcción de estas estaciones de carga está subvencionado por el acuerdo sobre las emisiones de diésel de Volkswagen (aunque hay que hacer más). En Europa, los fabricantes de automóviles están solos. Por ello, BMW, Daimler, Ford, Hyundai, Kia y Volkswagen están trabajando juntos en una empresa conjunta llamada Ionity para construir estaciones de recarga eléctrica ultrarrápida en toda Europa. Las ventajas de la cooperación son enormes. Incluso si algunos fabricantes de automóviles estuvieran dispuestos a actuar por su cuenta, se produciría una enorme duplicación de esfuerzos y una red mucho menos eficiente, ya que no habría coordinación de ubicaciones. Esto lleva a un problema de negociación. ¿Cómo deben repartir el precio los miembros de la alianza? No funcionaría repartir los costes a partes iguales. Los socios tienen cuotas de mercado muy diferentes, y los que tienen una cuota pequeña se irían.

Al oír esta pregunta, la mayoría propone que los costes se repartan en proporción a la cuota de mercado. Pero esto no resuelve la cuestión. Hay varias formas de medir la cuota de mercado. Los fabricantes de automóviles tienen diferentes puntos de precio y diferentes márgenes de beneficio. No está claro si los costes deben repartirse en proporción a las ventas por unidad, a las ventas en dólares o a los beneficios. Los costes también podrían repartirse en proporción a los kilómetros recorridos. Cada parte tiene su respuesta favorita. E, incluso si las partes están de acuerdo en que los costes se dividan en proporción a las ventas por unidad, sigue existiendo la cuestión de si las cifras de ventas por unidad deben ser las ventas actuales de coches con motores de combustión interna o las ventas futuras de coches eléctricos.

Como he escrito al principio, el enfoque del pastel no pretende describir cómo negocian las partes. En casos como este, en los que no funciona el reparto equitativo de los costes, la norma a seguir es algún tipo de división proporcional. Pero eso no hace que sea razonable o con principios. Creo que el reparto proporcional pierde el sentido de la negociación. El objetivo del acuerdo es evitar la duplicación de esfuerzos y compartir el ahorro de costes.

Piensa en cómo podría ser la negociación entre dos socios de Ionity. En lugar de inventar nombres, los llamaré BMW y Daimler. El primer paso es averiguar el MAAN de cada parte. Dada la importancia crítica de las estaciones de recarga para cada una de las partes y dada su importante posición en el mercado, asumo que ambas actuarían por su cuenta en ausencia de cualquier acuerdo. A efectos de este ejemplo, también asumiremos que no hay otros posibles socios disponibles para sufragar el coste.

Digamos que cada parte habría gastado 1.000 millones de euros actuando en solitario, y que juntos pueden construir una red igualmente eficaz que cubra a los dos fabricantes de automóviles por 1.500 millones de euros. El ahorro derivado de la reducción de la duplicación y la mejora de la coordinación es de 500 millones de euros:

$$(1.000 \text{ M€} + 1.000 \text{ M€}) - 1.500 \text{ M€} = 500 \text{ M€}$$

Este pastel de 500 millones de euros debería dividirse a partes iguales entre las dos empresas. Esto es así incluso si sus ventas por unidad son desiguales, o sus ingresos o beneficios son desiguales. No tenemos que fijarnos en los kilómetros recorridos ni en las ventas de coches con motor de combustión interna o con batería. El motivo de la negociación es crear una sociedad que ahorre 500 millones de euros en costes.

Elegí este ejemplo porque te desafía a ver el mundo en términos del pastel. El mundo no se presenta y dice: aquí están las MAAN y este es el pastel. El reto de la negociación es enmarcar el problema correctamente.

La inclinación natural es lanzarse y elegir algo que parezca justo. La división proporcional de los costes según las ventas por unidad trata igual a cada coche. Del mismo modo, esta división proporcional de los costes en función de los ingresos trata cada dólar de ingresos por igual. Asimismo, la división proporcional de los costes en función de los kilómetros trata cada kilómetro conducido de forma equitativa. El motivo por el que creo que estas respuestas son erróneas es que los coches o los dólares o las millas no están negociando entre sí. Son BMW y Daimler los que están en la mesa. Ambos tienen el mismo poder para crear ahorros. La igualdad de poder lleva a tratar a las dos partes por igual, no a tratar lo que producen por igual.

El ejemplo de BMW y Daimler era quizá demasiado sencillo. Una vez adoptada la perspectiva del pastel, los cálculos eran simples. Sin embargo, el cálculo del pastel no siempre es tan fácil. Consideremos un escenario en el que los dos socios potenciales son BMW y Kia. Como antes, BMW seguiría construyendo una red por su cuenta con un coste de 1.000 millones de euros. Pero la posición de mercado de Kia es demasiado pequeña para justificar este gasto. Su valor es de solo 700 millones de euros. Por lo tanto, por sí sola, Kia no construiría una red. Este es el MAAN de Kia, y le asignaremos un valor de 0 euros.

Si los dos se unen, el coste se eleva, digamos que a 4.000 millones de euros, ya que tendrían que construir una red conjunta más grande que funcione igual de bien para BMW cuando tenga que compartirla. Esta red de recarga permite a Kia entrar en el mercado europeo de los coches eléctricos, que suponemos tiene un valor de 700 millones de euros para Kia.

	BMW	KIA	Total
TRABAJAR JUNTOS*	Valor de la red BMW – (1.400 M€ – pago de Kia)	700 M€ – pago de Kia	Valor de la red BMW – 700 M€
NO HAY ACUERDO	Valor de la red BMW – 1.000 M€	0 €	Valor de la red BMW – 1.000 M€
EL PASTEL			300 M€

Cuando las dos empresas trabajan juntas, pueden crear un valor adicional de 700 millones con un coste de 400 millones. El pastel es de 300 millones. Dividir el pastel significa que Kia pagaría 550 millones, es decir, la totalidad del coste adicional de 400 millones de euros de la red más grande, más 501 millones a BMW por la red original. De este modo, BMW sale con 501 millones de ventaja por el pago de Kia, y esta sale con 150 millones de ventaja ya que termina con algo que vale 700 millones a un coste de 550 millones de euros.

Como se puede ver, llegar a esta solución es más complicado porque se basa en lo que Kia cree que vale la red. Es posible que Kia no lo sepa con exactitud y es aún menos probable que BMW sepa lo que Kia cree que vale la red. Las empresas podrían utilizar una regla empírica según la cual el valor de la red es proporcional al número de coches vendidos. Aun así, esto no justifica el reparto proporcional de los costes. La cuota de mercado de BMW en Europa es casi exactamente el doble que la de Kia. Pero Kia paga más de la mitad de lo que aporta BMW: en nuestro ejemplo, BMW paga 850 millones de euros, mientras que Kia paga 550 millones. La razón por la que la división proporcional no es razonable es que ignora efectivamente el MAAN positivo de BMW. BMW puede arreglárselas sin Kia. No hay ninguna razón para que BMW comparta ese beneficio. Al igual que en nuestro ejemplo anterior de dividir los

---

* Cuando trabajan juntos, la cantidad total pagada debe sumar 1.400 millones de euros. BMW paga la diferencia entre el pago de Kia y 1.400 millones de euros.

intereses de un CD, la división proporcional ignora las MAAN a la hora de decidir lo que cada parte debe pagar o recibir.

La negociación de Ionity no fue solo entre un par de fabricantes de automóviles. Los seis fabricantes implicados acordaron que los costes se dividirían en proporción a las ventas por unidad. Para calcular el reparto en el momento del acuerdo, eligieron las ventas actuales en contraste con las futuras. No es de extrañar, ya que el reparto proporcional es sencillo de entender. Pero eso no la hace razonable y no explica por qué las ventas en unidades tienen más sentido que los ingresos u otros parámetros. La división proporcional no tiene en cuenta el objetivo del acuerdo, que es evitar la duplicación de esfuerzos y conseguir que más partes se unan para compartir el coste. Se pierde el pastel.

Reparto de costes a escala mundial

Al igual que las empresas automovilísticas tienen que resolver cómo repartir el coste de la construcción de estaciones de recarga, los países tienen que resolver cómo repartir el coste de la ayuda al desarrollo y la asistencia humanitaria. En este caso, las cifras son mucho mayores: unos 260.000 millones de dólares anuales en ayuda al desarrollo y 30.000 millones en asistencia humanitaria. [12] Aunque parte del dinero de la ayuda se dona gustosamente y en otros casos se utiliza para conseguir apoyo de otros países, sigue habiendo tensiones sobre la cantidad que debería aportar cada país.

A partir de finales de la década de 1950, el Consejo Mundial de Iglesias propuso que los países industrializados contribuyeran con un 1 % de su producto interior bruto (PIB) como ayuda exterior para apoyar a los países en desarrollo. Las Naciones Unidas propusieron una contribución del 0,7 % en 1970 y la reafirmaron en la Cumbre de la Tierra de Río de Janeiro de 1992. Al igual que en el caso de Ionity, las contribuciones deben hacerse de forma proporcional, aunque aquí la proporción se basa en el PIB.

Aunque es una fórmula sencilla, no parece razonable. Dos países pueden tener el mismo PIB, pero uno tiene el doble de población que el otro y, por tanto, es la mitad de rico. ¿Deben hacer realmente la misma contribución? Por ejemplo, Suiza y Turquía tienen niveles de PIB similares, pero Turquía tiene diez veces más población y, por tanto, una décima parte del PIB per cápita. [13]

No es justo que las contribuciones a la ayuda exterior representen el mismo porcentaje del PIB cuando los países donantes se encuentran en posiciones económicas tan diferentes. Al mismo tiempo, comprendo que mucha gente pueda aceptar una norma injusta porque es sencilla de entender y aplicar. Después de vacunar por primera vez a los trabajadores sanitarios contra el COVID-19, mi estado, Connecticut, renunció a las diferentes normas de prioridad que había para la población en riesgo y pasó a una norma simple basada en la edad. Esto les hizo más difícil jugar con el sistema a aquellos que usaban sus contactos para favorecerse y, por lo tanto, condujo a una aplicación más justa de una regla injusta. (Si me viera obligado a mantener algún tipo de contribución proporcional para la ayuda exterior, sugeriría que las donaciones se asignaran de forma más parecida a como se hace con el impuesto sobre la renta: un porcentaje de lo que podría llamarse PIB disponible, que es el PIB que supera los 10.000 dólares por persona).

El hecho de no ver el pastel también obstaculiza la búsqueda de soluciones para reducir las emisiones de carbono. La Convención Marco sobre el Cambio Climático de 1992 estableció que los llamados países del Anexo 1 —prácticamente los 44 países más ricos— se propusieran alcanzar sus niveles de emisiones de 1990 en el año 2000. No se fijaron objetivos para los otros 110 países del mundo que firmaron el acuerdo. Una vez más, eso no era justo. Algunos países nórdicos ya habían hecho mucho esfuerzo antes de 1990, por lo que el objetivo de alcanzar el nivel de emisiones de 1990 era mucho más difícil de alcanzar. Algunos países estaban experimentando un crecimiento demográfico y otros un descenso. No tenía sentido que las cifras de 1990 supusieran una distribución equitativa de las emisiones.

¿Los objetivos de las emisiones deben ser de acuerdo a un nivel total, un nivel per cápita o un nivel de intensidad de carbono? En el Acuerdo de París de 2015, China se comprometió a reducir su intensidad de carbono en un 60-65 % para 2030. Pero dado el rápido crecimiento de su economía, las emisiones totales de carbono seguirán aumentando.

Hay cierta confusión cuando la gente enmarca la negociación en términos de lo que cada país pagará o promete conseguir. En lugar de eso, deberíamos enmarcar la negociación en términos de cuál es el beneficio creado —cuál es el pastel y luego pensar en cómo repartirlo de forma equitativa. El problema del reparto es muy polémico. Una de las razones es que el pastel es enorme: es la salud futura del planeta. En términos económicos, el pastel es el ahorro que se crea al evitar los peores resultados asociados con el calentamiento global neto (inundaciones, sequías, hambrunas, migraciones masivas) del coste de reducir las emisiones. Los países ricos no pueden realizar este pastel por sí solos. (Los gases de efecto invernadero van todos a la misma atmósfera, independientemente de su procedencia). Y, sin embargo, los países ricos no están dispuestos a repartir el pastel equitativamente. Para hacerlo, sería necesario transferir una gran cantidad de riqueza a los países en desarrollo. Los países ricos tendrían que pagar enormes incentivos financieros para preservar los bosques tropicales y ayudar a países en desarrollo a pasar más rápidamente del carbón a la energía sostenible.

Un preocupante segundo problema es que los más afectados —los jóvenes de hoy y las futuras generaciones que aún no han nacido— ni siquiera están en la mesa de negociaciones y, por lo tanto, se les niega la oportunidad de obtener una parte equitativa del pastel. Hay una injusta lucha sobre cómo se compartirá el futuro del planeta que se interpone a la hora de garantizar que quede algún pastel por repartir.

Soy consciente de que se trata de un tema sumamente importante, al que no puedo hacer justicia en unos pocos párrafos. Lo planteo aquí por una razón: para ver el impacto potencial del enfoque del pastel en nuestra forma de pensar fuera del ámbito empresarial. Los simples defectos de las contribuciones proporcionales o de los objetivos pueden obstaculizar la búsqueda de soluciones a los mayores retos del mundo, que van desde el desarrollo económico hasta el cambio climático. Quiero que la gente plantee los problemas y las soluciones en términos de pastel.

Volvemos ahora a centrarnos en las negociaciones más mundanas de los negocios y la vida cotidiana. Aunque quiero cambiar la forma en que la gente aborda las negociaciones cuando la escala es global, primero tengo que convencerles de que piensen en términos del pastel para los problemas sencillos. Para ello, tengo que responder a las preguntas que siguen.

PARTE III

NEGOCIACIONES COMPLEJAS

Llegados a este punto, espero que hayas comprendido el enfoque del pastel y puedas ver sus aspectos positivos. Ahora es el momento de abordar el "sí, pero…".

He dicho que el resultado debería ser un reparto simétrico del pastel, pero ¿qué pasa si los dos lados no son simétricos? Hay varias formas en que pueden presentarse asimetrías. Hemos tratado la posibilidad de que un lado sea mayor que el otro. Sin embargo, independientemente de la diferencia de tamaño, sus aportaciones son siempre las mismas en una negociación a dos bandas.

De acuerdo, pero quizás un lado se preocupe más que el otro. O las dos partes pueden tener percepciones diferentes sobre el tamaño del pastel. Los protocolos de negociación pueden favorecer a una parte sobre la otra. Las negociaciones con tres o más partes también crean asimetrías. Estos son los temas que se tratan en la Parte III.

La mayor objeción que tiene la gente al enfoque del pastel surge cuando es evidente que a una de las partes le importa más el resultado que a la otra. Por poner un caso extremo, Bob está en el desierto y se muere de sed. ¿Puede realmente resistir con la mitad del pastel? Como veremos en el capítulo 11, la respuesta es sí, pero eso no significa que reciba la mitad del agua.

El capítulo 12 examina lo que significa repartir el pastel cuando este no es seguro. En estas circunstancias, las dos partes pueden ser igual de inestables o una de ellas puede conocer mejor el pastel que la otra. La parte con mejor información puede explotar esa ventaja para obtener más de la mitad del pastel. Una solución que nivela el terreno de juego es acordar un reparto contingente del pastel: el reparto se basa en lo que resulte ser el pastel y no en su tamaño desconocido hoy.

Hemos visto negociaciones sin reglas ni estructura. Si hay algunas reglas en la negociación, esas reglas pueden transmitir poder. Por ejemplo, si una de las partes puede plantear un ultimátum, podría conseguir más de la mitad del pastel. Esto se contempla en el capítulo 13. Por supuesto, los protocolos de negociación forman parte de una negociación más amplia, por lo que puede que no proporcionen tanto poder como uno se imagina. Cuando el resultado de una negociación influye en lo que ocurre en negociaciones posteriores, las partes se preocupan sobre su reputación. El capítulo 13 también trata el papel de la reputación y explica por qué estas preocupaciones tienden a reforzar una división uniforme.

En el capítulo 14, se muestra cómo funcionan las cosas cuando hay tres o más participantes activos en la negociación. Cuando hay más de dos, ya no se da el caso de que cada parte sea igualmente responsable de crear el pastel. Aun así, el sistema del pastel se aplica, y el resultado es una generalización de nuestro enfoque básico.

En las negociaciones con más de dos personas existe la posibilidad de que sus aportaciones al acuerdo sean desiguales. El ejemplo más extremo es el de que alguien no aporte nada a la mesa. En el capítulo 15, descubriremos cómo puede conseguirse que paguen.

El material de estos cinco capítulos es más exigente. Me parece bien que pases a la Parte IV, donde me ocupo del crecimiento del pastel. Aquí, en la Parte III, me centro en responder a las críticas y en tratar las complicaciones que surgen en la práctica. No quiero que los lectores se queden con la idea de que el enfoque del pastel solo funciona con dos jugadores o cuando las partes se preocupan por la misma cantidad o el pastel es conocido por todos. Como se trata de complicaciones, el material es más difícil. Si ya has aceptado el enfoque del pastel, no dudes en pasar a la Parte IV. (Yo no me daré cuenta). El contenido sobre el crecimiento del pastel es más divertido.

11

¿Y si a ti te importa más?

No es raro que una negociación se parezca a una contienda entre David y Goliat. A diferencia del resultado bíblico, a los David no les suele ir tan bien. ¿Por qué la parte más pequeña se siente en desventaja?

Una de las razones es que se preocupan mucho más.* Para David, el resultado podría cambiar su vida. Para Goliat podría ser solo algo pasajero, nada que por lo que valga la pena entusiasmarse demasiado. Aunque la parte más pequeña suele ser la que se preocupa más, no siempre es así. Esto nos lleva a la cuestión general de si preocuparse más lleva a conseguir menos.

Mi opinión es que una asimetría de intereses no debería poner a una de las partes en desventaja. Sí, porque la parte que se preocupa más está más dispuesta a llegar a un acuerdo.

Pero al que se preocupa menos le resultará más fácil hacer una concesión. En estas circunstancias, cada uno debería seguir recibiendo la misma parte del pastel, pero ahora se trata de una parte del pastel tal y como cada uno la calcula.

Para ilustrarlo, vamos a poner un ejemplo extremo, uno con el que el público me desafía habitualmente. Bob está en el desierto, casi muriéndose de sed. Alice está bien hidratada. Hay tres botellas de agua de un 1 litro. ¿Cómo las repartirán los dos?

---

* Otra razón es que la parte más pequeña puede tener menos opciones. Su MAAN es peor. Como ya comentamos en el capítulo 4, eso no significa que deban obtener menos en la negociación. Solo significa que el pastel es más grande.

La opinión común es que Bob está tan desesperado que estará encantado de aceptar cualquier división. Esta perspectiva hace que Alice se quede con la mayor parte del agua. La opinión contraria es que Bob se preocupa por el agua mucho más que Alice, de hecho se preocupa por cada gota, de modo que será él quien acabará quedándose con la mayor parte del agua.

Pongamos algunos números en la situación y apliquemos la perspectiva del pastel. Podemos decir que el valor de la primera botella para Bob es de 1 millón de dólares por litro, y después de 5 dólares por litro. Ese primer litro es enormemente valioso para él. Sin embargo, para Alice, su valor es constante en 1 dólar/litro para las tres botellas. Lo que importa en última instancia no es cómo se reparten el agua Alice y Bob, sino cómo se reparten el pastel.

Es la primera vez que tenemos que pensar en negociar cuando las dos partes tienen preferencias diferentes. Para maximizar el pastel, se deben repartir cada elemento en función de quién los valore más. Así, Bob debería quedarse con toda el agua. El pastel resultante sería de 1.000.010 dólares. Para repartir el pastel, Bob le paga a Alice 500.005 dólares. Bob se queda con lo que más valora (el agua) y Alice con lo que más valora (el dinero). Ambos salen ganando 500.005 dólares. Hasta ahora parece que la persona que más se preocupa obtiene la mayor parte (o incluso todo) de lo que más le importa. A los David les va bien.

Sin embargo, esta solución no capta el apuro en el que se encuentran los David en la vida real. Alguien en el lugar de David tiene menos recursos. Desde luego no tiene 500.005 dólares por ahí para pagar a Goliat. Entonces, ¿qué pasa con Bob y Alice si Bob solo tiene 50 centavos a su nombre? Bob podría decir que valora la primera botella en 1 millón de dólares, pero no tiene forma real de demostrarlo ni de compensar a Alice. Lo que Bob quiere decir realmente es que, si tuviera 1 millón de dólares, eso es en lo que valoraría la primera botella de agua. Como no lo tiene, deben negociar sin la capacidad de utilizar el dinero para igualar las cosas y dividir el pastel.

En este caso, el tamaño del pastel —utilizando las valoraciones un tanto hipotéticas de Bob— depende de cómo se reparta. Si toda el agua es para Bob, el pastel es de 1.000.010 dólares, mientras que si toda el agua es para Alice, el pastel es de solo 3 dólares. Bob valora mucho el agua, mucho más que Alice. Si le damos toda el agua a Bob, eso crea más valor que si le damos toda el agua a Alice.

El resultado es que ahora existe una tensión entre la maximización del pastel y la forma de repartirlo. Parece que tenemos que elegir entre un pastel muy grande que se reparte de forma muy desigual o un pastel muy pequeño que se reparte uniformemente.

La cuestión fundamental es cómo calcular el pastel cuando ninguna de las dos partes puede transferir dinero. Sumar los valores en términos de dólares tiene sentido cuando las dos partes pueden pagarse mutuamente y, por tanto, tienen una moneda común. Cuando esta no existe, es difícil, quizá imposible, comparar la valoración de una parte con la de la otra. La valoración de Bob de la primera botella en 1 millón de dólares ya no es comparable con la valoración de Alice, de 1 dólar. Bob puede decir que valora la primera botella un millón de veces más que Alice, pero si no tiene con qué pagar a Alice para respaldar esas palabras, es difícil saber realmente lo que esto significa.

Para resolver el problema de las escalas incomparables y de las reclamaciones potencialmente exageradas, podemos comparar lo que cada parte obtiene en relación con su ideal. Esto es como poner a cada parte en una escala común en la que no obtener nada vale 0 y obtener todo vale 100.

La igualdad de poder sigue siendo válida, pero su implicación tiene que ampliarse para cubrir las valoraciones no comparables. Una implicación más amplia se da cuando cada parte obtiene la misma cantidad de su pastel ideal. Para Alice es la fracción de los 3 dólares que podría conseguir, mientras que para Bob es la fracción de 1.000.010 dólares de valor que podría conseguir.

Dado que las dos partes valoran las botellas de agua de forma diferente, podemos llegar a un reparto que permita a ambas obtener más de la mitad del pastel según ellas lo valoran. En el ejemplo de la botella de agua, es posible que cada parte obtenga aproximadamente un 75 % de su ideal. Bob obtiene 750 ml de la primera botella, mientras que Alice se queda con los otros 250 ml y las dos botellas restantes. Alice está al 75 % de su ideal, ya que tiene 2.250 ml de un potencial de 3.000. Bob está al 75 % (aproximadamente) de su ideal, ya que el 75 % de la primera botella vale 750.000 dólares de un potencial de 1.000.010 de dólares.

Si Bob recibiera más agua, estaría obteniendo más del 75 % de su ideal, mientras que Alice estaría obteniendo algo por debajo del 75 %. A la inversa, si Alice obtuviera más agua, obtendría más del 75 % de su ideal, mientras que Bob obtendría algo menos del 75 %. Hemos elegido la distribución en la que cada uno obtiene la misma parte de su ideal.*

No estamos repartiendo el pastel 50:50. ¡Estamos repartiendo el pastel 75:75! Nuestro punto de vista sobre la igualdad de poder y la equidad sigue siendo válido. Tanto el poder como la equidad implican que cada uno debe obtener la misma parte del pastel total según ellos lo valoran. En los casos en los que ambas partes valoran de forma lineal obtener más del artículo en cuestión, lo mejor que se puede conseguir es que ambas partes obtengan el 50 % de su ideal. Pero en otras situaciones —por ejemplo, cuando Bob valora más la primera botella de agua que las adicionales— es posible que ambas partes acaben con más de la mitad de su pastel ideal.

Aunque Bob está más desesperado, sigue teniendo la misma fracción de su ideal que Alice. Es cierto que acaba con menos de la mitad

---

* Si yo fuera Alice en esta situación, le daría a Bob una botella entera. Eso es porque me importa la felicidad de los demás. Obtendría más placer indirecto de ver a Bob disfrutar enormemente de los últimos 250 ml que de los 25 centavos del valor de beber yo mismo 250 ml extra. El objetivo del ejemplo, sin embargo, es explicar cómo repartir el pastel en situaciones en las que una parte parece estar mucho más desesperada que la otra. Cuando las personas se preocupan por la felicidad de los demás en la negociación, eso debería influir en el cálculo del pastel.

del agua, pero como el agua no tiene un valor lineal, el porcentaje del agua que obtiene no es una métrica fiable de lo bien que lo hace. Lo que realmente le importa a Bob es la cantidad que obtiene de la primera botella. Por eso cuando pensamos en lo bien que le va a Bob en la negociación, deberíamos centrarnos en la cantidad que consigue de la primera botella o, más genéricamente, en lo cerca que está de su ideal, donde el ideal se mide en valor, no en agua.

OTROS ESCENARIOS

¿Y si el valor de Alice fuera de 2 dólares/botella? La respuesta no cambiaría. Cuando Alice recibe las botellas de 2,25, sigue siendo el 75 % de su ideal, al igual que Bob.

¿Y si el valor de Alice fuera de 1.000.000 dólares/botella, pero para las tres botellas? La respuesta volvería a ser la misma. Cuando Alice consigue 2,25 botellas, ella está a un 75 % de su ideal, al igual que Bob. Para este es fácil renunciar a las dos últimas botellas. Lo único que le importa es la primera. En la negociación Bob obtiene el mérito de renunciar a algo que Alice valora, incluso si él no lo hace.

Puede parecer poco eficaz que Bob no se lleve la primera botella entera, ya que claramente la valora más. El problema es que para conseguir más agua no tiene nada que ofrecer a cambio.

En la negociación de la botella de agua, Bob estaba limitado por el dinero. Sin embargo, hay muchas otras negociaciones en las que no funciona igualar las cosas con dinero, como las que se hacen dentro de una familia. Si una pareja comparte una cuenta bancaria común, no tiene sentido que una parte pague a la otra. La razón más importante por la que puede no funcionar traducirlo todo en dinero es que el propio dinero acaba siendo como el agua de salvamento: una parte lo valora mucho más que la otra. Cuando una empresa emergente negocia con una más grande y establecida, el dinero implicado cambiará la vida, si no la salva, de la emergente, mientras que no es relevante para la grande. El dinero es como la primera botella de agua para Bob: le importa mucho más a la emergente.

La empresa más grande utiliza esta asimetría para argumentar que necesita obtener más de la mitad de los dólares en juego ya que, de lo contrario, no obtendrá el mismo «valor» del reparto. Esta forma de pensar es la base de la opinión común de que la parte más grande tiene más poder en una negociación, ya que esgrime el argumento de que: «Tú necesitas este acuerdo mucho más que yo», por lo que la parte más pequeña acepta.

Aunque es una práctica habitual, los argumentos no son convincentes. Si a la parte más grande le importa tan poco, ¿por qué lucha tanto? Si cada dólar extra apenas se nota, es más fácil que el actor más grande sea más generoso.

Pondremos algunos números para ilustrar este punto. Honest Tea y Coca-Cola están negociando más de 20 millones de dólares en ahorro de costes. Supondremos que a Honest Tea le importa diecinueve veces más cada dólar. En ese caso, Coca-Cola necesita 19 millones de dólares de los 20 que requiere para conseguir la misma ganancia efectiva que el millón de dólares que va a parar a Honest Tea.

Parece peculiar, incluso paradójico, que la parte que se preocupa menos obtenga más dinero. Sin embargo, los trabajos experimentales de Rudy Nydegger y Guillermo Owen sugieren que la gente se deja engañar por el argumento de que ambas partes deberían obtener la misma ganancia efectiva, es decir, que la parte que se preocupa menos se lleva más dinero.[14] En su experimento, los participantes negociaron el reparto de 60 fichas cada una de las cuales valían 1 centavo para una parte y 2 centavos para la otra. No se llegó a un acuerdo después del experimento. Las ocho parejas de participantes acabaron dividiendo las fichas en una proporción de 2:1. La parte que valoraba las fichas en 1 centavo recibía 40 de ellas, mientras que la parte que las valoraba en 2 centavos recibía 20 fichas. La intención de los negociadores era clara: se decidieron por un resultado en el que cada parte se llevaba 40 centavos, ganancias iguales medidas en centavos.

Para ver si esto tiene realmente sentido, piensa en el resultado a medida que la asimetría aumenta. Si 60 fichas valen 59 centavos para un lado y 1 centavo para el otro, el resultado de Nydegger y Owen implica que la persona de 59 centavos obtendría 1 ficha y la de 1 centavo, 59 fichas. Si yo fuera la persona que valora las fichas a 59 centavos cada una, estaría bastante descontento con este resultado. Estaría haciendo un gran sacrificio (59 fichas que para mí valen casi 35 dólares) con el fin de dar a la otra parte unos pocos centavos. Es decir, estaría renunciando a una gran oportunidad solo para rebajarme al nivel de alguien que es muy difícil de complacer.

Aunque el primer instinto de la gente es centrarse en lo que obtiene cada parte, creo que es igualmente razonable centrarse en aquello a lo que cada uno está renunciando. ¿A qué distancia está cada parte de alcanzar su ideal? Volvamos a la negociación entre Honest Tea y Coca-Cola. En la división que lleva a una ganancia igual —1 millón de dólares para Honest Tea y 19 millones para Coca-Cola—, Honest Tea se halla a 19 millones de dólares de su ideal, lo que parece un sacrificio de 361 millones de dólares, mientras que Coca-Cola está a solo 1 millón. Las concesiones realizadas son muy asimétricas.

Si Coca-Cola argumenta que debería recibir más porque se preocupa menos, Honest Tea puede darle la vuelta a este argumento: «Si te importa tan poco, danos 19 de los 20 millones de dólares. El dinero nos importa mucho más y vosotros apenas lo echaríais de menos. Cuando nos den 19 millones, estaremos a 1 millón de dólares de nuestro ideal y vosotros estaréis a 19 millones de dólares del vuestro. Es un sacrificio similar teniendo en cuenta lo mucho que nos importa».

Cualquier argumento que la parte más grande esgrima para obtener más puede convertirse en un argumento para obtener menos. Si Coca-Cola dice que necesita más porque no le importa, eso es igualmente un argumento para obtener menos, ya que no le importa hacer el sacrificio.

En el reparto de ganancias a partes iguales —1 millón para Honest Tea y 19 millones para Coca-Cola— los incentivos para exigir más son desiguales. Si Honest Tea se aferra a 1 millón de dólares más, duplicaría su ganancia; hacer la concesión de 1 millón de dólares solo le costaría a Coca-Cola un 5 %. Yo presionaría por el millón extra, y seguiría presionando. El siguiente millón aumentaría nuestra posición en un 50 %, pero a Coke solo le costaría un 5,5 %. Me detendría cuando llegara a 10 millones. En ese momento, un millón extra solo vale un 10 % más, y a Coke le cuesta un 10 % renunciar a él. Yo dejaría de hacerlo cuando recibiera la mitad del pastel, tal y como yo lo veo.

Nuestra solución del pastel para estas situaciones emplea el mismo principio que con las botellas de agua. Cada parte tiene el mismo poder y, por lo tanto, cada una recibe la misma parte de su ideal. En este caso, eso significa que se dividen los ahorros, 10 millones y 10 millones de dólares. Cada parte valora esos 10 millones de dólares de forma diferente, pero pueden llegar a un acuerdo en el que cada uno reciba la mitad del pastel potencial.* Cada uno está a mitad de camino entre obtener su peor resultado (ningún ahorro) y su mejor resultado (todo el ahorro). Con 10 millones de dólares para cada uno, Honest Tea se ve obteniendo la mitad de un gran pastel de 20 millones, mientras que Coca-Cola se ve obteniendo la mitad de un pequeño pastel de 20 millones. Aunque evaluaran los 20 millones de forma diferente, pueden estar de acuerdo en que ambas partes se necesitan por igual para crear el pastel. Y pueden estar de acuerdo en que el pastel es de 20 millones de dólares, valga lo que valga. Por lo tanto, cada empresa recibe la misma parte del pastel, en este caso la mitad, según su valoración. Aunque a la empresa emergente le importe más, no se queda con menos.

---

* La razón por la que no pueden obtener más de la mitad del pastel es que hemos asumido que el dinero tiene un valor constante, aunque diferente, para cada parte. Si el primer millón valiera más para Honest Tea que los millones posteriores (al igual que la primera botella de agua valía más para Bob), ambas partes podrían obtener más de la mitad del pastel.

Cuando una de las partes se preocupa más, se requiere una vigilancia adicional. Porque es fácil confundir el poder y la equidad en estas situaciones. La gente se deja engañar por el argumento de que el bando que se preocupa menos obtiene más para así terminar con ganancias iguales. Cuando una de las partes se preocupa el doble que la otra, la igualdad de ganancias no conduce a un resultado absurdo, especialmente cuando lo que está en juego se mide en centavos. Pero cuando una de las partes se preocupa mucho más que la otra y lo que está en juego es real, el defecto de la igualdad de ganancias se hace evidente. La perspectiva del pastel es especialmente valiosa en estas circunstancias.

12

¿Y si el pastel es incierto?

En las primeras negociaciones que vimos, el tamaño del pastel era conocido o conocible. Edward y yo conocíamos el coste y el resultado del proceso de disputa de ICANN; Anju y Bharat conocían las sinergias con los tipos de interés de los CD; las dos compañías aéreas conocían el ahorro de costes que supondría volar por una ruta triangular. En el ejemplo del CEMA, el comprador sabía más que el vendedor sobre el posible ahorro de impuestos, pero un poco de investigación habría puesto a las dos partes en igualdad de condiciones.

En otros casos, las negociaciones son sobre un pastel que aún no se ha horneado. Esa fue la situación que se dio cuando Honest Tea negoció con Coca-Cola. Tuvimos que dividir el pastel antes de saber su tamaño. La incertidumbre crea un problema en dos sentidos. La otra parte puede tener una mejor idea del tamaño del pastel y utilizar su información para aprovecharse de ti. Incluso cuando ambas partes están igual de inseguras, si se acuerda un precio hoy, es probable que una de ellas acabe quedándose con más de la mitad.

En estas situaciones, se puede acordar el reparto del pastel *a posteriori*. Sea cual sea su tamaño, las partes acuerdan hoy dividirlo a medida que se vaya materializando. Por ejemplo, en el caso de Coca-Cola, que compró botellas para Honest Tea, el ahorro previsto era de 20 millones de dólares sobre la base de 8 centavos/botella por 250 millones de botellas durante tres años. Por supuesto, los 250 millones de botellas eran una estimación y podrían estar muy lejos de la realidad. Incluso si Coca-Cola estuviera dispuesta a repartir el pastel, no iba a querer desembolsar 10 millones de dólares solo para descubrir más adelante que las ventas eran de 150 millones de botellas. En ese caso, Coca-Cola habría pagado 10 millones de un pastel de 12 millones.

La solución es repartir el pastel botella a botella. Recordemos que los costes de Coca-Cola eran de 11 centavos y que Honest Tea pagaba 19 por botella. El ahorro total es de 8 centavos por botella. En lugar de dividir una cantidad incierta de 20 millones de dólares de pastel, Honest Tea compra botellas a Coca-Cola a 15 centavos cada una. De este modo, Coca-Cola gana 4 centavos por botella y Honest Tea se ahorra 4 por botella. El pastel se reparte por igual en cada botella y, por lo tanto, se divide por igual independientemente del número de botellas que se vendan.

Un reparto equitativo *a posteriori* es justo lo que acordaron Honest Tea y Coca-Cola sobre el precio de compra a tres años vista. Como se explicó en el capítulo 5, el precio de compra era el múltiplo de mercado hasta unas ventas X y, a continuación, la mitad del múltiplo de mercado de las ventas incrementales por encima de X. Coca-Cola y Honest Tea, trabajando juntos, crearon el potencial de ventas para superar X. El valor creado por esas ventas se dividió por igual cuando Coca-Cola tuvo que pagar la mitad del precio del múltiplo de esas ventas incrementales, cualquiera que fuera.

Acordar el reparto del pastel *a posteriori* evita el riesgo de un reparto desigual cuando el pastel resulta ser diferente a lo esperado. Esta estrategia es aún más importante cuando una de las partes tiene más información. La parte que sabe más puede ofrecerte algo que parece un reparto justo, pero solo ella sabe si es cierto o no. Sería conveniente que esperaras a ver cuál es el pastel antes de acordar cuántas porciones aceptarás. Para protegerte, puedes acordar primero una fórmula para repartir el pastel en función de lo que se materialice.

Un bonito cuadro

Anaïs vendía un gran óleo que había heredado de su abuelo. No tenía ni idea de lo que valía el cuadro. Ni estaba firmado ni en buenas condiciones, pero su abuelo lo consideraba especial, y había colgado el cuadro de modo que fuera lo primero que se viera al entrar en el salón.

La tienda local ofrecía 1.000 dólares. Ella pensó en pedirle una contraoferta de 2.500 dólares, aunque se arriesgaba a perder la oferta. Y, lo que era peor, si el marchante aceptaba, sería una señal de que el cuadro podía ser realmente valioso. A Anaïs le preocupaba que el marchante conociera el valor real y se aprovechara de ella.

Para estar en igualdad de condiciones, ella podría ir a llevar el cuadro para que se lo tasaran. Eso llevaría tiempo y costaría al menos 1.200 dólares, así que acabaría gastando más en la tasación de lo que pudiera valer el cuadro. Es mucho mejor hacer una contraoferta contingente. Entonces, Anaïs le dice al marchante: «Entiendo que espera gastar algo de dinero en la restauración. Incluso es posible que tenga que gastar también en la autentificación si se tratara de un artista famoso. Así que esto es lo que le propongo: yo le vendo el cuadro por su oferta de 1.000 dólares, y usted comparte conmigo el 50 % de las ganancias de todo lo que se obtenga por encima de 10.000 dólares».

Anaïs está ahora protegida incluso sin conocer el valor. La oferta también es justa para el marchante. Si el cuadro vale entre 1.000 dólares y 10.000 dólares, el marchante solo paga la oferta original de 1.000 dólares. Si el cuadro acaba valiendo 15.000 dólares, el marchante paga otros 2.500, pero eso es una buena noticia porque el marchante también gana más dinero.* Si el cuadro acaba valiendo 25.000 o 100.000

---

* Para que este sistema funcione, Anaïs debe poder comprobar que el cuadro se ha vendido y verificar el precio de venta. En una subasta, los registros son públicos, pero las ventas privadas son más difíciles de verificar. Si Anaïs no confía hoy en el marchante, no está claro que deba confiar en que este le informe honestamente en el futuro. Los tratos contingentes funcionan mejor cuando las contingencias son fácilmente observables dólares, Anaïs se alegrará mucho de participar en el aumento de ganancias. Si el marchante se niega rotundamente a aceptar estas condiciones, puede ser un indicio de que merece la pena gastar algo de dinero para conseguir una tasación.

El caso del cuadro puede parecer fuera de lo común, pero a menudo nos encontramos en una situación en la que vendemos a alguien y no sabemos realmente qué harán con ello o cuánto lo valoran. Por ejemplo, es posible que la persona que compre tu casa consiga recalificarla para sustituirla por cuatro bloques de apartamentos y así aumentar considerablemente su valor. Por eso, después de que el comprador haga su oferta, debes preguntarle: ¿Qué piensa hacer con la propiedad? El comprador que tiene la intención de hacer un condominio podría responder: «Eso es cosa mía. No es de su incumbencia».

La respuesta es sencilla. Tú quieres repartir el pastel. Si las dos partes van a participar en ello y solo una de ellas sabe realmente cuál es el pastel, la otra parte tiene que revelar sus planes o aceptar un reparto contingente. Puedes decir que estás dispuesto a vender la propiedad al precio X si el uso es residencial o Y si es comercial. El uso que se le dé a la propiedad es de tu interés porque quieres llevarte la mitad del pastel. Un acuerdo contingente te permitirá repartir el pastel *a posteriori*, sea cual sea.

Esta es precisamente la solución que proponen Deepak Malhotra y Max Bazerman para resolver el caso de la propiedad Hamilton en su libro *El negociador genial*. Tu empresa tiene una parcela de terreno sin urbanizar y tu trabajo es negociar la venta. Hay una oferta de 38 millones de dólares sobre la mesa, pero crees que puedes mejorarla. En concreto, hablas con un segundo comprador potencial. Basándote en tu investigación, calculas que la valoración del comprador oscila entre los 40 y los 60 millones de dólares, dependiendo del uso que vaya a dar a la propiedad. Un desarrollo comercial crea un 50 % más de valor que un desarrollo residencial.

Esa amplia gama te coloca en una gran desventaja informativa. Ellos conocen su valor real y tú no. Si pides lo máximo de esa horquilla mientras el comprador está en el mínimo, el precio que pides parecerá poco razonable. Si pides algo más cercano al mínimo y el comprador está en el máximo, dejarás millones sobre la mesa. Por eso no conviene ser el primero en dar una cifra.

Puede que no tengas elección, ya que la tradición dice que los vendedores tienen sus precios de venta. ¿Qué puedes hacer? Una solución es utilizar una estimación mucho más ajustada de la valoración condicional. Tu igualas las condiciones con información, de manera que el precio de venta dependa del uso que se le vaya a dar. Su precio de venta es de 40 millones de dólares si el uso es residencial y de 60 millones si es comercial. Si el comprador rechaza este planteamiento, es un buen indicio de que tiene en mente un uso comercial.

Quiero contrastar el precio condicional con lo que podría llamarse el gran farol, una forma de conocer el valor de la otra parte. Un amigo estaba vendiendo su empresa de *software*. No había ingresos y el coste de las actualizaciones y la gestión de los ingenieros le estaban volviendo loco. De hecho, estaba a punto de cerrar el negocio.

Antes de rendirse, tuvo la oportunidad de hacer una última oferta a una empresa bien establecida. Para su sorpresa, el director general les ofreció a él y a sus socios un millón de dólares por el negocio. Casi se mea en los pantalones. Pero en lugar de decir: «¿Dónde firmo?», respondió: «Sabes que es demasiado bajo». Y efectivamente, el precio subió a 1, 25 millones.

Podrías concluir que su negociación ayudó a revelar la verdadera valoración del vendedor. De acuerdo, aquel hábil movimiento ayudó a revelar que el valor estaba en por encima de los 1,25 millones de dólares. Pero, por lo que sabemos, podría haber sido de 1,5, de 15 o 150 millones de dólares.

Volvamos a Anaïs y al cuadro. Si ella rechazara los 1.000 dólares y exigiera 2.500, se daría cuenta de que el marchante ha valorado el cuadro en algo más de 2.500 dólares si dijera que sí. Todavía no sabe cuánto más vale el cuadro. Además, insistir en los 2.500 le puede costar el trato y los 1.000 dólares. El contrato por el que ella comparte el 50 % de lo que el marchante obtiene por encima de los 10.000 dólares la protege cuando el cuadro tiene un valor elevado y no arruina el trato cuando el cuadro solo vale unos pocos miles. No tienes que ir de farol para saber más sobre el valor de la otra parte.

Utilicé este tipo de contrato contingente cuando vendí mi segunda empresa, Kombrewcha, a AB InBev. Hay una larga historia de fondo que mencionaré brevemente. En Honest Tea introdujimos nuestra propia versión de la kombucha. Para los no iniciados, la kombucha es un té fermentado cargado de probióticos. Ligeramente picante, puede tener un gusto adquirido. A mí me enganchó. Quizá porque el producto era accidentalmente alcohólico. En el fondo de cada botella hay un SCOBY vivo, un cultivo simbiótico de bacterias y levaduras. La levadura actúa convirtiendo el azúcar en alcohol. Aunque la kombucha de Honest Tea era legal cuando se embotellaba, tras unas semanas en la estantería el nivel de alcohol subía al 0,7 %, justo por encima del límite del 0,5 % legal para ser una bebida sin alcohol.

Como resultado, tuvimos que retirar el producto en todo el país y hubo demandas colectivas, por lo que fue un desastre millonario. Al final, dejamos de fabricar kombucha porque no pudimos averiguar cómo mantener el nivel de alcohol por debajo de ese 0,5 %.

Ya conoces el viejo dicho: cuando la vida te da limones, haz limonada. Aunque no sabíamos cómo hacer kombucha sin alcohol, sí sabíamos cómo hacerla ligeramente alcohólica. Coca-Cola dio su visto bueno a esta empresa, ya que no participa en el sector del alcohol. Mi nuevo socio, Ariel Glazer, y yo conseguimos las licencias de alcohol adecuadas y lanzamos Kombrewcha. El lema era «Diviértete sin emborracharte».

Todavía estábamos en las primeras fases del juego, con unas ventas inferiores a un millón de dólares, cuando se puso en contacto con nosotros ZX Ventures, la rama de incubación de AB InBev (la gente que fabrica Budweiser). Si se observa su negocio a grandes rasgos, se verá que no solo se dedican a la cerveza, también venden alimentos fermentados, y les atraía la idea de un producto saludable.

Las sinergias eran evidentes. Estaban dispuestos a comprometerse a mejorar una fábrica de cerveza para ayudar a aumentar la producción. Querían que construyéramos juntos un gran pastel. El único problema era cómo medir el valor de algo en una fase tan temprana.

Nuestra solución fue un acuerdo pago a cambio de una pequeña parte de los ingresos durante una docena de años. La cuota aumentaría cuando los ingresos alcanzaran un objetivo predeterminado. Ambos sabíamos que llevaría tiempo construir el mercado. Si el negocio de la kombucha alcohólica se convierte en un negocio de 100 millones de dólares, ambos estaremos muy contentos. Desde luego, mis inversores lo estarán. Mientras tanto, todavía estamos en los primeros años. Permanezcan atentos. O, mejor aún, prueben Kombrewcha.

Una fusión de iguales

Muchos acuerdos acaban con un reparto contingente del pastel, aunque no se anuncie así. Por ejemplo, cuando se trata de un acuerdo de fusión estándar, las dos partes tienden a dividir las ganancias sinérgicas en proporción a sus tamaños antes de la fusión. Este es el resultado cuando las empresas hacen lo que se llama una «fusión de iguales». Aunque se denomina así, no significa que pastel se reparta reconociendo las contribuciones iguales de las dos partes. El pastel se reparte de la misma manera que las acciones de capital, no al 50:50.

He aquí un ejemplo basado en una fusión del mundo real. Dos empresas, a las que llamaremos Adelaida y Brisbane, pueden conseguir grandes ahorros en los costes consolidando las operaciones coincidentes. En la situación actual, Adelaida tiene una capitalización de mercado de 240.000 millones de dólares y Brisbane 601.000 millones. Si se fusionan en una operación de intercambio de acciones, su capitalización de mercado combinada será de 430.000 millones de dólares, y los 30.000 millones adicionales representarán el ahorro de costes conjunto.

En una fusión entre iguales, cada uno conserva su parte proporcional en la empresa combinada. Dado que la relación de tamaño de las empresas antes de la fusión es de 60: 40, Adelaide acabaría con el 60 % de la entidad combinada y, por tanto, con el 60 % de la ganancia de 30.000, o 18.000 millones de dólares. Brisbane se llevaría el otro 40 %, es decir, 12.000 millones de dólares. Adelaida se lleva un 50 % más de las ganancias porque es un 50 % mayor.

La mayoría de los profesionales piensan que es un resultado razonable. Como ya sabes, con todos mis respetos, yo discrepo. Ambas empresas son igualmente responsables del ahorro de 30.000 millones de dólares. Es cierto que si Adelaide se va, no hay acuerdo y se pierden los 30. 000 millones de dólares. También es igualmente cierto que, si Brisbane se retira, no hay acuerdo y se pierde la totalidad de los 30.000 millones de dólares. No tiene sentido que Adelaida contribuya en un 50 % más al ahorro de costes. Dado que las contribuciones son iguales, el reparto del pastel también debería serlo: Adelaida y Brisbane deberían recibir cada una la mitad del pastel de 30.000 millones de dólares, es decir, 15.000 millones.

Los 30.000 millones de dólares de ahorro de costes son una estimación, no algo seguro. Adelaida no quiere pagar 15.000 millones y asumir todo el riesgo de que las sinergias se materialicen. En el marco de una fusión entre iguales, el resultado es un acuerdo contingente, que resuelve el riesgo asociado a la incertidumbre. El problema es que el reparto contingente acaba siendo de 60:40. Dado que los accionistas de Adelaide poseen un 60 % de la nueva entidad combinada, cobrarán un 60 % de las ganancias que surjan. Es correcto que Adelaida acabe llevándose el 60 % de la cantidad base, ya que aportan el 60 % de los activos antes de cualquier sinergia. El truco consiste en idear una forma de dividir las sinergias de manera diferente a la forma en que dividimos la base.

UNA DIVISIÓN DE VARIAS CAPAS

Anju y Bharat dividieron la base de forma diferente a las ganancias al negociar el CD. Compraron un CD de 25.000 dólares que proporcionó 25.750. Bharat recuperó primero sus 20.000 dólares, mientras que Anju recuperó sus 5.000 dólares, un reparto de 4:1 que reflejaba las diferentes inversiones. A continuación, Bharat obtuvo 400 dólares de intereses mientras que Anju obtuvo 50 dólares, una proporción de 8:1 que reflejaba los diferentes pagos de intereses de lo que podían hacer solos. Por último, las ganancias adicionales de 300 dólares del CD conjunto se dividieron al 50 %, reflejando su contribución equitativa al pastel.

Una solución es que Adelaida pague 3.000 millones de dólares por adelantado a los accionistas de Brisbane. De este modo, estos obtendrían el 40 % de las ganancias que se deriven de su participación en la fusión más los 3.000 millones de dólares por adelantado. El 40 % de las ganancias previstas de 30.000 millones de dólares debería valer los 12.000 millones de dólares, más los 3.000 por adelantado, lo que suman 15.000 millones de dólares de ventaja, lo mismo que espera Adelaida de su ganancia del 60 % tras el pago de 3.000 millones. Ambas partes esperan salir con 51.000 millones de dólares de ventaja. Aún existe el riesgo de que las ganancias no sean exactamente las previstas, pero el riesgo se limita al 10 % del total. No es un riesgo cero, pero es mucho más manejable.

Para llegar al pago correcto de la compensación, es necesario que las dos partes tengan una visión similar del pastel potencial. Las dos partes podrían estar de acuerdo en principio en que las contribuciones sean iguales, pero no están de acuerdo en el tamaño. Calcular correctamente el pastel significa saber lo que las dos partes pueden conseguir juntas, lo cual puede ser confidencial, y también requiere que cada parte conozca ambas MAAN.

Si algunos de los números relevantes están ocultos o son difíciles de confirmar, se pueden producir faroles y tergiversaciones. Los resultados experimentales comentados anteriormente nos mostraban que los compradores y vendedores de coches usados en general podían repartirse el pastel incluso cuando las MAAN y las valoraciones eran privadas. En otras situaciones, especialmente en las fusiones, las partes evitan este reto revelando las cifras relevantes.

En el ejemplo de Adelaida-Brisbane todos los datos estaban sobre la mesa. Se basaba en la propuesta de fusión entre los gigantes mineros BHP y Río Tinto. Lejos de intentar mantener ocultos los 30.000 millones de dólares de sinergias, BHP hizo pública su estimación del pastel: quería proporcionar a sus accionistas, a los reguladores y al público su justificación de la fusión. El pastel era relativamente fácil de calcular, ya que no había otras opciones para crear sinergias. El valor de las MAAN eran solo las dos valoraciones de la empresa antes de la propuesta de fusión. El pastel potencial era, por tanto, los 30.000 millones de dólares de sinergias. Sin embargo, al final no hubo pastel, ya que la Comisión Europea bloqueó el acuerdo.

Percepciones erróneas

Reconozco que no siempre es posible hacer un trato contingente. En estas circunstancias, una de las partes puede pensar que está recibiendo la mitad del pastel, pero el resultado podría estar muy lejos de un reparto equitativo. Esto es especialmente cierto cuando la valoración de una de las partes es idiosincrásica y no hay forma de verificarla.

El ejemplo clásico tiene lugar en un mercadillo. El vendedor tiene una taza de té que para él vale 5 dólares. Llega un comprador cuya valoración es de 300 dólares porque resulta que esta taza de té completará su juego. El pastel aquí es enorme: 295 dólares.

Es grande porque el comprador le da un valor inusualmente alto a la taza. Además, sabe que su valoración es excepcional, que la mayoría de los compradores potenciales valorarían esta taza de té entre 10 y 20 dólares, y también, que el vendedor tendrá la misma expectativa sobre su valor. Aunque no conozca el valor exacto de la MAAN del vendedor para la taza, está seguro de que se encuentra en algún punto del rango entre 5 y 10 dólares.

El comprador sabe que el pastel es enorme, pero el vendedor no. Al mantener oculta su valoración, puede aprovecharse de la percepción errónea del vendedor sobre el pastel. Puede preguntar por el precio de unas cuantas tazas de té diferentes y sugerir que cualquiera de ellas sería suficiente. Aunque el vendedor le pida un precio de 20 dólares, él puede negarse inicialmente para no dar a entender que la taza de té es algo que él valora mucho más.

La negociación se lleva a cabo sobre un pastel mal percibido y esa percepción errónea es muy ventajosa para el comprador. Puede conseguir más de la mitad del pastel real porque el vendedor no tiene ni idea de lo grande que es.

Los repartos desiguales también pueden surgir cuando una de las partes se entera de que las preferencias de ambas partes están alineadas en un asunto, mientras que la otra parte piensa que son opuestas. Por ejemplo, Bob podría compensar a Alice si él consigue lo que quiere en algún asunto, pensando que esto es repartir el pastel. Pero si Alice también quisiera lo mismo, ella obtendría lo que desea, así como la compensación de Bob.

Estar mejor informado no significa que siempre consigas más de la mitad del pastel. Si sabes que este es más pequeño de lo que la otra parte cree que es, pero no puedes convencerle, puede que tengas que conformarte con menos de la mitad. Esto puede ocurrir si su MAAN es mejor de lo que la otra parte aprecia, y no hay forma de demostrarlo. La otra parte pide demasiado, la mitad de un pastel exagerado, y tu opción es aceptar menos o acabar sin acuerdo. La otra parte cree que está siendo justa al exigir la mitad del pastel, pero solo tú sabes que está pidiendo demasiado. Si puedes hacer un trato contingente, eso resolvería el problema. De lo contrario, puede que tengas que conformarte con menos de la mitad. Al igual que puedes obtener más de la mitad si no aprecian lo grande que es el pastel, puede que tengas que aceptar menos de la mitad si no aprecian lo pequeño que es en realidad el pastel.

Incertidumbre y sesgo

Creo que el sistema del pastel ayuda a los que han estado tradicionalmente en desventaja en las negociaciones y lo hace revelando su igualdad de poder y proporcionándoles una vía para quedarse con la mitad del pastel. Pero no es una panacea. La lógica del pastel tendrá que superar arraigados prejuicios. Esto es más difícil de lograr cuando el pastel es incierto y la otra parte tiene más información. Estar en igualdad de condiciones de la información puede ayudar a reducir los prejuicios.

Las negociaciones de empleo, especialmente las de nivel superior al básico, son un terreno en el que el pastel es incierto. Esto crea la posibilidad de que se produzcan percepciones erróneas, y es más probable que estas sean por parte del candidato. La empresa tiene más experiencia en la contratación de empleados que el candidato a un puesto de trabajo en la negociación con la empresa y, en consecuencia, esta suele conocer mejor las MAAN y el pastel potencial que el candidato a un puesto de trabajo.

Al igual que en el mercadillo, cuando una de las partes tiene mejor información se puede producir un reparto desigual del pastel. Pero, a diferencia del mercadillo, los repartos desiguales preocupan a la sociedad, especialmente cuando la desigualdad del reparto varía sistemáticamente entre grupos. Un ejemplo es la diferencia salarial entre hombres y mujeres. Nina Roussille, profesora de economía del MIT, ha demostrado cómo la información diferencial contribuye a las diferencias salariales entre hombres y mujeres.[15] Sus datos proceden de medio millón de ofertas de trabajo en Hired.com, una plataforma de contratación en línea para trabajos de ingeniería bien remunerados. (¡El salario medio es de 201.000 dólares!). En esta plataforma, los candidatos a un puesto de trabajo publican su objetivo salarial junto con sus cualificaciones y experiencia. Después de ajustar las cualificaciones, la experiencia y la ubicación, las mujeres pidieron un 3, 3 % menos y se les ofreció un 2,4 % menos.

La cifra de salario deseada que aparece en el sitio web no es una negociación tradicional, pero se puede considerar como una cifra inicial. Aunque los empresarios pueden pagar más de lo que se pide, y a veces lo hacen, una cifra más baja en la demanda de empleo suele dar lugar a una oferta más baja. La diferencia del 3,3 % en la cantidad solicitada explica la diferencia en las ofertas salariales.

Eso respondía a una pregunta, pero dejaba muchas más sin resolver. ¿Por qué las mujeres pedían menos? ¿Se debía a una información diferente, a preferencias distintas, o respondía a los prejuicios del mercado? ¿Qué pasaría si las mujeres pidieran más? De manera notable, la profesora Roussille tuvo la oportunidad de responder a esas preguntas.

Cuando Hired.com se enteró de la disparidad de género en las solicitudes de salario, decidió cambiar su política. Anteriormente, los candidatos a un puesto de trabajo indicaban el salario base deseado rellenando una casilla de texto vacía. A mediados de 2018, Hired.com cambió esta práctica utilizando el salario medio del mercado basado en el puesto de trabajo de la persona, la ubicación deseada, las habilidades y la experiencia. La mejora de la información y la orientación eliminó la brecha en el salario solicitado y convirtió la diferencia salarial en algo insignificante.

Puede que pienses que pedir más lleve a tener menos entrevistas de trabajo. Pues resultó ser justo lo contrario, al menos dentro de un margen razonable. Por término medio, los candidatos que pedían un 3 % más (con cualificaciones similares) tenían más probabilidades de ser entrevistados, quizá porque la empresa lo interpretaba como una señal de calidad no observable.

No es que todo el mundo utilizara la cifra prefijada. Los que pensaban que estaban por encima de la media pedían más, mientras que otros pedían menos. La media prefijada ofrecía una mejor base de referencia en torno a la que ajustarse. El efecto de una mejor base de referencia fue más pronunciado en el extremo con más experiencia de la distribución de puestos de trabajo, donde hay más variabilidad en los salarios. Hired.com niveló igualó la información y, al hacerlo, igualó la negociación.

¿Qué sacamos de esta investigación? Una conclusión ingenua es que las mujeres se beneficiarían de una mayor interconexión e investigación para conocer el salario del mercado. Esto me parece problemático, ya que hace recaer en las mujeres la responsabilidad de eliminar los prejuicios. Una conclusión mejor es que se trata de una oportunidad para el cambio sistémico.

Una solución sistémica es que las empresas sean más transparentes con los salarios. Deshagámonos de la expresión «salario acorde con la experiencia» y pongamos una cifra. Esto también significa ir más allá de las escalas salariales para proporcionar información sobre los salarios medios dentro de la banda y cómo varían con la experiencia y las calificaciones.

Estuvimos a punto de conseguir una mayor transparencia. El presidente Barack Obama firmó una orden ejecutiva que obligaba a las empresas con cien o más empleados a revelar sus datos salariales desglosados por género y raza. Esa orden fue anulada por el presidente Donald Trump antes de que pudiera ponerse en marcha. En Dinamarca, Alemania y el Reino Unido se han implementado recientemente normas similares. Los primeros datos de Dinamarca sugieren que la divulgación de los salarios ha reducido la brecha salarial entre hombres y mujeres en un 13 %. [16]

Hasta que las leyes cambien o los datos de Hired.com se apliquen a más empleos, podemos trabajar para cambiar los tabúes y las normas que impiden compartir la información salarial. Según una encuesta realizada por el Institute for Women's Policy Research, a la mayoría de los empleados se les disuade o incluso se les prohíbe compartir la información salarial y ese secretismo contribuye a la brecha salarial de género. [17]

La divulgación de la remuneración puede tener algunos efectos no deseados; puede dificultar la obtención de un aumento. El empleador es reacio a aumentar el salario de un individuo, ya que esa información saldrá a la luz y entonces todos los demás querrán cobrar más, o la moral caerá cuando los compañeros de trabajo se enteren de las discrepancias salariales. Las investigaciones de los profesores Zoë Cullen y Bobak Pakzad-Hurson demuestran que la divulgación de los salarios ayuda a igualarlos, pero a un nivel inferior.[18]

La necesidad de tratar a la gente de la misma manera es el ejemplo de una regla que da poder de negociación a una de las partes. «Me gustaría pagarte 1.000 dólares más, pero si lo hiciera por ti, tendría que dar el mismo aumento a los otros diez de tu nivel; me costaría 11.000, no 1.000, y eso no es viable».[19] Me he centrado en ver una negociación de forma aislada. Eso se da en muchas situaciones, aunque no tanto en el caso de las negociaciones salariales. Pasemos ahora a ver cómo las reglas y las interacciones en las negociaciones pueden cambiar la dinámica del poder.

13

Reglas y reputaciones

No hay ninguna ley natural que obligue a repartir el pastel al 50:50. Ciertamente, es posible obtener más de la mitad del pastel si la otra parte no piensa en términos de pastel o hay algo externo a la negociación que da más poder a una parte.

El argumento a favor de un reparto equitativo surge porque existe una simetría fundamental entre las dos partes. Cada una es igualmente necesaria para crear el pastel. Cualquier argumento que una parte pueda esgrimir, la otra puede hacerlo igualmente bien. Pero si algo que rompe la simetría, puede hacer que una de las partes gane más de la mitad.

Aquí considero dos posibilidades. La primera es cuando los resultados de una negociación se extienden hasta otra. Ya lo vimos en el caso de una negociación salarial en la que el aumento del salario de una persona obligaba a la empresa a aumentar el de muchas otras. Esto puede deberse a una norma legal que exija la igualdad salarial o a la preocupación de la empresa de sufrir una crisis ética o la pérdida de empleados que descubran que se les paga menos que a sus compañeros. Sea cual sea la causa, los efectos indirectos crean una asimetría en el sentido de que 1 dólar más para Bob podría costarle a Alice 1 dólar aquí y 10 en otros lugares. Los efectos indirectos también surgen cuando las partes se preocupan por su reputación de cara a futuras negociaciones. En estos casos, el resultado de la negociación tiene que ser evaluado en un contexto más amplio, y ese contexto más amplio puede ser diferente para las dos partes, de manera que se rompe la simetría.

Una segunda forma de romper la simetría es cuando una de las partes lanza una última oferta. La parte que dice «tómalo o déjalo» presiona a la otra para que se acerque a su MAAN y así quedarse con el resto. Aunque una última oferta proporciona un poder asimétrico, no está tan claro de dónde procede la capacidad de hacerlo, aunque debe ser algo externo a la negociación. Así, una fuente potencial puede ser una posición de principios. En esta situación, la oferta final desempeña un papel diferente: puede ayudar a una de las partes a conseguir la mitad del pastel.

Las reputaciones

Es irónico que la preocupación por la equidad pueda llevar a un resultado injusto. Y sin embargo, el hecho de que Alice tenga que tratar de la misma manera a otros Bobs existentes o futuros significa que el coste de dar a Bob un dólar extra es mucho más que 1 dólar. Todos hemos oído: «Me encantaría hacer esto por ti, pero entonces tendría que hacérselo a todos».

Cuando te encuentres en una situación así, te aconsejo que pidas cosas que otros no quieran o en las que se puedan justificar excepciones. En mi caso, cuando me trasladé de Princeton a Yale, le pedí a esta universidad que me concediera una segunda hipoteca en caso de que mi mujer tuviera problemas para encontrar un nuevo trabajo en New Haven. Podíamos pagar la hipoteca de la casa que queríamos con nuestros dos sueldos, pero sería difícil con uno solo.* Incluso si Yale tuviera que hacer esta oferta a otros, pocos la valorarían. Hacerlo una

---

* Afortunadamente, mi mujer encontró un trabajo antes de mudarse, por lo que nunca necesitamos la segunda hipoteca. Aun así, no tuvimos que preocuparnos de que se nos fuera de las manos temporalmente.

vez no significaba que tuvieran que hacerlo diez veces. En otras circunstancias, se puede eludir la regla de la igualdad de trato pidiendo algo que justifique las excepciones. Por ejemplo, un representante de ventas que pasa tiempo en la carretera puede pedirle a su empresa que le pague un teléfono móvil, sin embargo, el contable no puede alegar lo mismo.

Aparte de los ejemplos que he dado —ya sea la compra de un nombre de dominio, un coche o la compra de Honest Tea por parte de Coca-Cola—, las negociaciones eran de carácter puntual. Por tanto, es poco probable que las dos partes volvieran a interactuar. Esta situación abarca un gran número de casos importantes, pero es evidente que hay situaciones en las que a una o a ambas partes les preocupa su reputación. Aunque Coca-Cola no vuelva a negociar con Honest Tea, puede preocuparse por su reputación en futuros acuerdos.

Esto es diferente de la preocupación anterior por los efectos indirectos del salario. Digamos que lo que Alice le dé a Bob hoy no tendrá un impacto directo en otros Bobs o incluso en futuros Bobs. Aun así, Alice puede ganarse una reputación por ser un determinado tipo de negociadora, y esa consideración puede cambiar la forma en que otros negocien con ella en el futuro. Mi opinión es que todo lo concerniente a la reputación tiende a proporcionar un argumento adicional a favor del reparto del pastel.

Un negociador puede adquirir tres tipos de reputaciones: (1) la de ser un débil; (2) la de ser justo; (3) la de ser injusto. ¿Cómo aquello que una parte está dispuesta a hacer en una negociación aislada cambia la posibilidad de construir una reputación?

Empieza con el caso en el que Alice estaba dispuesta a aceptar un trato poco justo en una situación puntual. Aun así, es posible que se niegue porque no quiere ganarse la reputación de que ha recibido menos de la mitad del pastel. No quiere que los demás la vean como una persona pusilánime. Los problemas de reputación llevan a la gente a rechazar cualquier cosa que no sea la mitad del pastel.

En el caso de que Alice consiga esa mitad en una negociación única, la reputación que crea no hace más que reforzar el comportamiento que está teniendo. Lo que hace que sea más fácil conseguir un reparto justo en el futuro y puede ayudarla a encontrar futuros socios de negociación. La gente quiere hacer acuerdos con personas que les traten de forma justa. También en este caso, la reputación refuerza el incentivo para repartir el pastel.

Hay una contrapartida potencial. Alice podría estar dispuesta a hacer un reparto en un caso concreto, pero lo rechaza porque podría hacerle perder la reputación de ser dura. Para que esto sea así, Alice tendría que querer esa reputación, a pesar de que pueda llevar a otros a evitar hacer negocios con ella.

Nuestro último caso se plantea cuando, en una negociación puntual, Alice puede acabar llevándose más de la mitad del pastel. Ella podría decidir no llevarse más de la mitad para ganarse una reputación de persona justa y con principios. No se lleva la mayor parte porque le preocupa que otros no quieran hacer negocios con ella en el futuro. En estas situaciones, la preocupación por la reputación vuelve a conducir el resultado hacia un reparto equitativo del pastel.

Por supuesto, si la persona valora una reputación de ser dura, incluso injustamente, y todo lo que conlleve, eso puede alejar el acuerdo del reparto del pastel. Aunque ciertamente hay ejemplos de negociadores que parecen valorar la reputación de ser injustos, una fama puede dar lugar a broncas espectaculares y a que la gente no quiera asociarse con ellos (si pueden evitarlo).

En definitiva, creo que la preocupación por la reputación lleva a la gente a rechazar recibir menos de la mitad y a no insistir en recibir más de la mitad. De hecho, la reputación ideal parece ser la de actuar con justicia y repartir el pastel.

Tómalo o déjalo

Las reglas de una negociación pueden crear poder. El ejemplo más obvio es cuando una parte le da una oferta final a la otra. Quien hace esto puede capturar la mayor parte del pastel y dejar al otro con algo lo bastante por encima de su MAAN como para que acepte.

Volvamos a Alice y Bob y los 12 trozos de *pizza* para repartir. Si no llegan a un acuerdo, Alice se queda con 4 porciones y Bob con 2. Alice puede hacerle una última oferta a Bob y ofrecerle 3 porciones, lo que es 1 más que su MAAN, por lo que él debería aceptar. Esto la deja con 9 porciones, lo cual es mejor que las 7 porciones que Alice obtiene con un reparto equitativo del pastel.

Incluso en este caso, aconsejo precaución. Hacer una última oferta podría ser contraproducente si es demasiado desigual. Si Alice solo le ofrece a Bob una porción más que su MAAN, este podría decir que no por despecho y solo perdería el trozo extra que se le ofrece. Por su parte, Alice perdería 5 trozos, ya que pasaría de 9 a 4 si no se llega a un acuerdo. Tal vez sería más seguro para Alice ofrecer a Bob 4 porciones, que son 2 más que su MAAN. Eso le deja a Alice 8 porciones, una más que cuando dividieron el pastel.

Una sola última oferta del tipo «tómalo o déjalo» es difícil de cumplir. Bob podría ofrecerle a Alice un contraúltima oferta: «Te doy 5 porciones. Tómalo o déjalo». Alice debería aceptarlo ya que la oferta mejora en 1 su MAAN.

No está claro por qué una de las partes tiene la capacidad de hacer una oferta final. Una de las partes podría afirmar que ha hecho su mejor y última oferta, pero no es creíble. De hecho, cuando Alice hace su oferta definitiva y exige 8 porciones, si se marchara, tiene mucho más que perder que Bob (ella perdería 4 y él perdería 2). ¿Por qué es ella la que se marcha si Bob dice que no? Alice puede intentar marcharse, pero Bob puede esperar a que ella vuelva.

Aunque es difícil hacer una oferta final definitiva, los protocolos de negociación pueden crear la posibilidad de una a corto plazo. Consideremos, por ejemplo, un protocolo en el que cada parte se turna para hacer una oferta o una contraoferta a la otra. La negociación continúa hasta que una de las partes acepta la propuesta de la otra. En algunas situaciones, una parte puede hacer una contraoferta de inmediato, mientras que en otras hay un lapso de tiempo entre las ofertas y las contraofertas. Ese retraso suele ser costoso, y el coste es diferente para las dos partes. En efecto, la parte que hace la oferta puede hacer una definitiva a corto plazo (se puede plasmar cuánto se reduce el pastel por el retraso incorporado).

Para ver cómo funciona esto, imaginemos que Alice y Bob quieren repartir un pastel de 50 dólares. Cada día que no se ponen de acuerdo, el pastel se reduce, como podría ocurrir si hay una huelga o un cierre patronal, y esto hace que se pierdan ventas. En este ejemplo, se puede aceptar una oferta de inmediato, pero se tarda una semana en rechazar la oferta y presentar una contraoferta. Durante esa semana, el pastel se reduce en 10 dólares.

La parte que hace la oferta tiene, en efecto, la capacidad de hacer una última oferta sobre los 10 dólares que se perderán. Si Alice es quien primero ofrece un reparto de 30/20 dólares, para cuando Bob pueda hacer su contraoferta, solo quedará un pastel de 40 dólares. Bob podría tomar hoy los 20 dólares seguros antes que esperar a dividir el pastel dentro de una semana y obtener 20 dólares*. Y, como se ha comentado anteriormente, no se debe ser demasiado codicioso tratando de conseguir la totalidad. Tal vez Alice debería ofrecer un reparto de 28/22 dólares para incentivar a Bob un poco más a que acepte enseguida.

---

* Quizá pienses que Bob podría hacer una contraoferta de 15/25 dólares (en la que él se queda con los 25 dólares). Pero si Alice lo rechaza, el pastel aún se reducirá 30 dólares más. En este punto, Alice puede pedir 20 dólares y ofrecerle a Bob 10 dólares. Si Bob dice que no a los 10, el pastel se reducirá a 20. En este punto, la mejor opción para Bob es un reparto de 10/10 dólares. De lo contrario, el pastel se reducirá a 10 dólares y Alice podrá hacer una última oferta que le lleve a conseguir todos (o casi todos) los últimos 10 dólares.

Hay otras reglas que también pueden dar una ventaja a una de las partes, por ejemplo, la oportunidad de ir primero y proporcionar un número que sirva de base; se hablará más de esto en el capítulo 22. Aunque las reglas tienen el potencial de crear ventajas, en la mayoría de las negociaciones no hay un creador de reglas externo. Dado que ninguna de las partes puede establecerlas unilateralmente, no está claro que las reglas confieran realmente poder. Las reglas de una negociación son las que acuerden las dos partes.

En particular, se pueden cambiar las normas de incumplimiento. Recordemos el ejemplo de la CEMA en el capítulo 7. El ahorro en los impuestos por el registro de hipoteca en Nueva York que paga por el comprador y los impuestos de transferencia que paga el vendedor conducen a una división de 80:20 a favor del comprador. Es cierto, pero nada impide que el vendedor insista en un pago que restablezca el equilibrio 50:50. Cambiar la división por defecto es solo un componente más de una negociación más amplia sobre el pastel. En esta negociación más amplia, no hay razón para pensar que el pastel no se repartirá de forma equitativa.

Las excepciones, por supuesto, son las normas que provienen de una fuente externa, como la ley o los reglamentos. En una negociación sindical, la dirección debe negociar de buena fe, lo que excluye acciones como el ultimátum. En otros casos, la ley no influye en el poder dentro de la negociación, pero da forma a las MAAN. Una negociación de divorcio se hace con el entendimiento de que si las partes terminan en los tribunales, la ley estatal determina el reparto de bienes. En los nueve estados con régimen de gananciales, todos los bienes obtenidos durante el matrimonio se dividen al 50 %. Los otros 41 estados exigen un reparto «equitativo» de los bienes, de modo que se tengan en cuenta las diferentes necesidades y la capacidad de ganancia de los cónyuges que se divorcian.

La fuente externa también podría ser un principio rector. Empecé esta exposición con la opinión de que hacer una última oferta podría conducir a un reparto desigual. Pero cuanto más lo pienso, más me convenzo de que su utilización consigue un reparto equitativo del pastel. En mi caso, estoy dispuesto a hacer una última oferta a la otra parte para que me trate con justicia. No aceptaré una que me dé menos de la mitad del pastel. Ellos podrían hacerme la misma última oferta y todo se resolvería: nos repartimos el pastel. No he insistido en nada que no esté dispuesto a aceptar yo mismo.

Mi oferta definitiva se basa en un principio. Si la otra parte puede basar en un principio su razón de por qué debería recibir más de la mitad, estoy dispuesto a escuchar. Si he calculado mal el pastel, estoy abierto a una corrección. Como el reparto del pastel no es arbitrario, esta última oferta tiene poder de adhesión. No quiero cometer ni siquiera una pequeña desviación, ya que entonces me quedaría sin nada en lo que apoyarme. Y como he propuesto un reparto equitativo, ambas partes tienen la misma cantidad que perder si se retiran.

14

Negociaciones multipartitas

Cuando hay más de dos partes, la negociación se complica. Una de las razones principales es que las Mejores Alternativas a un Acuerdo Negociado (MAAN) no están claras. Dependen de cómo se desarrollen otras negociaciones. Como es difícil precisar cuáles son esas mejores alternativas, es difícil saber cuál es el pastel o cómo se reparte.

Con solo dos jugadores, cada parte sabe lo que puede hacer si no hay acuerdo. Por ejemplo, Anju comprará un CD de 5.000 dólares y Bharat un CD de 20.000 dólares. No considerarán ninguna otra negociación.

Ahora añadiremos a Chiragh como un tercero de nuestro ejemplo original de Anju y Bharat, pero no será un negociador activo. Su oferta permanente de aportar 5.000 dólares si se le pagaba un 3 % de interés mejoraba la MAAN de Bharat. Si este no llegaba a un acuerdo con Anju, podía ganar 600 dólares colaborando con Chiragh (como resultado, el pastel que Anju y Bharat podían crear caía de 300 a 100 dólares). La posibilidad de hacer tratos alternativos cambió las MAAN. Pero ¿por qué debería Chiragh aferrarse a un 3 % de interés cuando Anju se lo ofrecía más bajo?. Chiragh debería formar parte de la negociación.

En este capítulo, analizamos las negociaciones multipartitas en las que todos los actores están activos. En ese caso, las condiciones para el acuerdo entre Chiragh y Bharat dependen del mejor acuerdo que Bharat pueda alcanzar con Anju que, a su vez, depende de lo que ofrezca Chiragh, y también de lo que Anju y Chiragh puedan hacer juntos.

Todo está interconectado. Para despejar esta maraña, damos un paso atrás y volvemos a las MAAN. ¿Qué acabará haciendo cada jugador si no consigue llegar a un acuerdo?

Con tres negociadores activos, si no hay un acuerdo a tres bandas, es probable que el resultado final sea un acuerdo a dos. Las MAAN dependen de a qué acuerdo entre dos se llegue y de cómo se reparte el botín en ese trato de dos. Para entender las MAAN, tenemos que imaginar cómo se llevan a cabo una serie de negociaciones diferentes.

Tenemos claro cómo se desarrollan las negociaciones a dos bandas: ambos se reparten el pastel. Sin embargo, la incógnita en una negociación a tres bandas es cuál de los acuerdos de las dos partes emergerá en caso de ruptura. Ese acuerdo determinará las MAAN. Es como un juego de sillas musicales en el que el acuerdo alternativo de las dos partes debe dejar a una persona fuera. Y nadie quiere ser el que se quede fuera y acabe sin acuerdo.

Algunos podrían tener la tentación de dejar fuera a una persona, digamos el jugador A, si es quien se niega a aceptar el trato a tres bandas. Pero esta actitud de A podría ser una reacción a una oferta poco razonable de B o C. No buscamos culpar a nadie si no se llega a un acuerdo. En su lugar, nos fijamos en quién es más probable que se empareje con otro.

Te preguntarás si todo esto se puede resolver de antemano. Eso es poco probable. No cabe esperar que quienes no se ponen de acuerdo en una negociación a tres bandas lleguen a un consenso sobre con quién se unirán si no llegan a un acuerdo. No es solo que ninguno quiera quedarse fuera, es que cada una de las partes ya tiene su resultado preferido si el acuerdo a tres bandas fracasa. La parte A puede querer unirse a B, mientras que la parte B puede querer unirse a C.

Eso no significa que todo vale o que las partes deban esperar que las uniones se produzcan al azar. Algunas parejas tienen más probabilidades de formarse que otras. Por ejemplo, si tanto A como B quieren juntarse con C, entonces será C quien elija. Las partes A y B pueden prever con quién querrá unirse C. Supongamos que es B. Los negociadores deberían esperar que si un acuerdo a tres bandas se desmorona, la pareja BC es la que tiene más probabilidades de emerger, seguida por AC y luego por AB.

Con cuatro o más actores, la situación es similar. Si las partes no pueden llegar a un acuerdo cuatripartito, es probable que la MAAN sea uno de los acuerdos tripartitos. Al igual que antes, tenemos que considerar cuál es. Pero al menos sabemos la respuesta para cada caso. Si podemos resolver el acuerdo tripartito basándonos en los acuerdos de las dos partes como MAAN, podemos resolver el acuerdo cuatripartito utilizando las soluciones de las tres partes como las mejores alternativas a un acuerdo negociado.

No importa cuántas partes estén involucradas, el panorama general sigue siendo el mismo: el objetivo de una negociación es superar su MAAN. Cuando se entra a negociar, el punto de partida debe ser siempre lo que ocurrirá si no se llega a un acuerdo. Sin esa información, es difícil, si no imposible, saber si se está haciendo un buen trato o no. Al igual que en las negociaciones a dos bandas, las partes siguen repartiéndose el pastel. La única diferencia es que ahora las partes que se reparten son (a) el grupo que se forma si las cosas se rompen y (b) la persona que queda fuera. El pastel es la cantidad de beneficios o ahorros que se pueden crear si esa persona que queda fuera se une.

Aunque es difícil determinar con exactitud qué grupo se formará, podemos examinar cada uno de los posibles resultados y repartir el pastel caso por caso. Esto ayuda a las partes a reducir la gama de esos posibles resultados. Además, las partes pueden hacer una media ponderada de estos escenarios para obtener un valor estimado de cómo se repartirá el pastel.

No quiero ponerme demasiado abstracto. Volveré al ejemplo de las líneas aéreas que comparten una pista para ilustrar cómo se plantean una serie de escenarios y las soluciones que acompañan a cada uno de ellos.

La reducción de costes de la pista

Hay varias aerolíneas que se ahorrarían dinero si compartieran una pista. En el ejemplo original teníamos dos aerolíneas, A y B, ahora añadimos la aerolínea C. La A necesita una pista de un 1 kilómetro, la B necesita una de 2 kilómetros, y la C necesita una de 3 kilómetros. Al igual que antes, una pista de un kilómetro cuesta 5 millones de dólares, una de dos kilómetros 10 millones y una de tres kilómetros 15 millones.

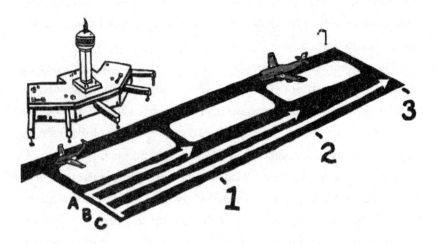

Las tres compañías aéreas pueden ahorrar 15 millones compartiendo una pista larga. Una pista compartida cuesta 15 millones, frente a los 30 millones que cuestan tres pistas separadas. Nuestro reto es calcular cuánto debe pagar cada parte por la pista compartida.

Empecemos con una suposición. Si pensamos en la lógica del caso de las dos aerolíneas, parece claro que C debería pagar el coste total del último tramo que solo ella utiliza. El coste del tramo intermedio debería repartirse a partes iguales entre las aerolíneas B y C. ¿Significa eso que el coste del primer tramo debería repartirse a tres bandas entre A, B y C? Como veremos, es una opción razonable. Pero también hay una justificación racional para que A pague la mitad del coste del primer tramo y la otra mitad se reparta entre B y C.

Para saber qué solución es más racional y por qué, tenemos que pensar en qué pasará si las aerolíneas no consiguen llegar a un acuerdo a tres bandas. Quiero proponer dos posibles escenarios.

Escenario 1. A falta de un acuerdo a tres, emergerá la asociación de dos bandas que más dinero se ahorre, es decir, las aerolíneas B y C.

Escenario 2. Sin un acuerdo de tres, cada asociación potencial de dos se forma con la misma probabilidad. Las asociaciones potenciales de AB, AC y BC surgen cada una con una probabilidad 1/3

Estos dos escenarios son los extremos de lo que podría suceder, y espero que la verdad se encuentre en algún punto intermedio. Creo que lo más probable es que se formen las sociedades más rentables. El escenario 1 lleva esto hasta el límite porque solo se forma la sociedad más rentable. El escenario 2 es el otro extremo: a las uniones más rentables no se les da ningún peso extra y cada pareja tiene la misma probabilidad de no llegar a un acuerdo a tres bandas.

La negociación en el escenario 1 no es demasiado difícil de analizar. A falta de un acuerdo a tres bandas, las aerolíneas B y C se unen. Esto tiene sentido porque cada una de ellas es el socio preferido de la otra. Juntas pueden ahorrar 10 millones de dólares, el doble de lo que se ahorrarían si cualquiera de las dos se asociara con A. Las aerolíneas B y C se reparten el ahorro de 10 millones de dólares, al 50 %. Este es su mejor alternativa a un acuerdo negociado. Para la aerolínea A, la MAAN es pagar 5 millones de dólares por su propia pista de aterrizaje.

A continuación, viene la negociación entre A y la coalición BC. Se puede pensar que B y C han formado condicionalmente este acuerdo de apoyo y ahora están negociando para mejorarlo. La incorporación de A añade 5 millones de dólares de ahorro. Ese es el pastel. En la negociación entre A y BC, creo que es más razonable pensar en BC como una sola entidad que como dos actores separados. Por lo tanto, nos quedamos con el reparto del pastel a partes iguales. A se queda con la mitad y BC con la otra mitad. Dentro de la pareja de BC, los dos se reparten su mitad por igual.

¿Cuánto paga cada uno?

Partes	Cuánto pagan	Total
A	50 % de 5 M$	2,50 M$
B	25 % de 5 M$ + 50 % de 5 M$	3,75 M$
C	25 % de 5 M$ + 50 % de 5 M$ + 100 % de 5 M$	8,75 M$
Combinado		15,00 M$

El total asciende a 15 millones de dólares, que es el coste de la pista de 3 km que comparten las tres. La aerolínea A paga la mitad del coste del primer tramo, mientras que B y C se reparten el coste de la otra mitad. Las aerolíneas B y C se reparten el coste del tramo intermedio al 50 %. La compañía aérea C paga el coste total del último tramo de la pista que solo ella utiliza.

La razón por la que el coste del primer tramo no se reparte equitativamente entre las tres partes es que A está negociando con la pareja de BC, que actúa como una sola unidad. Cada parte se siente con derecho a la mitad del pastel de 5 millones de dólares. Si A pagara solo un tercio del coste, la pareja BC lo consideraría poco razonable. La línea aérea A estaría ganando dos tercios del pastel que crea (pagando solo 1,67 millons) y sale muy beneficiadas respecto a BC. Cuando la aerolínea A paga la mitad del coste, tiene la misma ganancia que el dúo BC.

En este punto, tenemos un resultado potencial para la negociación a tres bandas. Es la segunda de las respuestas que adivinamos al principio. Ahora entendemos que esa respuesta se basa en la creencia de que la aerolínea A sería la que se quedaría fuera de un acuerdo a dos bandas si las cosas fracasan. Este parece ser el resultado más probable, ya que no hay nada que A pueda hacer para evitar que B y C se unan si el acuerdo a tres bandas fracasa.

Escenario 2. Este escenario requiere más cálculos, ya que hay tres resultados posibles si no se produce el acuerdo a tres bandas. Tratamos cada resultado posible de forma simétrica. Cada una de las tres posibilidades tiene la misma probabilidad (un tercio) de producirse.

2.1 BC se reúnen y A se queda fuera. Entonces A negocia con BC.

2.2 AC se reúnen y B se queda fuera. Entonces B negocia con AC.

2.3 AB se reúnen y C se queda fuera. El C negocia con AB.

El caso 2.1 es el que hemos visto en el escenario 1.

En el caso 2.2 las AC se reúnen primero. Solo pueden crear un valor de 5 millones de dólares, ya que la única coincidencia es el primer tramo de la pista que necesita la aerolínea A. Dividen este ahorro al 50 %. Cuando la aerolínea B se une, no es necesario construir una pista adicional (puesto que ya se ha construido una de 3 kilómetros para C). La aerolínea B que se une al par AC crea un pastel de 10 millones de dólares, ya que B se ahorra el coste de construir su propia pista de 2 kilómetros. La aerolínea B debería recibir la mitad del pastel, lo que implica que B contribuye con 5 millones de dólares a la pista de 2 kilómetros que utiliza. La cuestión es cómo se reparten A y C los otros 5 millones. Esta vez la respuesta no es 50:50.

Creo que ayuda a pensar en ese ahorro de 10 millones de dólares dividirlo en dos, es decir, un ahorro de 5 millones de dólares asociado al primer tramo y un ahorro de 5 millones de dólares asociado con el segundo tramo. La compañía aérea A no tiene derecho a ahorrar en el segundo tramo. No contribuye a los costes. La aerolínea A solo debería recibir su mitad de los ahorros asociados al primer tramo y nada de los asociados al segundo tramo. La compañía aérea C, que ha pagado el coste total del segundo (y tercer) tramo, obtiene todo el ahorro asociado al segundo tramo.

Cuando B se une a AC, B se ahorra un 50 % de 10 millones de dólares. El otro 50 % de 10 millones de dólares o de 5 millones de dólares va a parar a AC:

A ahorra el 50 % de 2,5 millones de dólares
C ahorra el 50 % de 2,5 millones de dólares + el 100 % de 2,5 millones de dólares

Los primeros 2,5 millones de dólares de ahorro concedidos a AC están asociados al primer tramo y se dividen a partes iguales entre A y C; los segundos 2,5 millones de dólares son la parte de los 5 millones de dólares de ahorro concedidos a AC asociados al segundo tramo y van todos para C.

En resumen, en el caso 2.2, A paga la mitad del primer tramo en función de su MAAN, pero luego recupera la mitad cuando B se incorpora. B paga 5 millones de dólares (y se ahorra así 5 millones). La aerolínea C, al igual que A, paga inicialmente la mitad del coste del primer tramo y todo el coste de los dos siguientes, pero luego recupera la mitad de sus desembolsos en los dos primeros tramos cuando se incorpora B.

Partes	Cuánto pagan	Total
A	2,5 M$ – 1,25 M$	1,25 M$
B	50 % de 10 M$	5,00 M$
C	2,5 M$ + 5 M$ – (1,25 M$ + 2,5 M$)	8,75 M$
Combinado		15 M$

En el caso 2.3, el resultado acaba siendo muy similar al 2.2, pero con los papeles de B y C invertidos. Cuando la aerolínea C se une al par

AB, el ahorro sigue siendo de 10 millones de dólares y la aerolínea C puede utilizar la pista existente de 2 km, aunque tiene que construir una ampliación de 5 millones de dólares que paga ella sola. Como en el caso 2.2, A acaba pagando la mitad del coste del primer tramo, pero recupera la mitad cuando se incorpora C. La aerolínea B paga la otra mitad del coste del primer tramo y 5 millones de dólares en el segundo, y luego recupera la mitad en ambos tramos cuando C se une. La aerolínea C se ahorra 10 millones de dólares al unirse a AB, de los que se queda con la mitad.

Partes	Cuánto pagan	Total
A	2,5 M$ – 1,25 millones	1,25 M$
B	2,5 M$ + 5 M$ – (1,25 M$ + 2,5 M$)	3,75 M$
C	50 % de 10 M$ + 5 M$	10 M$
Combinado		15 M$

Lo único que nos queda por hacer es combinar los tres casos potenciales.

PARTE	BC vs A	AC vs. B	AB vs. C	Media	Explicación del número
A	2,50 M$	1,25 M$	1,25 M$	1,67 M$	= 1/3 de 5 M$
B	3,75 M$	5 M$	3,75 M$	4,17 M$	= 1/3 de 5 M$ + ½ de 5 millones
C	8,75 M$	18,75 M$	10 M$	9,17 M$	= 1/3 de 5 M$ + ½ de 5 M$ + 5 M$

He reescrito la columna de la media de una forma que creo que ilustra mejor lo que se intuye detrás de los resultados. Las tres compañías aéreas se reparten el coste del primer tramo. Esto es un 1/3 de 5 millones de dólares en cada fila. Las aerolíneas B y C se reparten el coste del segundo tramo —la mitad de los 5 millones de dólares de las filas segunda y tercera—, mientras que la aerolínea C paga la totalidad de los 5 millones de dólares del tercer tramo.

Esta es la primera respuesta que adivinamos. Ahora entendemos que la respuesta se basa en la creencia de que cualquier asociación de dos partes es igualmente probable si las cosas fracasan.

La diferencia entre los escenarios 1 y 2 se reduce a lo que cada parte paga por el primer tramo. La aerolínea A paga menos en el escenario 2, ya que tiene una mejor MAAN. Es menos probable que se quede fuera. Como es un actor igual en términos de MAAN, solo paga un tercio del total. Por el contrario, en el escenario 1, la aerolínea A está segura de quedar fuera si no se llega a un acuerdo a tres bandas. Esto coloca a A en una posición peor y le lleva a pagar la mitad del coste del primer tramo.

El resultado de la oferta debería situarse en algún punto entre los escenarios 1 y 2. La razón por la que no hay una respuesta única es que el resultado depende de lo que los participantes esperan que ocurra en caso de ruptura. Parece razonable esperar que tengan más probabilidades de formarse las uniones más valiosas. La probabilidad de que estas se formen es algo que los participantes tendrán que juzgar por sí mismos.

Aunque nadie sabe exactamente qué ocurrirá si las partes no llegan a un acuerdo, eso no significa que deban tirar la toalla y rendirse. Pueden esperar que la aerolínea A pague entre un 50 % y un 33,3 % del coste del primer segmento de la pista, el rango entre los escenarios 1 y 2. Cuanto más probable sea que los actores de alto valor se unan, más se acercará la respuesta al escenario 1 y al 50 %. Cuanto más probable sea que las cosas sean un «gratis para todos», más cerca estará la respuesta del escenario 2 y 33,3 %. Si alguien propone una solución fuera de este rango, al menos una de las partes tiene una razón lógica para oponerse.

Para resolver la incertidumbre, he visto que la gente empieza la negociación con un plan sobre lo que pasará si las cosas fracasan. En el contexto del caso de la aerolínea, la aerolínea A podría empezar con algo así: «Sé que llegaremos a un gran acuerdo pero por si acaso, no queremos acabar sin nada. ¿Podemos acordar que, si no alcanzamos un trato, elegiremos un trato a dos bandas al azar?».

Debes desconfiar de un trato «sin acuerdo». Opino que las partes no deberían acabar sin nada, pero como persona inteligente que soy, he elegido el escenario sin acuerdo más favorable para su posición. Si yo representara a la aerolínea B o C, haría una contrapropuesta y sugeriría que, en caso de no haber acuerdo, B y C se reunieran. Mi advertencia es que hay que tener cuidado con lo que se negocia cuando no haya trato. Puede que pienses que siempre es inteligente tener un respaldo mejor en caso de que no haya acuerdo. Es cierto, pero ese mejor respaldo acaba determinando todas las MAAN y, por tanto, lo que ocurrirá en el acuerdo a tres bandas.

La solución que se presenta en el escenario 2 podría haber sido tu primera suposición como respuesta a cuando hay tres o más partes. Parece la generalización natural de la respuesta presentada en el capítulo 9. Cada uno paga una parte igual del tramo de la pista que utiliza. En derecho, esto se denomina *método Reaches*. En economía, es el *valor de Shapley*, una solución a los problemas de negociación entre varias personas desarrollada por Lloyd Shapley (por la que recibió el Premio Nobel de Economía en 2012).

Yo también creo que es una solución razonable, pero no la más razonable. Aunque hay algo que parece justo en el hecho de que cada aerolínea reparta equitativamente el coste de lo que utiliza, no creo que sea el resultado más probable. Ya que entre las posibles soluciones razonables es la que da la mayor ganancia posible a las partes más débiles. Detrás de la respuesta está la suposición implícita de que la aerolínea A tiene las mismas posibilidades que B o C de formar parte de un acuerdo entre dos si las tres partes no pueden llegar a uno. Si se piensa que en esta situación es probable que B y C se emparejen primero y luego negocien con A, entonces la aerolínea A acabaría pagando la mitad del coste del primer tramo. Aunque no quiera admitirlo, incluso si yo fuera la aerolínea A, apostaría por que B y C se juntaran si no llegáramos a un acuerdo a tres bandas.

Compartir una tubería

El ejemplo de la pista se basa en un caso real. Cinco promotores inmobiliarios construyeron una tubería compartida para llevar el agua municipal de Calleguas (un poco al norte de Los Ángeles) a unas nuevas urbanizaciones de casi 8.000 hectáreas en Simi Hills. Al igual que una pista de aterrizaje, la tubería de alimentación de la zona de Lindero y las cinco urbanizaciones se dispusieron de este a oeste. El coste de la tubería fue considerable, unos 4,3 millones de dólares. Por lo tanto, el ahorro que supuso la unión fue también grande, ya que los cinco promotores compartieron una tubería en lugar de construir cinco por separado. Sin embargo, los cinco llegaron a los tribunales al no ponerse de acuerdo sobre cómo compartir los costes o, más exactamente, sobre cómo habían acordado compartir los costes. [20]

Una parte pensaba que tenían la intención de utilizar el del «método de capacidad directa». Cada parte paga una cantidad proporcional a la capacidad que emplea. Si un promotor tiene el doble de terreno, planea el doble de casas y necesita el doble de capacidad, esa parte paga el doble. Este método divide el coste de la tubería a partes iguales entre cada casa prevista.

Un segundo enfoque, apoyado por el demandante designado por la American-Hawaiian Steamship Company, es el «método de instalaciones alternativas». En este caso, cada uno comparte el ahorro en la misma proporción. Por ejemplo, cada uno ahorra un 30 % en comparación con si lo hiciera en solitario.

Un tercero defendió el «método Reaches». La idea aquí es que las partes solo comparten el coste de la tubería que utilizan. La tubería que va de Calleguas al promotor 1 se reparte equitativamente entre los cinco. La siguiente longitud, desde el promotor 1 hasta el promotor 2, la utilizan los promotores 2, 3, 4 y 5 y, por tanto, el coste se divide entre cuatro. Y así sucesivamente. El último tramo de la tubería de agua que va del promotor 4 al 5 solo lo utiliza este último. Como no hay ninguna razón para que los otros promotores compartan este coste, el promotor 5 es el único responsable del coste del último tramo. Esta es la analogía perfecta a la situación de la pista de aterrizaje en el escenario 2. Cada compañía aérea paga una parte igual del coste de la pista que utiliza.

Elegiré algunas cifras redondeadas pero realistas para ilustrar las tres alternativas. Con el fin de simplificar las cosas, limitaré la situación a tres promotores. Digamos que el coste de construir hasta el promotor 1 es de un millón de dólares, hasta el promotor 2 es de 2 millones de dólares, y hasta el promotor 3 es de 3 millones de dólares. Como en el ejemplo de la pista de aterrizaje, la ruta para el promotor 3 pasa por delante de los promotores 1 y 2.

Si comparten la misma tubería, los tres pueden prestar servicio con un coste de 3 millones de dólares. Si se construyeran tres tuberías separadas, el coste sería de 1 millón + 2 millones + 3 millones = 6 millones.

No sé cuántas unidades planeaba construir cada promotor, así que no puedo decirte el resultado del método de capacidad directa. Pero si cada uno de los promotores planeara una urbanización del mismo tamaño, el coste total se repartiría a partes iguales: un millón de dólares cada uno.

Para mí eso tiene muy poco sentido. El primer promotor está pagando lo mismo que si fuera solo, lo cual debería hacer saltar las alarmas. La razón por la que tiene tan poco sentido es que el precio que acaba dividiéndose entre tres depende de una tubería que pasa por los terrenos del promotor 1, de modo que este se queda con parte de la factura de algo que debería recaer directamente en los promotores 2 y 3.

Con el método de instalaciones alternativas, las partes se reparten el ahorro en la misma proporción. El coste de ir solo es de 6 millones de dólares y el de trabajar juntos es de 3 millones. Si cada parte ahorrara el mismo porcentaje, cada una pagaría el 50 % de su coste de ir sola:

El promotor 1 paga el 50 % de 1 millón de dólares = 0,5 millones de dólares

El promotor 2 paga el 50 % de 2 millones de dólares = 1 millón de dólares

El promotor paga el 50 % de 3 millones de dólares = 1,5 millones de dólares

Esto también tiene poco sentido para mí. El promotor 3 está obteniendo una parte del ahorro de los costes asociados al tercer tramo de la tubería que solo él utiliza. Así que solo él debería ser responsable de esos costes. Sin embargo, el promotor 3 solo paga 1,5 millones de dólares. Como creo que el promotor 3 es el único responsable del último tramo, esto implica que solo contribuye con 0,5 millones de dólares al coste de 2 millones de dólares de los dos primeros tramos. Es la mitad del millón que aporta el promotor 2 por los mismos dos tramos.

De hecho, el coste para el promotor 2 es tan elevado que supera lo que pagaría en cualquiera de los escenarios 1 o 2 del caso de la pista del aeropuerto. En ambos escenarios, los promotores 2 y 3 se reparten el coste del segundo tramo, que asciende a 0,5 millones de dólares cada uno. El peor escenario para el promotor 2 es que el promotor 1 solo pague un tercio del coste del primer tramo, es decir, 0,33 millones de dólares, dejando 0,33 millones de dólares para cada uno de los promotores 2 y 3. Así, incluso en el peor de los casos, el promotor 2 solo pagaría 0,83 millones de dólares. Por eso creo que el método de las instalaciones alternativas ofrece una respuesta poco razonable.

El tribunal se decantó por el método de Reaches por ser el más coherente con su acuerdo original de compartir los costes «a prorrata en base a la capacidad instalada de dicha línea».

El promotor 1 paga el 33,3 % de 1 millón = 0,33 millones de dólares

El promotor 2 paga el 33,3 % de 1 millón + el 50 % × 1 millón = 0,83 millones de dólares

El promotor 3 paga el 33,3 % de 1 millón + el 50 % × 1 millón + el 100 % × 1 millón = 1,83 millones

El método de Reaches es el mismo que el del escenario 2. Por desgracia, nuestra historia tiene un final menos feliz para el promotor 1. Tras la apelación, el tribunal superior decidió que el método de capacidad directa era el más coherente con la intención original.

Los ejemplos que he utilizado para ilustrar la negociación a tres bandas son demasiado simples en un aspecto concreto: la pista o tubería es una línea recta. No hay coste de desvío ni necesidad de hacer la pista más duradera para soportar la carga extra. He escrito un apéndice en internet que muestra cómo manejar esos casos más complicados (SplitThePieBook.com). (Es probable que sea del agrado de aquellos a quienes les gusten las matemáticas).

Reducción de los costes de las botellas

En los ejemplos de las aerolíneas o los acueductos, todos los socios potenciales se unieron para evitar la duplicación y así crear el mayor pastel. Nadie se quedó fuera. Aquí consideramos un tipo diferente de negociación multipartita, en la que un comprador negocia con varios vendedores (o un vendedor con varios compradores o incluso varios compradores negocian con varios vendedores). En estas situaciones no se necesita a todo el mundo para crear el mayor pastel. El comprador puede ir eliminando a los distintos vendedores para determinar quién se queda fuera. Los que quedan fuera acaban con su MAAN. Eso no los hace irrelevantes, sino que desempeñan un papel importante a la hora de cambiar los términos del acuerdo que se produce.

Volvamos a las negociaciones entre Coca-Cola y Honest Tea sobre los costes de las botellas. Recordemos que Honest Tea pagaba 19 centavos/botella y los costes de Coca-Cola eran de 11 centavos/botella. Esto creó un pastel de 8 centavos/botella.

Aquí añadimos Pepsi al cuadro, que suponemos tiene unos costes de 15 centavos/botella. Si Honest Tea puede enfrentar a los dos, el precio de la botella seguirá bajando hasta llegar a los 15 centavos. En ese momento, Pepsi no puede bajar más y se retira. Eso no significa que Coca-Cola gane la puja a 15 centavos.

Una vez que Pepsi se retira, aún quedan otros 4 centavos de ahorro por negociar. Coca-Cola puede bajar el precio de 15 a 11 centavos. Es un pastel que se reparte entre Honest Tea y Coca-Cola. En esa negociación el precio sería de 13 centavos.

Hasta ahora, el papel de Pepsi en la negociación es solo en segundo plano. Es como si el MAAN de Honest Tea fuera ir a Pepsi y hacer que le proporcionen botellas a su coste de 15 centavos. Pero si Honest Tea no llega a un acuerdo con Coca-Cola, tendría que negociar con Pepsi.

Podemos utilizar el enfoque que acabamos de desarrollar para analizar el reparto de costes en la pista de aterrizaje y reexaminar cómo se desarrollarían las negociaciones cuando las tres partes están activas. En lugar de A, B y C, tiene más sentido llamar a nuestras partes C, P y H, para Coca-Cola, Pepsi y Honest Tea, respectivamente. Lo haremos todo por botella.

Si se juntan las tres partes —indicadas abajo como C-P-H— el ahorro es de 8 centavos. El mismo ahorro se produce si solo se unen Coca-Cola y Honest Tea, indicado como C-H. Esta es una lista de los ahorros en función de quiénes se unan:

C-P-H	8 centavos
C-H	8 centavos
P-H	4 centavos
C-P	0 centavos

Aunque parece extraño pensar en un acuerdo a tres bandas entre Coca-Cola, Pepsi y Honest Tea, lo que realmente significa es que están de acuerdo en cómo repartir los 8 centavos. Al final, será Coca-Cola quien suministre las botellas a Honest Tea. Pepsi aún podría seguir ganando algo por ayudar a bajar el precio.

Como antes, estamos en el escenario 2 donde surgen tres posibilidades en el caso de que no haya un «acuerdo» a tres bandas.

2.1 Coca-Cola y Honest Tea se juntan y Pepsi queda excluida.

2.2 Pepsi y Honest Tea se juntan y Coca-Cola queda excluida.

2.3 Coca-Cola y Pepsi se juntan y Honest Tea queda excluida.

El caso 2.1 es sencillo y el más natural. Coca-Cola y Honest Tea pueden crear el pastel completo de 8 centavos solo con ellos dos. Se reparten este pastel. Pepsi no tiene nada que añadir y se queda con cero.

Coca-Cola	Honest Tea	Pepsi
4 centavos	4 centavos	0 centavos

En el caso 2.2, Pepsi y Honest Tea se unen como refuerzo y se reparten el pastel de 4 centavos que han creado juntas. Cuando Coca-Cola se les une, esta aporta otros 4 centavos de ahorro. Coca-Cola se queda con la mitad y Honest Tea con la otra mitad. La razón por la que Pepsi no recibe más es porque solo aporta 4 centavos de ahorro. A diferencia de Honest Tea, que es necesaria para crear los 4 centavos restantes, Pepsi no lo es. Pepsi es como la Aerolínea A y solo tiene derecho al ahorro en el primer tramo de la pista. Tras la incorporación de Coca-Cola el resultado es el siguiente:

Coca-Cola	Honest Tea	Pepsi
2 centavos	4 centavos	2 centavos

La posibilidad de que Pepsi sea un apoyo explica que en un acuerdo a tres bandas pueda ganar alguna pequeña cantidad de dinero.

En el caso 2.3 Coca-Cola y Pepsi se unen como su mejor alternativa a un acuerdo negociado. Las dos no pueden crear ningún ahorro por sí mismas. Su MAAN es cero. Ten en cuenta que el hecho de que Coca-Cola y Pepsi estén juntas no significa que estén conspirando. De hecho, su unión ofrece una mayor oportunidad para que Honest Tea se enfrente a una de ellas.

Cuando Honest Tea se incorpora, no tiene que repartir los 8 centavos completos con Coca-Cola y Pepsi. La razón es que Coca-Cola solo aporta 4 centavos (las ganancias adicionales que tiene sobre Pepsi). Honest Tea reparte esos 4 centavos con Coca-Cola. Sin embargo, Pepsi no recibe nada, ya que no aporta ningún valor por sí misma, aparte de reducir el valor de Coca-Cola. Por tanto, Honest Tea se queda con la mitad de los 4 centavos que reparte más los 4 centavos completos, lo que supone un total de 6 centavos.

Coca-Cola	Honest Tea	Pepsi
2 centavos	6 centavos	0 centavos

Miremos de nuevo los dos escenarios originales. El escenario 1 hace que la pareja que crea más valor se una en caso de ruptura. Este es el caso 2.1, en el que Coca-Cola y Honest Tea obtienen 4 centavos cada uno.

En el escenario 2 los tres casos son igualmente probables. Tomamos la media de los tres casos:

Coca-Cola	Honest Tea	Pepsi
8/3 centavos	14/3 centavos	2/3 centavos

Honest Tea consigue un poco más de la mitad del ahorro. Siempre consigue al menos la mitad del ahorro, pero a veces puede aprovechar la presencia de Pepsi para llegar a un acuerdo mejor con Coca-Cola.

Hay un punto sorprendente que me gustaría destacar. Se podría pensar que el escenario ideal es estar incluido en una pareja en lugar de que te dejen fuera y tener un MAAN de cero. Pero, como muestra este ejemplo, Honest Tea hace lo mejor en el caso 2.3, cuando es la excluida. La razón es que la pareja con la que está negociando también tiene un MAAN de cero, y hay una competencia interna que significa que ninguno de los dos aporta mucho valor a la mesa. Como resultado, Honest Tea se queda con todo el ahorro creado por Pepsi y con la mitad del ahorro adicional creado por Coca-Cola. Este es el mismo resultado que en el ejemplo con el que empezamos, en el que Pepsi desempeñaba un papel secundario.

15

¿Qué pasa si te utilizan como peón?

He defendido que el poder es igual en cualquier negociación entre dos partes. Pero eso no se extiende a las situaciones en las que hay tres o más partes. En particular, si una de ellas se ve utilizada como peón. Así ocurre cuando una persona es utilizada para ayudar a otra a conseguir un mejor trato y no obtiene nada a cambio. Eso le ocurrió a Pepsi en el caso 2.3 del capítulo anterior.

El mejor ejemplo que conozco de esto tuvo lugar cuando en 1986 Holland Sweetener construyó una planta de 50 millones de dólares para producir aspartamo, la versión genérica de NutraSweet. Holland Sweetener construyó la planta anticipando la expiración de la patente europea de Monsanto sobre NutraSweet. Como Coca-Cola y Pepsi estaban deseosas de tener competencia, le comunicaron a Holland Sweetener su descontento con Monsanto y le animaron a entrar en el mercado.

¿Qué ocurrió tras la entrada de Holland Sweetener? Monsanto bajó sus precios en dos tercios y se quedó con todo el negocio de Coca-Cola y Pepsi. [21] Lo cual le ahorró a estas dos compañías unos 200 millones de dólares mientras duró el nuevo contrato. Por su parte Holland Sweetener consiguió hacerse con el negocio de Diet Squirt, que tiene un valor muy sólido, si bien no tuvo la oportunidad de recuperar su inversión en la planta. A pesar de su descontento con Monsanto, lo que Coca-Cola y Pepsi querían realmente era al mismo NutraSweet a un precio mucho mejor y no podrían haberlo hecho sin tener una alternativa. Resultaba que el aspartamo genérico de Holland Sweetener era el mismo producto químico, pero no tenía el valor de la marca. Era lo suficientemente bueno para constituir una amenaza creíble si Monsanto no bajaba su precio, pero no lo bastante para ganar a NutraSweet.

Este resultado era totalmente previsible. De hecho, me sorprendería que no te hayas encontrado en la situación de Holland Sweetener. Es como en las citas, que alguien parece estar interesado en ti, pero en realidad te está utilizando para conseguir que su actual interés romántico reaccione o se comprometa más. O como en el trabajo, en que alguien parece estar interesado en un puesto en tu empresa, pero en realidad te está utilizando para que su actual empleador le suba el sueldo o le dé un ascenso.

Reconozco que he jugado a este juego, no en las citas, sino al comprar una casa. Después de fijar un tipo de interés hipotecario con Bank of America, los tipos de interés bajaron bastante en el verano de 2019. Como yo había fijado el tipo, mi cifra no disminuyó. Pero como los prestamistas de la competencia ofrecían cifras inferiores, me hicieron una nueva oferta con el tipo de interés actual más bajo. Solo en ese momento Bank of America me bajó e igualó la mejor oferta. Podría haber optado por el «Banco de Holland Sweetener», pero ya tenía todo el papeleo, las tasaciones y la comprobación de los ingresos. Me gustaba mi prestamista, pero no el tipo de interés.

¿Qué haces cuando crees que alguien te está poniendo en la posición de Holland Sweetener? Alguien te pide que hagas una oferta para un contrato y sabes que, probablemente, el proveedor de turno será quien se lleve el negocio. La oferta se produce para mantener la honradez del proveedor.

Es una propuesta en la que todos pierden. Si no respondes a la solicitud, no tienes ninguna posibilidad de conseguir el negocio. Si respondes, terminas haciendo un montón de trabajo que en su mayoría ayuda al cliente. El resultado más probable es que acabes atrapado.

Hay una solución a este enigma: que te paguen por negociar. Puede que no consigas ninguna porción del pastel en la negociación real. Lo que sí puedes hacer es cambiar la forma en la que los otros jugadores se reparten el pastel. Eso puede valer mucho para el jugador que consiga más.

Esto es lo que Holland Sweetener debería haber hecho. Antes de construir la planta, debería haber acudido a Coca-Cola y Pepsi e insistir en obtener un contrato a largo plazo condicionado a la construcción de la planta: «Actualmente estáis pagando 90 dólares/tonelada. ¿Podemos acordar ahora que cuando nuestra planta esté en funcionamiento, nos comprarás un millón de toneladas a 50 dólares/tonelada?».

Si Coca-Cola y Pepsi hubieran dicho que no, habría sido una señal de advertencia muy útil. ¿Por qué Holland Sweetener debería esperar conseguir un contrato con Coca-Cola y Pepsi después de construir una planta si no puede ahora?

Al final, Holland Sweetener perdió tanto dinero que tenía argumentos creíbles para cerrar la planta. Entonces se dirigió a Coca-Cola y a Pepsi y les dijo que saldría del mercado si no había un contrato a largo plazo. Coca-Cola y Pepsi se dieron cuenta de que eso los pondría de nuevo a merced de Monsanto, así que aceptaron. A Holland Sweetener le pagaron por quedarse, aunque hubiera sido mucho mejor que le pagaran por jugar.

Cuando digo que te paguen por jugar, no me refiero generalmente a dinero en efectivo o incluso a un contrato por adelantado. Hay muchas formas de cobrar. Puedes pedir más información o acceso a los principales responsables de la toma de decisiones.

Por ejemplo, si te piden que hagas una oferta para un contrato de suministro, es posible que quieras hablar con el ingeniero encargado de la calidad, no solo con el responsable de compras, ya que este se ve recompensado por conseguir un precio más bajo. Si tienes algo más que ofrecer, como una mayor fiabilidad, averigua a quién le interesa lo que puedes ofrecer y pide que te pongan en contacto con él. Pregunta a esa persona por sus KPI (indicadores clave de rendimiento) para poder diseñar tu oferta de forma que te ayude a alcanzar sus objetivos. Si el

188 • REPARTIR EL PASTEL

comprador no expresa ningún interés en ayudarte hacer estos contactos —y, por tanto, a hacer una oferta mejor—, te está diciendo de entrada que tienes pocas posibilidades de éxito y que probablemente te están utilizando como peón.

En mi mundo académico, hay dos tipos de aumentos. Está el incremento anual regular del 2 % por el coste de vida y el gran aumento cuando tienes una oferta externa de la competencia. (Por supuesto que a veces el decano te dice: «Es una gran oferta, yo en tu lugar la aceptaría»). Es sabido que para conseguir un gran aumento los profesores compran una oferta.

Digamos que la profesora Cash expresa su interés por venir a Yale y que nos encantaría que se uniera a nuestra facultad. Si no le hacemos una oferta a Cash, no hay ninguna posibilidad de que venga. Al mismo tiempo, no queremos pasar por todo el lío y el esfuerzo que se necesitan, si todo lo que estamos haciendo es ayudar a Cash a conseguir un aumento de sueldo.*

Podemos empezar preguntando a Cash por qué cree que New Haven y Yale son mejores que su destino actual. Prácticamente todo el mundo puede inventar una historia razonable sobre por qué está descontento y por qué quiere mudarse. Aun así, el descontento de la mayoría de la gente con su empresa puede arreglarse con un importante aumento de sueldo, y es probable que ese aumento se produzca en respuesta a nuestra oferta de trabajo. ¿Cómo podemos determinar quién quiere realmente cambiar de empresa?

En teoría, se puede pedir al candidato que acepte un contrato condicional. Al igual que Holland Sweetener debería habérselo pedido a Coca-Cola condicionado a la construcción de una planta, nosotros podríamos pedir un contrato así. Si te ofreciéramos cierto salario, apoyo a la investigación y carga docente, ¿aceptarías? De hecho, así es como se

---

* En el mundo académico, hacer una oferta de titularidad implica mucho trabajo. Pedimos a una docena de académicos que evalúen las contribuciones de investigación del candidato. Luego el comité hace un informe, el profesorado vota y se reúne un comité del rectorado.

hacen las ofertas en la Questrom School of Business de la Universidad de Boston.

El enfoque de Questrom sirve para varios propósitos. Por una parte, evita tener que pasar por todo el esfuerzo solo para descubrir que el candidato tiene expectativas salariales que no es posible cumplir. Por otra, obliga al candidato a comprometerse con Questrom, lo que es igualmente importante. Todas las partes esperan que, cuando llegue la oferta oficial, el candidato la acepte.

Esto hace que sea mucho más difícil utilizar Questrom como un «Holland Sweetener». No puedes ir a tu decano y decirle: «Tengo una oferta de X dólares de Questrom, así que, por favor, dame el aumento que me merezco». No tienes nada que mostrarle hasta que ya hayas aceptado la oferta de Questrom.

Por supuesto, un acuerdo para cambiar de trabajo no es un contrato vinculante. Y al igual que yo renegocié mi tarifa fija con Bank of America, el candidato a un puesto de trabajo podría renegociar las condiciones con Questrom si surgiera una oferta mejor antes de que se firme el acuerdo. Dicho esto, el contrato prenegociado contribuye en gran medida a demostrar el compromiso del candidato.

Hay otras formas de que el candidato demuestre su compromiso sin tener que aceptar un contrato condicional. La Facultad de Derecho de Yale suele insistir en que la persona vaya durante un semestre antes de hacerle una oferta de trabajo. Ese es un gran compromiso si solo se utiliza para conseguir un aumento de sueldo.

Al igual que quiero que tengas cuidado con que te utilicen como peón de una negociación para que alguien consiga un trato mejor, quiero que pienses en cómo utilizas a los demás para que te ayuden a ti a conseguirlo. Cuando alguien mejora su MAAN, te da a ti una ventaja, pero a ellos no les ayuda. Como resultado, puede que no estén lo bastante motivados para mejorar tu MAAN tanto como te gustaría.

Esperamos que la gente ofrezca este tipo de competencia de forma gratuita. Si quieres que lo den todo, busca formas de compensar a las partes que aumenten tu MAAN. Puedes compartir algunas de las ganancias que los demás hacen posible o proporcionarles acceso a información o personas o asegurarte de que ganen parte del negocio.

Imagínate que a Holland Sweetener se le prometiera un 10% del ahorro que ha hecho posible. Eso les da a los otros un incentivo adicional para bajar el precio. Un precio más bajo aumenta sus posibilidades de ganar y también sus beneficios cuando estos no lo hacen. Cuanto más sepan que hay algo para ellos en juego, más probable será que participen y más difícil será que compitan. En resumen, podemos mejorar más nuestro MAAN si hacemos más para recompensar a los que nos ayudan a hacerlo.

PARTE IV

CÓMO HACER CRECER EL PASTEL

Ya he hablado del pastel y del principio de dividirlo en partes iguales. En muchos de los ejemplos, este tenía un tamaño fijo, como las 12 porciones de una *pizza*. Es mejor pensar en el pastel como algo que puede hacerse más grande o más pequeño, dependiendo de lo que hagan los negociadores.

Los malos negociadores lo ven todo en términos de dividir el pastel y lo enmarcan como una suma cero. Así que cuando la otra parte hace una petición, la respuesta natural es no, porque si la otra parte obtiene más, tú debes obtener menos. Sin embargo, los buenos negociadores trabajan para que el pastel sea lo más grande posible. De modo que cada mitad sea la mayor posible.

Si no quieres imitar a los malos negociadores, ¿significa eso que cuando la otra parte te pida algo debes decir que sí? En realidad, sí. Pero eso no significa que debas decir que sí sin recibir nada a cambio ni tampoco significa que debas pagar más en términos de dinero.

El capítulo 16 explica por qué querrías dar a la otra parte lo que desea. La razón no es por ser amable o generoso. Si ellos consiguen lo que quieren en un acuerdo, tú podrás conseguir lo que quieres. No importa cuántos asuntos ganes o pierdas. Lo que importa es asegurarse de que la parte que más se preocupa gane y compense a la otra parte. Estos «intercambios inteligentes» son la forma de hacer crecer el pastel. Aquí es donde la empatía y el alocentrismo pasan a primer plano.

El capítulo 17 presenta el caso de Zinc-It. Damos este ejemplo ampliado sobre un científico que vende su tecnología, con el fin de poner en práctica las ideas que hemos tratado. El capítulo ofrece una serie de transcripciones de la negociación y un resumen de lo que salió bien y lo que salió mal.

En el capítulo 18 trato del modo de presentar el caso de la otra parte. Esto es fundamental para demostrar que entiendes su perspectiva.

Hay gente que cree que la razón por la que no se sale con la suya es que no se les ha escuchado o entendido. Así que siguen discutiendo porque piensan que, si pudieras ver las cosas a través de sus ojos, cambiarías de opinión. Al presentar su posición, demuestras que aprecias su punto de vista. El hecho de que hayas elegido un resultado diferente no es por falta de comprensión, sino porque hay otros factores que juzgas más importantes. Moraleja: la otra parte no siempre puede salirse con la suya, pero siempre puede ser comprendida. Tienes que mostrarle tu comprensión.

Como las ideas del pastel son nuevas, tendrás que venderlas. El capítulo 19 ofrece algunos consejos. Al llevar las nuevas ideas al jefe, es útil emplear acuerdos condicionales: aquí está el acuerdo que pediste y aquí hay una opción que creo que funciona aún mejor y que la otra parte también ha aceptado si queremos ir por ese camino. En lugar de decir que no, piensa en lo que te costaría decir que sí y pídelo. Si lo rechazan, no estás peor. Pero puede que digan que lo acepten. Y si quieres que la otra parte se arriesgue por ti, di «Sí, si» en lugar de «No, a menos que». La otra parte quiere saber que, si hace el esfuerzo, tendrá éxito.

16

Darle a la otra parte lo que quiere

Has leído bien: quieres dar a la otra parte lo que quiere. Con demasiada frecuencia, los negociadores gastan su energía discutiendo con la otra parte para intentar darle menos de lo que pide. No estoy diciendo que abras la cartera y regales la tienda. Si puedes encontrar una manera de ayudar a la otra parte a conseguir lo que quiere, esa es la mejor manera de lograr lo que tú quieres.

Esta lección la aprendí de Cade Massey. Cade es un orgulloso seguidor de los Longhorn de la Universidad de Texas en Austin, un fanático del fútbol americano que también tiene un MBA y un doctorado de la Universidad de Chicago. [22] Junto con el premio Nobel Richard Thaler, Cade demostró que los equipos de la NFL sobrevaloran los primeros puestos del *draft*, ese procedimiento en el que se asignan los jugadores seleccionados de un equipo. [23]

Los estudiosos llevan mucho tiempo sospechando que la gente es demasiado confiada a la hora de tomar decisiones. La mayoría de este tipo de conclusiones proceden de experimentos en laboratorio. ¿Los profesionales experimentados caen en la misma trampa? Sí, en efecto. En el caso de la NFL, los errores se miden en millones y en títulos de la Super Bowl. Los equipos renuncian a cuatro selecciones de segunda ronda para conseguir una mejor posición en la primera ronda. Mientras que la primera selección lo hace mejor en promedio, cuatro selecciones de segunda ronda dan a un equipo una oportunidad mucho mayor de conseguir una estrella del Pro Bowl. ¡Y cuestan mucho menos! (Incluso los cuatro combinados).

Cuando Cade no está pensando en el fútbol, su trabajo diario es ser profesor en Wharton, donde enseña influencia y negociación. Antes de eso, enseñamos juntos en Yale, donde me ayudó a catalizar muchas de las ideas de este libro.

Cade quería saber qué conducía al éxito en una negociación. Empezó preguntando a buenos negociadores cuál era, en su opinión, la razón de su éxito. Y preguntó a personas de una gama realmente amplia de sectores.

Cade comenzó con Joe Lemley, un amigo de su padre. Joe comerciaba con ganado, coches, ranchos, lo que fuera. Sus dos únicas herramientas eran un teléfono y un cenicero. La respuesta de Joe fue sencilla: «Si puedes averiguar cómo dar al otro lo que necesita, o mejor, lo que quiere, puedes conseguir casi cualquier cosa de él».

El siguiente fue un exitoso capitalista de riesgo: «Intentamos averiguar qué quieren [los empresarios] y cómo darles lo máximo posible, para conseguir lo que queremos».

Estaba empezando a surgir un patrón. Greg Berlanti, el autor-productor de la serie *Everwood*, decía en *Wall Street Journal*: «Sé que suena muy poco artístico, pero si puedo darles [a la cadena] lo que quieren, entonces puedo hacer lo que quiero».

La razón para dar a la otra parte lo que quiere no es para ser amable o generoso, es porque interesa. Si las otras partes obtienen lo que quieren, estarán motivadas para llegar a un acuerdo. Para conseguir lo que quieras, ayuda a que la otra parte esté motivada a hacer un trato.

De esto se deduce una importante implicación: hay que entender qué es lo que quiere la otra parte. No sirve de nada darle a la otra parte lo que tú quisieras en su lugar. Hay que averiguar qué es lo que realmente quiere.

Gente de mar

En la siguiente negociación podemos ver cómo esto se desarrolla (o no). Michael y su cónyuge venden su gasolinera con el objetivo de financiar un viaje en barco de varios años alrededor del mundo. Michael es ingenuo y basa el precio de la gasolinera en el coste del viaje y no en el valor de mercado de la misma. Esto le molesta mucho al comprador, quien en un momento dado le dice: «Así que su propuesta comercial es que quiere que nuestra empresa le financie su viaje en barco».

Mientras lees la siguiente transcripción, piensa en los errores que se cometen. (Puedes ver una recreación de la negociación en el sitio web del libro, SplitThePieBook.com).

Meghan [comprador]: Me gustaría hablar de la compra de tu gasolinera.

Michael [vendedor]: Bueno, supongo que empezaré por contarte el origen de esta venta para que lo entiendas. Nos hemos pasado doce años levantando este negocio, y hemos llegado al punto en que mi esposa y yo acabamos trabajando dieciocho horas diarias. Mi mujer está ya al borde de una crisis nerviosa. Así que queremos hacer un viaje y nos gustaría cubrir los gastos.

El viaje va a llegar a 488.000 dólares. Así que es lo mínimo que puedo aceptar para hacer este trato. No puedo aceptar menos porque eso es lo que nos va a costar el viaje. He podido invertir 50.000 dólares en un barco porque vendimos nuestro apartamento, así que esos 50.000 dólares se han ido, están en el barco. Pero tengo que seguir haciendo pagos.

Meghan: ¿Dijiste un barco?

Michael: ¿Quieres ver fotos?

Meghan: No, no, está bien.

Michael: Tengo algunas…

Meghan: ¿Estarías dispuesto a aceptar 400.000 dólares?

Michael: Eso no es suficiente. Creo que donde tal vez podamos negociar es en relación con un pago adicional inminente que tengo que hacer por el barco.

Meghan: ¿Por qué estás gastando en este barco? Hay formas de viajar menos costosas que un barco.

Michael: [*risa*] Somos gente de mar.

Meghan: ¿Gente de mar?

Michael: Creo que donde podemos negociar es en los gastos adicionales que están más próximos. Tenemos un pago de 230.000 dólares, y luego pagos de 68.000, 75.000, y 40.000 más adelante, así que si pudiéramos espaciarlos, podríamos esforzarnos en…

Meghan: Entonces, ¿tu propuesta de negocio es que nuestra empresa financie tu viaje en barco?…

Michael: [*risa*] Bueno, lo que hago…

Meghan: …porque no estoy segura de por qué debería importarme.

Michael: …lo que hago con mi dinero es lo que hago con mi dinero. Estoy poniendo mis cartas sobre la mesa y me gustaría que tú me correspondieras de alguna manera. Siento que podríamos trabajar mejor si supiera hasta dónde podéis llegar, y por eso te he contado todo eso.

Meghan: Tenemos más flexibilidad. Podríamos comprar tu estación, podríamos comprar otra en otro sitio, podríamos coger algo nuevo, o algo viejo y arreglarlo. No tenemos que estar en esta zona. Teniendo en cuenta nuestra experiencia en el campo y nuestra propiedad de otras dos gasolineras, creo que os hemos hecho una oferta bastante justa.

Vaya, eso no salió bien. No podría inventarme algo así si quisiera. Hay mucho que criticar en esta negociación.

Lo que ha pasado es que Michael tiene diarrea verbal y ha dado excesiva información. Además, esperó demasiado tiempo antes de pedir reciprocidad y basó su precio en argumentos no económicos. Todo eso es cierto. Pero las dos partes terminaron sin acuerdo. ¿A quién debemos culpar de ello?

Creo que la causa del fracaso fue la falta de interés del comprador. En un momento dado, Meghan dice: «No sé por qué debería importarme». Este es el punto crítico que explica por qué las dos partes terminan sin acuerdo.

Si fueras un comprador, ¿te gustaría enfrentarte a Michael? Aunque este no siempre da argumentos racionales, es un libro abierto. Es alguien excelente con quien negociar. Michael tenía muy claro lo que quería: hacer un viaje en barco alrededor del mundo y a Meghan no le importaba darle a Michael lo que quería.

¿Por qué debería importarle a Meghan? El precio de la gasolinera no tiene ninguna relación con el coste de un velero.

Esta es la razón para preocuparse. ¿Qué pasa si Michael consigue hacer su deseado viaje alrededor del mundo? Venderá la gasolinera y Meghan conseguirá lo que quiere. Si Michael consigue lo que quiere, Meghan también.

El hecho de que te preocupes no significa que pagues más. Significa que te esfuerzas por ver qué puedes hacer para ayudar al comprador a conseguir su objetivo. Si Meghan hubiera sentido más curiosidad por el viaje, se habría enterado de que Michael ha presupuestado 75.000 dólares para un fondo de reserva que cubra los gastos de manutención cuando regresen. Meghan cree que Michael es un gran gestor y estaría encantada de ofrecerle un trabajo a su regreso. Con un trabajo bajo el brazo, Michael no necesita el fondo de reserva o, al menos, no necesita uno de 75.000 dólares.

La solución aquí me recuerda a una negociación sobre la división de una naranja, un ejemplo de un ejercicio desarrollado por Robert House que se hizo famoso en *Getting to Yes*.[24] Una de las partes solo quiere el zumo y la otra solo quiere la piel. Pero no lo saben y cada uno pide la naranja entera. Las dos partes tienen que compartir información sobre sus preferencias con el fin de encontrar un modo de repartir la naranja que sea mejor que dividirla por la mitad. En nuestro caso, el vendedor tiene un problema —la falta de trabajo cuando regrese—, lo cual se resuelve con un fondo de reserva. Pero la mejor manera de resolver el problema es un trabajo para cuando vuelva. El vendedor no ha considerado esta posibilidad y, por lo tanto, no la ha pedido. Al igual que las dos partes con la naranja tienen que hablar sobre para qué quiere cada una, aquí las dos partes tienen que compartir información sobre sus planes y sus necesidades para poder encontrar la solución del trabajo.

Meghan también podría descubrir otros problemas de Michael que están en su mano resolver. Por ejemplo, cuando Michael y su esposa regresen del viaje, todos sus bienes estarán inmovilizados en una embarcación, por lo que tendrán que vender el barco. Sin embargo, no les interesa poner el barco en liquidación. La empresa de Meghan no debería comprarlo, ya que eso no es asunto suyo, pero sí podría concederle un préstamo a corto plazo avalado por el barco. Esto le daría a la pareja más tiempo a su regreso para venderlo mejor y obtener su valor total. De manera que el trabajo y el préstamo son dos formas de hacer crecer el pastel. Con estas ofertas sobre la mesa, Michael puede empezar a saborear el pastel. Así sí que le interesará hacer un trato.

La situación es diferente a la de la naranja en un aspecto muy importante. Cuando Michael recibe la oferta de trabajo, el precio de su gasolinera baja. Esa es otra razón para preocuparse.

Digamos que el salario de mercado de un director de gasolinera es de 50.000 dólares. ¿Cuánto vale un puesto de trabajo? Desde luego, no 50.000 dólares. Si Michael baja 50.000 dólares al precio de venta para conseguir un trabajo por el que cobra 50.000 dólares, estaría trabajando «gratis» durante un año. Piénsalo así: ¿cuánto debería pagar Michael para tener un trabajo de 50.000 dólares esperándole a su regreso?

Quizás 20.000 dólares. Se ahorra el riesgo de unos meses en paro y tiene más tranquilidad. Ese es el pastel adicional. Incluso puede haber algo de pastel adicional para Meghan: Michael es un gran gestor y los buenos gestores son difíciles de encontrar. Digamos que ese valor es de 5.000 dólares. Estos 25.000 dólares combinados son el pastel adicional que hay que repartir.

Cuando alguien pide algo en una negociación, la gente lo rechaza porque piensa que eso divide su pastel. Cuando se trata simplemente de pedir más dinero, es cierto. Sin embargo, puedes darles algo que quieren además de dinero en efectivo, así es como creas el pastel.

¿Qué debería haber dicho Michael? Hablaremos más sobre qué se debe revelar en el capítulo 21, pero por ahora podemos decir que hablar de querer hacer un viaje en barco alrededor del mundo le iba bien a él. Eso no reduce el valor de la gasolinera. Al contarlo, sobre todo si el comprador es empático o al menos curioso, podría llevar a una conversación sobre lo que el vendedor planea hacer después del viaje. ¿Piensa jubilarse? No. ¿Qué piensa hacer? ¿Le gustaría trabajar como jefe de gasolinera?

Por otra parte, Michael no debería haber sido tan rápido en revelar su precio final y no debería haber basado el precio en el coste del viaje. Pero hizo bien algo: fue claro en lo que quería.

Lo que recomiendo tiene un riesgo. Si haces saber a la otra parte lo que quieres y te lo dan, es probable que tú tengas que dar algo a cambio, a menudo bajar el precio. Digamos que la oferta de un puesto de trabajo conduce a un pastel mayor de 25.000 dólares. Para repartirlo, el vendedor debería aceptar un precio 10.000 dólares inferior que refleje el beneficio de los 20.000 dólares del trabajo, y el comprador debería pagar 2.500 dólares más, que reflejen el mayor valor que supone tener un gran gestor. El efecto neto es un precio de venta inferior en 7.500 dólares. Este ajuste del precio a veces lleva a la gente a fingir que lo que está recibiendo vale menos de lo que realmente vale. Si la oferta de trabajo solo vale 12.000 dólares, el vendedor solo tiene que devolver 6.000, no la mitad de 10.000. El problema es que, si ocultas o degradas el valor de lo que quieres, puede que no lo consigas. Recuerda que, si divides el pastel, te quedas con la mitad de lo que has creado.

Creo mucho en la simetría. De la misma manera que tú deseas dar a la otra parte lo que quieres, tampoco vas a tomar algo que ellos no están dispuestos a concederte. (Hablo de esto más adelante en este capítulo en «Operaciones inteligentes»). Si la otra parte realmente no quiere hacer algo, es probable que esa acción destruya el pastel. No hagas que eso forme parte del trato.

La gente puede dudar en decir lo que realmente quiere. Suelen estar más dispuestos a contar lo que no quieren. Esta información es igualmente útil. Conocer lo que no les gusta te ayuda a descubrir lo que les gusta. Encontrar algo a lo que la otra parte no quiere renunciar te indica lo que es importante para ellos. La forma en que lo expresan es a través del «no» y no del «sí». Llegar al no es una buena manera de conocer a la otra parte.

Estrellas de la canasta

Después de dos años de reuniones intermitentes, la temporada de baloncesto 2011-2012 estaba en grave peligro. La pretemporada se había cancelado y el día de la inauguración también, al igual que el resto de octubre y noviembre. Muy pronto no habría ni temporada. Un conflicto laboral había supuesto la pérdida de la temporada completa de hockey en 2004-2005 y parecía que la NBA podría seguir su ejemplo. Lo que permitió a la NBA y a la Asociación Nacional de Jugadores de Baloncesto llegar a un acuerdo fue averiguar lo que cada parte quería realmente y dárselo de forma creativa.

El deporte profesional es un negocio, pero uno muy diferente a la mayoría de otros negocios. Nadie compra entradas para ver a Coca-Cola competir con Pepsi. Si Coca-Cola hace mejores bebidas y acapara todo el mercado, eso es la competencia en su máxima expresión. Por el contrario, si un equipo deportivo gana con holgura a todos sus rivales, hay menos emoción y suspense en ver el partido. Los aficionados del equipo dominante pueden estar satisfechos con cada victoria, pero los aficionados de los otros equipos se desconectarán. Y ahí se acaba el pastel.

Para hacer un gran pastel en el deporte se requiere un equilibrio competitivo entre los equipos. Por eso la mayoría de las ligas deportivas toman medidas para limitar el grado de desigualdad entre ellos. Ejemplos de medidas de equilibrio son la concesión de mejores oportunidades en la selección de jugadores (*draft*) a los equipos que están en los puestos más bajos de la clasificación, la limitación del número de jugadores en la plantilla del equipo y la restricción de la cantidad que los equipos pueden gastar para adquirir talento.

No sería justo que un equipo pudiera tener 30 jugadores en su banquillo mientras que el rival solo tuviera 15. Eso no es discutible. ¿Sería justo que un equipo pudiera ofrecer el doble de nómina y, por lo tanto, atraer mejores talentos? Claro que algunos equipos han tenido una nómina alta y malos resultados, pero eso es la excepción, no la regla.

La NBA cree que mantener un sano equilibrio competitivo entre los equipos es esencial para hacer que el pastel crezca al máximo. Es lo que llevó a sus propietarios a buscar un tope salarial rígido para cada equipo, lo cual no fue fácil de vender. Cada jugador quiere que su equipo haga todo lo posible por ganar (los fans también). Y a los jugadores no les gusta el hecho de que un tope salarial por equipo se traduzca en que si uno de sus compañeros cobra más, queda menos dinero del tope para pagar al resto.

Una de las dimensiones de la negociación colectiva se refería a las normas básicas —desde los topes salariales de los equipos hasta los controles antidopaje— diseñadas para ampliar el pastel. [25] Todo esto escondía una negociación sobre una sola cifra, la cuota de ingresos que determina cómo se repartirá ese gigantesco pastel. Según el acuerdo de negociación anterior, los jugadores recibían colectivamente el 57% de los «ingresos relacionados con el baloncesto», conocido como BRI por sus siglas en inglés. Se trata de una fórmula que comienza con el total de los ingresos por televisión, estadios y otros ingresos relacionados con el baloncesto y luego le resta los gastos acordados.

Si lees que Stephen Curry tiene un salario de 40,23 millones de dólares, no es exactamente así. Para calcular el sueldo real de Curry, hay que sumar los sueldos de todos los jugadores y ver cómo se comparan con la cuota de estos en el BRI. Cuando la parte de los jugadores era el 57% y los salarios sumaban el 60% del BRI, todos los jugadores se reducían un 5%, lo que hacía que los salarios volvieran a ser el 57%. Por el contrario, si los sueldos solo sumaban un 50% del BRI, todos recibían un aumento de sueldo del 14% para que el total volviera a llegar al 57. Independientemente de la suma de los salarios de los contratos, los propietarios debían pagar ni más ni menos que la parte del BRI correspondiente a los jugadores. Desde el punto de vista de los propietarios, una cuota del 57% era demasiado alta. Según sus cálculos, habían perdido conjuntamente 300 millones de dólares en la temporada anterior, lo que suponía una pérdida media de 10 millones de dólares por equipo. Veintidós de los treinta equipos estaban en números rojos. Los propietarios quisieron negociar para frenar las pérdidas de explotación.

Los jugadores, naturalmente, querían obtener la mayor cantidad de ingresos posible. Sin ellos, no hay juego. Pero cuando las negociaciones se rompieron y los propietarios establecieron un cierre patronal, vimos que tampoco hay juego sin estos. (Algunos jugadores se fueron a jugar a equipos europeos, pero eso no era nada atractivo para la mayoría).

A finales de noviembre, las negociaciones eran tensas. Los jugadores habían disuelto su sindicato amenazando con una acción antimonopolio. La NBA había cancelado la temporada hasta el 15 de diciembre. Cada día perdido costaba millones a ambas partes. Las dos partes estaban cerca. Los propietarios habían llegado a un reparto del BRI al 50%

y los jugadores habían llegado a un reparto de 51:49.[26] Sin embargo, ninguna de las partes estaba dispuesta a hacer la última concesión que se necesitaba para llegar a un acuerdo.

Las dos partes habían hecho todo lo posible para crear un gran pastel. Aunque no había un tope fijo para lo que cada equipo podía gastar, los propietarios y los jugadores habían elaborado una serie de impuestos que penalizaban a los equipos que gastaban por encima de la media. Pero la incapacidad de llegar a un acuerdo sobre la división estaba llevando a que el pastel desapareciera.

La solución que rompió el punto muerto fue una regla de pago que ajustaba la cuota de los jugadores en función de los ingresos reales recibidos en relación con la cantidad prevista. El acuerdo final fue:

$$\text{Salario total de los jugadores} =$$
$$50\% \text{ del BRI previsto} + 60,5\% \times (\text{BRI real} - \text{BRI previsto})$$

La cuota se fijó por encima en un 51 % y por debajo en un 49 %.

La forma de llegar a un acuerdo es dar a la otra parte lo que quiere (para conseguir lo que tú quieres). Los jugadores estaban decididos a obtener el 15 % del BRI. Si los ingresos totales acababan siendo superiores a las previsiones, los propietarios podían permitirse ser más generosos. Los jugadores se llevarían un 60,5 % de los beneficios. Eso permitía a los jugadores conseguir lo que querían. Si los ingresos superaban las previsiones en un 10,5 % o más, los jugadores obtendrían el 51 % completo.

En caso de que los resultados de los ingresos fueran inferiores a los previstos, los propietarios no tendrían que pagar más del 50 % y podrían bajar hasta un 49 %. Con esa escala móvil, los propietarios no perderían dinero con la cantidad prevista ni siquiera si los ingresos no alcanzaran el objetivo. Los propietarios obtuvieron la protección que querían contra las pérdidas, y los aficionados, propietarios y jugadores obtuvieron su temporada.

Las dos partes llegaron a un acuerdo contingente que ayudó a ambas partes a afrontar un pastel incierto. Al final, los ingresos superaron las previsiones en más de un 10,5 %. Los jugadores obtuvieron su 51 % y los propietarios también ganaron más dinero. El acuerdo funcionó tan bien que, cuando llegó el momento de la renovación en 2016, ambas partes se ciñeron a la fórmula sin necesidad de alterarla.

Operaciones inteligentes

Si la otra parte consigue lo que quiere, ¿significa que tú también deberías conseguir lo que quieres? La respuesta es sí, aunque con un poco de cautela. Hay que tener cuidado con lo que se entiende por «lo que se quiere».

Cuando fui a comprar un Chevy Bolt, había tres especificaciones que me importaban del coche: año, color y prestaciones. Era a finales de 2019 y yo quería uno de los modelos de 2020. Los dos modelos eran casi idénticos, pero supuse que el de 2020 mantendría su valor un poco más. Quería la pintura metálica naranja cayena. Y no deseaba el paquete de infoentretenimiento de 595 dólares.

Terminé con un Kinetic Blue Bolt de 2019 con infoentretenimiento. ¿Significa eso que perdí la negociación porque no conseguí ninguno de mis tres objetivos? En absoluto. El concesionario se preocupó más que yo por cada uno de ellos y, por lo tanto, a mí me fue mejor dejando que el concesionario ganara.

Empecé el proceso llamando a unos cuantos concesionarios para determinar mis opciones. Lamentablemente, ninguno de ellos tenía ningún coche de 2019 en color naranja cayena o sin infoentretenimiento. Podía conseguir el coche exacto que quería en un modelo 2020. Pero el mejor precio que pude conseguir fue el coste del concesionario de 37.085 dólares más un descuento de 3.000 dólares del concesionario.

Comprar el coche perfecto del año 2020 resultó ser mi MAAN. Anoté los factores relevantes en una tabla. El modelo de 2020 valía unos 1.500 dólares más por tener más valor de reventa y por ese increíble color naranja cayena. Así que empecé con una pérdida de 1.500 dólares con respecto al modelo Premier 2019 en azul. En la siguiente línea, tuve en cuenta el tener que comprar el paquete de infoentretenimiento en el coche 2019. Desde mi punto de vista el sistema valía 295 dólares. Desgraciadamente, el paquete de infoentretenimiento aumentaba el precio en 595 dólares. Hasta el momento, estaba 1.800 dólares debajo de mi MAAN.

Negocié un precio basado en el coste más el beneficio del concesionario. GM había aumentado el coste del concesionario de 36.085 dólares a 37.085 dólares en el modelo de 2020. Al optar por el modelo 2019 me ahorré 1.000 dólares. La mayor diferencia era el beneficio del concesionario. Este estaba dispuesto a aceptar una ganancia de 500 dólares en el coche que le quedaba de 2019 en comparación con la ganancia de 3.000 dólares que exigían en una de sus asignaciones del modelo del año 2020. Eso supuso una ganancia de 2.500 dólares.

	Ganancia en el modelo 2019 sobre el modelo 2020
Color + Año del modelo	–1.500 dólares
Valor del infoentretenimiento	295 dólares
Coste del infoentretenimiento	595 dólares
Reducción de los costes de los concesionarios	1.000 dólares
Reducción de los beneficios de los concesionarios	2.500 dólares
Ganancia neta	1.700 dólares

Teniendo todo eso en cuenta, comprar el modelo de 2019 fue para mí 1.700 dólares mejor que conseguir mi coche perfecto. Perdí el color, el infoentretenimiento y el año del modelo porque el concesionario se preocupó más que yo por esas opciones y me compensó en el precio.*

En resumen, he ganado perdiendo. Y tú también puedes hacerlo. Cuando digo que hay que dar a la otra parte lo que quiere, me refiero a que hay que hacerlo cuando quiere algo más que tú. Y deben pagarte por ello en términos de un mejor precio. Así es como se crea el pastel.

Del mismo modo, si quieres algo más que la otra parte, deberían dártelo, y tú deberías ser quien pague por ello. La persona que más lo desea es la que está dispuesta a pagar más.

Existe la tentación de llevar la cuenta de quién ha ganado en cada asunto y luego igualar las victorias. Ese es un cálculo erróneo. Siempre que el dinero puede compensar a la parte perdedora, ambas partes pueden salir ganando. Vamos a ver cómo funciona esto en una negociación sobre el precio de la vivienda.

Andy y Ben querían comprar su primera casa. Encontraron un rancho en buen estado en las afueras de Tucson con un precio de venta de 650.000 dólares. Teniendo en cuenta la posibilidad de encontrar una oferta mejor si buscaban más, pensaron que la casa rancho valía 620.000 dólares y ofrecieron 605.000. Después de algunas idas y venidas, los vendedores bajaron a 630.000 y los compradores llegaron a su límite de 620.000 dólares. Las dos partes estaban cerca, pero no habían conseguido llegar a un acuerdo. Ninguna de ellas estaba dispuesta a moverse, ya que cada una consideraba que el precio era equivalente a su MAAN.

---

* ¿Dividí el pastel con el distribuidor? No estoy seguro. Yo gané 1.700 dólares y ellos 500. Aunque parece que yo llevaba ventaja, puede que hubiera incentivos ocultos en el concesionario basados en las ventas totales. O bien podría haber terminado realmente atrapado con el coche y tener que venderlo en una pérdida de 1.200; si es así, un beneficio de 500 dólares fue 1.700 dólares mejor que su MAAN. El concesionario también gana dinero en el futuro servicio (suponiendo que vaya a ellos). Conseguí cerrar el trato antes de que Connecticut rebajara la devolución de impuestos de los vehículos eléctricos de baterías de 3.000 a 1.500 dólares. Con la devolución federal de impuestos de 7.500 dólares, la devolución estatal de 3.000 dólares y el descuento de 750 dólares para educadores de General Motors, era difícil decir que no.

Llegados a este punto, buscaron algunas soluciones creativas para salvar la brecha. Andy se ofreció a acercar posturas si los vendedores agregaban los muebles del salón y del comedor. Valoraba los muebles en 10.000 dólares, por lo que estaba dispuesto a pagar 630.000 con los muebles incluidos. Los vendedores agradecieron la oferta, pero ya les estaban rebajando el precio y para ellos los muebles solo valían 6.000 dólares. Tenía sentido incluir los muebles en la venta, dijeron, sin embargo, el precio tendría que subir a 636.000 dólares. Todavía no había trato, aunque se estaban acercando. La diferencia era ahora de solo 6.000 dólares.

A Ben le tocaba ser creativo. ¿Era posible adelantar el cierre de la venta a agosto, a tiempo para el inicio del curso escolar? El valor de mudarse en agosto en comparación con septiembre era de 20.000 dólares, lo que significaba que podían aumentar su oferta a 650.000 dólares.

Aunque los propietarios preferían cerrar el trato en septiembre, ya que aún no tenían un nuevo lugar donde vivir, pensaron que, en caso de necesidad, podrían guardar sus enseres en un almacén. El valor adicional del cierre en septiembre en comparación con el de agosto era solo de 10.000 dólares para ellos. Eso significaba que estaban dispuestos a cerrar en agosto si el precio pasaba de 636.000 a 646.000 dólares.

Ahora había un pastel de 4.000 dólares. Las dos partes se sinceraron sobre las nuevas valoraciones y cerraron el trato en 648.000 dólares. Antes de las soluciones creativas, tenían una brecha o pastel negativo de 10.000 dólares. Las soluciones crearon 14.000 dólares de valor y, por tanto, un pastel neto de 4.000 dólares que se repartieron.

Los compradores «ganaron» en ambos aspectos: obtuvieron los muebles y una fecha de cierre de la venta más temprana. Los vendedores también «ganaron» con el aumento del precio de compra. Por supuesto, a los compradores les gustaría haberse salido con la suya en ambas cuestiones y no haber pagado un precio más alto. Esto no es diferente de mi intento de conseguir el modelo del año 2020 al precio de 2019. Puedes intentarlo, pero... un enfoque más productivo es acordar que gane el bando que más se preocupe e igualar las cosas con el precio.

En cierto sentido, la negociación sobre quién gana cada asunto debería ser como comprar en una tienda. Tú no comprarías algo que cuesta 10.000 dólares si el valor para ti es de solo 6.000. Lo mismo ocurre en una negociación. No se quiere ganar en algo que cuesta a la otra parte 10.000 si el valor para ti es de solo 6.000. Por eso el vendedor no quiere ganar en la fecha de traslado o quedarse con los muebles. La diferencia entre una negociación y una tienda es que no hay etiquetas de precio. Si las dos partes están abiertas a las valoraciones, es como si conocieran los precios y pudieran hacer las operaciones inteligentes que aumentan el pastel y evitan los malos acuerdos que lo reducen.

Quiero considerar una última vuelta de tuerca. ¿Qué pasaría si los vendedores también quisieran cerrar la venta antes y esto les valiera 10.000 dólares? En esa circunstancia, ninguna de las partes quiere esperar hasta septiembre. La única cuestión es cómo debe ajustarse el precio. Una de las opiniones es que no es necesario ningún ajuste, ya que ambas partes quieren lo mismo.

El valor de la oferta de 630.000 dólares para los vendedores es ahora de 630.000 $ + 10.000 $ (fecha de cierre) − 6.000 $ (muebles) = 634.000 $ o 4.000 $ por encima de su MAAN.

El coste de la oferta de 630.000 dólares para los compradores es ahora de 630.000 dólares − 20.000 $ (fecha de cierre) − 10.000 $ (muebles) = 600.000 $ o 20.000 $ por debajo de su MAAN.

Es cierto que adelantar la fecha de venta ha hecho posible un acuerdo con la oferta anterior de 630.000 dólares. También es cierto que adelantar la fecha ha hecho posible un acuerdo con el precio de venta anterior de 636.000 dólares. El hecho de que ambos precios funcionen no significa que debamos elegir uno o dividir la diferencia. Queremos dividir el pastel.

Con un precio de 630.000 dólares, tenemos un pastel de 24.000 dólares que se reparte entre 4.000 y 20.000 dólares. Con un precio de

636.000 dólares, tenemos un pastel de 24.000 dólares que se reparte 10.000 y 14.000. Para hacer un reparto equitativo, el precio debe subir a 638.000 dólares para que cada parte tenga una ventaja de 12.000 dólares.

Los compradores valoran la fecha de cierre más temprana en 10.000 $ más que los vendedores y, por tanto, deberían aumentar su oferta en 5.000 $ para igualar las cosas. Si empezamos en el punto medio entre la oferta de 630.000 $ y la de 636.000 dólares piden y añaden 5.000 dólares, llegamos al precio de 638.000 dólares que reparte el pastel.*

La razón de ajustar el precio es que ni los 10.000 dólares ni la ganancia de 20.000 existen a menos que las dos partes lleguen a un acuerdo sobre cómo repartirla. Esto no es diferente al caso del CEMA. Tanto el comprador como el vendedor quieren que el CEMA tenga lugar. Tienen diferentes ganancias basadas en el código fiscal. Sin ello, el vendedor solo iba a obtener un 20 % de las ganancias. En este caso, si no se produce un ajuste del precio, el vendedor solo obtendría 4.000 dólares de un pastel de 24.000. El vendedor debería esperar la mitad.

Cuando solo una de las partes obtiene lo que quiere, es fácil ver por qué necesita compensar a la otra parte para repartir el pastel. Incluso cuando ambas partes quieren lo mismo, pueden quererlo en distinto grado. Si no hay compensación, el resultado es un pastel que se reparte de forma desigual. Ambas partes siguen siendo necesarias para crear el pastel. El dinero es el gran ecualizador que permite a las dos partes repartirlo.

---

* Antes de la modificación de la fecha de cierre, el precio medio de 633.000 dólares era 3.000 dólares peor que si no hubiera acuerdo de ambas partes. La nueva fecha de cierre más un ajuste de precio de 5.000 dólares vale 15.000 más para cada uno, con lo que ambas partes salen ganando 12.000 dólares.

17

¿Qué pasa si las partes
ven el pastel de modo diferente?

Es típico que una parte sea más optimista que la otra: un jugador de póquer cree que ganará el bote, mientras los demás jugadores igualan su apuesta; un deportista cree que su equipo ganará el campeonato, y sus equipos rivales están igual de confiados, o un empresario cree que el negocio será el próximo Amazon o Tesla, pero los posibles inversores no están tan seguros.

En estas situaciones es difícil calcular el pastel porque las partes lo ven de forma diferente. ¿Cómo se negocia cuando las partes no se ponen de acuerdo en lo básico? ¿Cómo se reparte el pastel si no se llega a un acuerdo sobre lo que es el pastel?

Una de las opciones que hemos discutido es esperar a que el pastel se materialice. Las partes no tienen que acordar de antemano cuál será el pastel; solo tienen que acordar el reparto del pastel que surja. Pero si las dos partes tienen puntos de vista diferentes sobre esto último, hay una opción mejor.

Ilustraré cómo los puntos de vista divergentes pueden crear un pastel más grande. Lo haré a través de un ejemplo de negociación ampliado. En el caso de Zinc-It, el inventor es mucho más optimista sobre las posibilidades de aprobación de un medicamento que el comprador potencial. Mientras lees el caso, piensa en cómo negociarías con esa persona. Y si fueras tú el inventor, ¿qué pedirías?

Zinc-It

Ali Hasan siempre quiso ser inventor. En el instituto quedó subcampeón del concurso Intel Science Talent Search. Luego estudió química en el MIT, antes de obtener el título de médico en Tufts. El trabajo habitual del doctor Hasan era la práctica privada de la oncología radioterápica, pero los fines de semana los dedicaba a la experimentación. Su último proyecto fue muy personal. El padre de Hasan sufría de reflujo ácido, una afección tan desagradable como peligrosa, ya que puede provocar cáncer de esófago. Hasan probó con medicinas tradicionales y minerales, y se decidió por un compuesto formado por cúrcuma, hierba de cebada y sales de zinc. Este compuesto se añadió al carbonato de calcio, el principal ingrediente de Tums, y se comprimió en una tableta.

Después de comprobar los espectaculares beneficios en su padre, el

doctor Hasan realizó un estudio piloto y utilizó esos datos para obtener una patente que permitiera utilizar las sales de zinc para el reflujo ácido. Los resultados se publicaron en el *American Journal of Gastroenterology*. Cuando se publicó el artículo, Hasan empezó a recibir consultas de empresas que querían obtener una licencia exclusiva de la patente. Una de estas empresas tenía planes de utilizar la tableta como competidora de Tums. El equipo de Zums no iba a solicitar la aprobación de la Administración de Alimentos y Medicamentos (FDA), porque pensaba vender la invención como suplemento dietético. Hasan se sorprendió y se alegró cuando Zums le hizo una oferta de 20 millones de dólares en efectivo.

Por más que esto fuera una gran oportunidad, como médico y científico, lo que Hasan quería era que su fórmula tuviera la credibilidad de un medicamento, no de un suplemento dietético. Eso no era posible con Zums, que no tenía experiencia ni interés en buscar la aprobación

de la FDA. Hasan también había estado hablando con otro posible comprador de la licencia. El equipo de Zinc-It tenía experiencia en aprobación de licencias de la FDA y estaba dispuesto a seguir ese enfoque. Después de un ir y venir de deliberaciones con Zinc-It, se consideraron los cinco paquetes de beneficios siguientes:

Oferta	Por adelantado	Bonificación (si la FDA lo aprobaba)	Valor previsto (véase la deliberación abajo)
A	25 M$	0 dólares	25 M$: 5 M$
B	20 M$	15 M$	29 M$: 8,5 M$
C	20 M$	10 M$	26 M$: 9 M$
D	17 M$	15 M$	26 M$: 11,5 M$
E	12 M$	20 M$	24 M$: 16 M$

Conseguir la aprobación de la FDA supondría un gran impulso para las ventas, y Zinc-It estaba dispuesto a comprometerse con el proceso. Si tenía éxito, la empresa esperaba obtener 120 millones de dólares de beneficios a lo largo de la vida del medicamento. Si la FDA no concedía la aprobación, Zinc-It se conformaría con la vía de los suplementos dietéticos, donde sus beneficios estimados a lo largo de la vida serían de 20 millones de dólares.

El equipo de Zinc-It estimó que el compuesto de Hasan solo tenía un 10 % de posibilidades de obtener la aprobación. Pero incluso después de escuchar la estimación de Zinc-It, Hasan seguía creyendo que la eficacia del medicamento era tan grande que había un 60 % de posibilidades de que fuera aprobado. Las dos partes discrepaban fundamentalmente sobre este asunto.

Eso también significaba que no estaban de acuerdo sobre el pastel ni sobre el valor potencial de cada paquete de beneficios. Por ejemplo, el valor previsto del paquete B para Hasan era de 20 millones de dólares + $0,60 \times 15$ millones de dólares + $0,40 \times 0 = 29$ millones de dólares. Había un pago inicial seguro de 20 millones de dólares junto con una bonificación de 15 millones que Hasan obtendría el 60 % de las veces (y una bonificación nula, el 40 % de las veces). Para Zinc-It, el beneficio previsto asociado a la oferta B era de 8,5 millones de dólares. Cuando la aprobación de la FDA no se producía, lo cual ocurría el 90 % de las veces, Zinc-It pagaba a Hasan 20 millones de dólares por adelantado y eso se cubría con los 20 millones de dólares de la venta de la pastilla de sal de zinc como suplemento, por lo que Zinc-It no ganaba nada. En el otro 10 % del tiempo en el que la FDA aprobaba el medicamento, Zinc-It obtenía 120 millones y pagaba a Hasan 20 millones de dólares por adelantado una ganancia más una bonificación de 15 millones, quedando una ganancia neta de 85 millones de dólares. El 10 % de posibilidades de 85 millones de dólares valía 8,5 millones de dólares. Los números de la columna de la derecha representan estos cálculos para las cinco ofertas.

Dada la oferta pendiente de Zums, Zinc-It sabía que no podía comprar la empresa con una oferta que para Hasan valiera menos de 20 millones de dólares. Esa era la oferta de Zums y el MAAN de Hasan.

El MAAN de Zinc-It era continuar con el negocio como siempre. Eso significaba que Hasan nunca podría conseguir que Zinc-It pagara por encima de lo que esperaba ganar con el acuerdo. Los beneficios previstos potenciales del medicamento desde la perspectiva de Zinc-It (antes de pagar a Hasan) eran:

$$90\% \times 20 \text{ M\$} + 10\% \times 120 \text{ M\$} = 18 \text{ M\$} + 12 \text{ M\$} = 30 \text{ M\$}$$

El beneficio previsto de Zinc-It sería la medida para que su contrato con Hasan tuviera un coste previsto inferior a 30 millones de dólares.

Así, el pago de 25 millones del paquete A deja un beneficio medio de 5 millones de dólares para Zinc-It.

Esos son todos los datos de fondo. No hay posibilidad de volver atrás y renegociar al alza la oferta de 20 millones de dólares de Zums. Y no hay otros postores potenciales. En este punto, debes pensar en lo que tú pedirías como Hasan y en lo que ofrecerías como Zinc-It. ¿Cuál es el trato justo en este caso?

Mejor que pensar en la respuesta es ponerla en práctica. Antes de seguir leyendo, te animo a que busques a un amigo o colega con quien negociar este caso. Si no tienes un compañero, no te preocupes: recrea la negociación en tu cabeza. ¿Hasta dónde esperas llegar?

Al negociar el caso, te pido que ignores el riesgo. Reconozco plenamente que este es un fenómeno importante, pero como hay suficientes cosas en juego quiero hacerlo simple y centrarme en los diferentes criterios. Por lo tanto, evalúa cada opción solo por su valor previsto.

El caso proporciona cinco opciones diferentes a considerar. Al principio (digamos quince minutos), limítate a estas opciones. Después de ese tiempo, siéntete libre de proponer nuevas opciones. Si puedes llegar a un acuerdo rápido sobre A-E, puedes pasar antes a otras opciones. Pero si no has llegado a un acuerdo sobre A-E en quince minutos, considera la posibilidad de añadir nuevas.

El primer paso para prepararse es calcular el pastel. Las diferentes opiniones son las que hacen que esto sea complicado. Como siempre, el pastel es la medida en que las dos partes superan sus MAAN. El de Hasan es un acuerdo por valor de 20 millones de dólares y el de Zinc-It son los beneficios de la situación en el presente. Cualquier beneficio que obtenga Zinc-It de este acuerdo es una ganancia sobre su MAAN. En lugar de tener en cuenta los beneficios actuales de Zinc-It en todos nuestros cálculos, es más sencillo pensar que el beneficio de Zinc-It sin acuerdo es de 0 dólares. Por lo tanto, el pastel es la suma del pago esperado por Hasan y de los beneficios previstos por Zinc-It si hay acuerdo, respecto a los 20 millones de dólares.

Por ejemplo, en la opción A, los dos valores previstos son 25 + 5 = 30 millones de dólares, lo que supone una ganancia de 10 millones sobre sus MAAN. Estos valores previstos proceden de la columna de la derecha de la primera tabla y se copian en la columna central de la siguiente.

Si las dos partes se ponen de acuerdo en B, los pagos combinados son de 37,5 millones de dólares, lo que supone 71,5 más que los 20 que se pagarían si no hubiera acuerdo. En este sentido, el pastel es de 71,5 millones de dólares. En cada caso, calculamos el pastel sumando los pagos previstos según lo acordado y restando 20 millones de dólares (para tener en cuenta las MAAN).

Paquete	Valores previstos	El pastel
A	25 + 5 M\$	30 – (20 + 0) = 10,0 M\$
B	29 + 8,5 M\$	37,5 – (20 + 0) = 17,5 M\$
C	26 + 9 M\$	35 – (20 + 0) = 15,0 M\$
D	26 + 11,5 M\$	37,5 – (20 + 0) = 17,5 M\$
E	24 + 16 M\$	40 – (20 + 0 dólares) = 20,0 M\$

Veamos rápidamente algunos datos. El pastel es más pequeño en A y más grande en E. El pastel es el mismo en B y D. La opción favorita de Hasan es B, mientras que E es la mejor para Zinc-It. Y ambas partes prefieren B a A.

Después de haber visto este caso en miles de ocasiones, hay diferentes maneras de abordar la negociación.

Jugar duro: una de las partes ofrece un poco más que el MAAN de la otra.

Alternar exclusiones: yo quito mi opción favorita de la mesa si tú quitas la tuya.

Delimitar las opciones: utiliza un gráfico para mostrar qué opción reparte mejor el pastel.

Dividir el pastel *a posteriori*.

Cambiar remolacha por brócoli: dar a cada uno lo que quiere.

Mirar lejos: ¿hasta dónde puedes llegar?

Alerta de *spoiler*: si piensas hacer la negociación, deja de leer aquí y vuelve cuando hayas terminado.

Jugar a la pelota

Aunque creo en el reparto de 50:50, te encontrarás con gente que intentará conseguir más de la mitad, a veces mucho más. En el caso de un acuerdo basado únicamente en un pago por adelantado, el rango potencial de pagos por adelantado es de 20 a 30 millones. Hasan tiene una oferta de 20 millones, así que nunca aceptará menos. Y si Zinc-It paga más de 30 millones, perdería dinero. Con un pago por adelantado de 20 millones, el pastel de 10 millones es todo para Zinc-It, mientras que con 30 millones de pago por adelantado, todo el pastel de 10 millones de dólares es para Hasan. En la opción A, el pastel de 10 millones se divide por la mitad. Para Hasan, 25 millones es 5 millones mejor que la oferta de Zums, y Zinc-It espera ganar 5 millones.

¿Cómo debes responder si alguien pide más de la mitad del pastel? Todo lo relacionado con el pastel es perfectamente simétrico. Si la otra parte ofrece una división del pastel de 60:40 a su favor, puedes responder con 60:40 a tu favor. Para cada oferta hay una contraoferta igual y opuesta. Como dice la famosa letra del musical *Annie Get Your Gun*, cualquier cosa que ellos puedan hacer, tú puedes hacerla igualmente.

Sin embargo, existe un problema si se adopta este enfoque de una forma demasiado literal. Veamos la siguiente transcripción de una negociación. Hasan le da un giro hasta el extremo y se mete en un buen lío.

Zinc-It (comprador): Deberíamos ir al grano.

Hasan (vendedor): Estoy de acuerdo.

Zinc-It: Tengo claro que Zums te ofrece 20 millones de dólares.

Hasan: Es correcto.

Zinc-It: Y estamos en posición de superarlo.

Hasan: Excelente.

Zinc-It: Nuestra oferta es de 20 millones diez dólares (20.000.010 M$).

Hasan: ¿¿Cómo???

Zinc-It: Eso es.

Hasan: Cuando dijiste «superar eso», pensé que hablabas de superar la oferta de manera significativa.

Zinc-It: Lo hice. 20.000.010 es 10 dólares más de lo que te ofrece Zums.

Hasan: No estoy muy seguro de que eso tenga sentido en nuestra parte del trato desde el punto de vista comercial. He revisado los números y sé que tu empresa está dispuesta a pagar 30 millones de dólares. Así que, si usamos tu lógica, deberías darnos 29.999.990, que es exactamente el mismo escenario que estás planteando.

Zinc-It: Deberíamos hablar con lógica de estos 29 millones de dólares, porque Zums solo te ofrece 20 millones.

Hasan: Bueno, está bien, si hiciéramos un trato por 29.999.990 dólares, estarías ahorrando 10 dólares. ¿No deberías renunciar a algo.?

Zinc-It: Creo que te estás volviendo un poco codicioso al pedir 10 millones de dólares más de lo que te ofrece Zums.

Hasan: Creo que eres tú quien se está volviendo un poco codicioso.

Zinc-It: De acuerdo, me quedo fuera, gracias.

Tras esta conversación el comprador se marchó.

Una oferta insultante fue igualada por una oferta de igual cariz en sentido contrario. Cuando una oferta llega a ese punto, es mejor proponer un giro hipotético en lugar de uno real. Si el pastel es de 10 millones de dólares y alguien te ofrece 10, en lugar de darle la vuelta a la oferta y darles 10, dale la vuelta hipotéticamente:

> Me has ofrecido 10 dólares de un pastel de 10 millones. Imagino que si te ofreciera obtener 10 y yo me quedara con 9.999.990, te molestarías mucho. Yo no lo haría porque no negocio así. Pero entiende que lo que yo siento por tu oferta de 10 dólares es exactamente lo que tú sentirías si yo te ofreciera eso mismo.

Yo lo llamo FFWW, abreviatura de *Fight Fire With Water* ("Combatir al fuego con agua", es decir, no luches con las mismas armas que el oponente). Al ofrecer solo 10 dólares, la otra parte ha encendido el fuego. Puedes responderle igual y ofrecerle 10 dólares, lo que llevaría a una escalada. Sin embargo, cuando alguien enciende un fuego, lo más inteligente es apagarlo.

Si se apaga el fuego y se convence a la otra parte de repartir el pastel, eso no significa que deban estar de acuerdo con el paquete A, que es un pastel pequeño. Como las dos partes ven el mundo de forma diferente, es posible que ambas lo hagan mejor: para los dos es mejor B, C y D que A.

Alternar exclusiones

En la práctica, ¿cómo deciden los negociadores entre una lista de opciones? Una táctica común es alternar las exclusiones: «Me deshago de esto si tú te deshaces de aquello», «Quitaré E de la mesa si tú quitas B».

Aunque este procedimiento podría considerarse justo, debo aclarar que creo que es una visión equivocada. No es equitativo intercambiar opciones.

Aquí hay un ejemplo en el que Zinc-It juega a ello con Hasan y su abogado.

Zinc-It: Vamos a trabajar para obtener algo en la negociación. Avancemos y consigamos…

El abogado de Hasan: Creo que E queda fuera de la negociación.

Zinc-It: No, la opción E no está fuera.

El abogado de Hasan: Los dos hemos hablado de que E no nos va bien a ninguno de nosotros, así que debemos tratar de…

Zinc-It: La E puede no ser muy buena para ti, pero a mí me funciona muy bien. Si quieres cortar algo, excluiré a E si también podemos quitar a B.

El abogado de Hasan: No. ¡No, no, no, por supuesto que no!

Zinc-It: Creo que tenemos que llegar a un compromiso.

Abogado de Hasan: B se queda en la negociación.

Zinc-It: B no puede quedarse si quieres…

El abogado de Hasan: Creo que deberíamos comprometernos y excluir a E de la negociación.

Zinc-It: ¿No estás escuchando lo desventajoso que es para mí?

El abogado de Hasan: Escucho lo que dices, y repito que no vamos a ir por ese camino. Vamos a sacar a E de la negociación y dejaremos a B.

Zinc-It: Creo que no lo entiendes de verdad. No me comprometeré con E a menos que tú no te comprometas con B. Y eso nos dejará…

El abogado de Hasan: Deberías reconsiderarlo porque nosotros no vamos a hacer eso.

Hasan (desautorizando al abogado): Creo que podemos hacerlo, podemos.

Zinc-It: Eso es genial, gracias. Por fin tenemos a alguien que está dispuesto a hacer concesiones por el bien de esta negociación. Nos quedamos con C y D.

Esto es lo que ocurre cuando la gente no aplica el modelo del pastel. Se inventan procedimientos que parecen justos, pero que no tienen ningún principio que los sostenga.

No hay nada que justifique la exclusión de E de la negociación si tú quitas B. Parece justo, ya que cada parte renuncia a su mejor opción. El problema es que E es extremadamente desigual, mientras que B ofrece un reparto casi perfecto del pastel. Jugar a este juego suele conducir a D, que tiene el mismo pastel que B, pero cuyo reparto favorece a Zinc-It.

De hecho, si la otra parte cree que vas a jugar a esto, añadirá F, G, H, I, J, K, L, M, N, O y P, que son todas las que tú consideras malas opciones. Deshacerse de ellas a cambio de eliminar A, B, C y D se considerará justo. Pero en realidad, solo eran señuelos, para que acabes con la opción E o quizá algo peor. Terminarás en algún lugar en medio de una serie de ofertas malas que se han incorporado a la negociación. No hay nada particularmente justo en eso.

La idea de un procedimiento justo es muy poderosa. Empiezas un proceso y este va ganando fuerza. Cada parte hace concesiones. Los participantes lo ven como reciprocidad porque cada uno cede algo. Y es esta reciprocidad la que lleva a la gente a creer que el proceso es justo.

Sin embargo, no existe una verdadera reciprocidad. Las concesiones no tienen por qué ser equivalentes. No tiene sentido renunciar a un resultado justo para librarse de uno injusto. No tiene sentido hacerlo y punto. Las partes se ven abocadas a seguir algo que consideran un proceso equitativo en lugar de buscar un resultado equitativo. Pero no hay nada de esta equidad en el proceso ni en el resultado. La reciprocidad al alternar exclusiones es un espejismo. Además de sacrificar los resultados justos, crea incentivos para que la gente juegue con la negociación creando malas opciones a las que luego puede renunciar.

Hasta ahora, he hecho hincapié en lo que no hay que hacer. Vamos a centrar nuestra atención en algunos movimientos más inteligentes.

Delimitar las opciones

Si te pones a analizar todos los números conseguirás marearte, al tiempo que las dos partes discuten sin cesar sobre las ventajas de B frente a D. Todo te quedará mucho más claro si las opciones se representan en un gráfico.

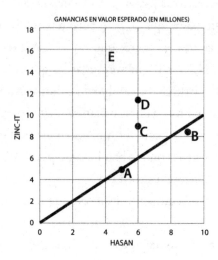

Así se ve que A reparte perfectamente el pastel de 10 millones de dólares. También está claro que ambas partes prefieren B a A, por lo que A es prácticamente imposible. La opción E crea el mayor pastel, pero el reparto es muy desigual. Adiós a E. A Hasan le es indiferente C o D, mientras que Zinc-It prefiere D. No hay razón para elegir C. Lo cual deja B y D.

El pastel es del mismo tamaño en ambos casos (17,5 millones de dólares). Pero, como se puede ver en el gráfico, la división en B es casi 50:50, mientras que en D es mucho más desigual. El gráfico presenta un caso claro y convincente para B. A Zinc-It podría no gustarle la conclusión, pero, de hecho, no hay nada en contra. Una vez puestas las cinco opciones en un gráfico, el resultado justo debería ser evidente para ambas partes. La negociación puede concluirse rápidamente.

Hasta ahora nos hemos centrado en las negociaciones sobre cinco opciones específicas. Una vez estemos abiertos a la idea de nuevas opciones, existe la posibilidad de crear un pastel mucho mayor.

Dividir el pastel *a posteriori*

En este caso, Hasan y Zinc-It acuerdan disentir. Aunque disienten en que la FDA apruebe el producto, están de acuerdo en que vale la pena obtener 100 millones de dólares más de beneficios para repartirse. Se decantan por un pago por adelantado de 20 millones de dólares (para igualar a Zums) y una bonificación de 50 millones.

En caso de que no haya aprobación de la FDA, ninguno gana nada con el acuerdo. Hasan obtiene la misma cantidad que con Zums, y Zinc-It simplemente se equilibra. En el caso de que la FDA lo apruebe, ambas partes ganan 50 millones de dólares.

Parece justo, pero hay un problema. Mira las valoraciones en el momento de la firma del contrato. Hasan cree que este contrato vale 20 + 60 % × 50 = 50 millones de dólares, lo que supone 30 millones de dólares más que la oferta de Zums. Zinc-It solo se beneficia cuando hay aprobación de la FDA; su ganancia prevista es del 10 % × 50 = 5 millones de dólares. Tenemos un gran pastel de 35 millones de dólares, que se reparte de forma muy desigual.

Remolacha por brócoli

¿Cómo es un contrato ideal?

Para responder a esta pregunta, consideraremos primero una negociación entre Ai-Ping y Bo-Lin sobre cómo dividir tres cucharadas de remolacha y tres cucharadas de brócoli. A Ai-Ping le gusta más la remolacha que el brócoli, mientras que Bo-Lin prefiere el brócoli. La respuesta incorrecta es dar a cada parte respectiva la mitad de las remolachas y la mitad del brócoli. Sería mucho mejor dar toda la remolacha a Ai-Ping y todo el brócoli a Bo-Lin.

En el caso de Zinc-It, tenemos pagos por adelantado y bonificaciones. La situación es como la de la remolacha y el brócoli. Hasan valora cada dólar de la bonificación en 60 centavos, mientras que Zinc-It considera un coste de 10 centavos. El reparto posterior concede solo la mitad de la bonificación a Hasan, aunque deberíamos dársela toda a Hasan. Cada dólar extra de bonificación crea 50 centavos más de pastel.

Se puede ver esto en la tabla original. Sin bonificación, el pastel es de 10 millones. Si la bonificación sube a 15 millones de dólares (como en la opción B), se crean 7,5 millones más de pastel, con lo que el total asciende a 71,5 millones de dólares. Si llega hasta los 20 millones (como en la opción E), se crean 10 millones más de pastel, con lo que el total asciende a 20 millones de dólares.

¿Hasta dónde debemos llegar? Al igual que con la remolacha y el brócoli, debemos llevar las cosas al extremo. Cuanta más bonificación le demos a Hasan, mayor será el pastel. De modo que si le damos una bonificación de 100 millones de dólares por la aprobación de la FDA, el pastel será mayor, se creará uno de 60 millones de dólares.

¿Por qué detenerse en 100 millones? Además de que es una cifra importante, si la bonificación es demasiado grande, Zinc-It no querrá que el proyecto tenga éxito. Si Zinc-It no quiere deliberadamente el proyecto, Hasan no obtendrá nada. Por lo tanto, Hasan quiere asegurarse de que Zinc-It siga teniendo algún incentivo, o al menos uno no negativo, para conseguir la aprobación de la FDA. Los beneficios totales sin la aprobación de la FDA son de 20 millones y aumentan a 120 al aprobarse. La aprobación añade 100 millones a los beneficios. Si Zinc-It tuviera que pagar algo más que una bonificación de 100 millones de dólares, preferirá que el proyecto fracase.

Tal vez deberíamos limitar la bonificación máxima a menos de 100 millones para garantizar que Zinc-It tenga un incentivo para conseguir la aprobación. Para simplificar, pondremos el límite en 100 millones de dólares.

Ahora que hemos descubierto que podemos hacer que el pastel sea lo más grande posible, ¿cómo lo repartimos equitativamente? Cuanto más pague Zinc-It por adelantado, más pastel habrá para Hasan y, a la inversa, cuanto menor sea el pago inicial de Zinc-It, más pastel habrá para Zinc-It. Si le damos todo el brócoli o toda la bonificación a Hasan, deberíamos darle a Zinc-It toda la remolacha, lo que significa que Zinc-It se quedaría con todo el dinero adelantado.

Podemos utilizar una hoja de Excel para calcular las ganancias de cada parte según las diferentes bonificaciones. En todos los casos, el pago inicial es de 0 dólares. Hemos utilizado la cantidad inicial inferior para darle a Hasan la mayor parte posible del brócoli o la bonificación. Como puede verse en el gráfico, una que esté justo por encima de los 70 millones, 71,4 millones para ser exactos, crearía ganancias iguales para las dos partes.

Bonificación	Ganancia para Hasan	Ganancia para Zinc-It
10 M$	– 14 M$	29 M$
20 M$	– 8 M$	28 M$
30 M$	– 2 M$	27 M$
40 M$	4 M$	26 M$
50 M$	10 M$	25 M$
60 M$	16 M$	24 M$
70 M$	22 M$	23 M$
80 M$	28 M$	22 M$
90 M$	34 M$	21 M$
100 M$	40 M$	20 M$

Se suele enseñar que la solución justa es un compromiso, es decir, hallar algún punto intermedio. En el caso de las opciones A-E, eso implicaría encontrarse en C. Confluir en el medio es como dar a ambas partes la mitad de la remolacha y la mitad del brócoli. Si bien es justo, da lugar a un pastel pequeño. La forma de ampliar el pastel es llevar las cosas a los extremos. El caso de un pago inicial de 0 dólares con una bonificación de 71,4 millones también divide el pastel, un pastel que es de casi 46 millones de dólares.

¿Por qué hay problemas para verlo así? No me refiero a la cifra exacta de 71,4 millones de dólares, sino a por qué hay cierta resistencia a la idea de una gran bonificación. Cuando se negocia un caso así, muchos no piensan en ello ni se imaginan una bonificación que esté por encima de los 20 millones de dólares.

Un obstáculo que crea un punto muerto es que una gran bonificación venga acompañada de un pago inicial pequeño. Muchos como Hasan consideran que si Zums ofrece 20 millones de dólares iniciales, cualquier oferta de Zinc-It debe incluir también al menos esa misma cantidad inicial. Ya que los negociadores adoptan la postura de que la oferta de Zinc-It debe superar a la de Zums en toda su extensión.

¿Hay algo de cierto en esto? No. Llevar las cosas al extremo debería dejar esto claro. ¿ Si fueras Hasan estarías dispuesto a tomar 19.999.999 de dólares por adelantado para obtener una bonificación de 50 millones por la aprobación de la FDA? Espero que sí. Estás arriesgando 1$ para conseguir un 60 % de probabilidades de 50 millones. Si no te arriesgaras a hacer esa apuesta, quizá seas de los que no se atreven a cruzar la calle.

Si Hasan insiste en recibir 20 millones por adelantado, la prima que dividirá el pastel será de 14,3 millones. El valor previsto de ese acuerdo mejora su MAAN en 8,6 millones, en comparación con los 22,9 millones de ganancia esperada en el caso de los 0 dólares por adelantado de una bonificación de 71,4 millones. El deslumbrarse no solo perjudica a Hasan; el beneficio previsto para Zinc-It también cae de 22,9 a 8,6 millones. Una ventaja inesperada de acordar el reparto del pastel es que la otra parte está muy motivada para evitarte errores que te perjudiquen (ya que tus errores también les arrastrarán a ellos).

SUPERAR LAS OBJECIONES

No basta con idear una solución creativa para ampliar el pastel. También hay que venderle la idea a la otra parte. Eso significa anticipar y superar sus posibles objeciones, como la de que Hasan nunca aceptaría un pago inicial inferior a 20 millones. El valor total de los pagos a este debe ser superior a dicha cantidad para superar la oferta de Zums, pero eso no significa que el pago inicial tenga que estar por encima de 20 millones. Volveremos al tema de cómo prepararse para superar las objeciones en el capítulo 20.

Otro error común es que Zinc-It intente persuadir a Hasan de que la verdadera probabilidad de conseguir la aprobación de la FDA está más cerca del 10 % que del 60 %. Imagina que Zinc-It tuviera el poder de influir mágicamente en el pensamiento de Hasan, tal vez algo parecido a la transferencia mental vulcana del Doctor Spock. ¿Qué probabilidad querrías que empleara Hasan?

¡El 100 %! Si Hasan pensara que la aprobación de la FDA es algo seguro, él valoraría los pagos de bonificaciones igual que el dinero en efectivo. Zinc-It podría pagar a Hasan con una bonificación y obtener 1 dólar de valor a un coste de 10 centavos.

No estoy proponiendo que Zinc-It mienta a Hasan y finja que la verdadera probabilidad de aprobación es del 100 %. Pero no tiene sentido persuadir a Hasan de que la probabilidad de éxito es inferior al 60 %. De hecho, Zinc-It haría bien en adoptar la probabilidad de Hasan. Zinc-It podría decir: «Creemos que se trata de una gran oportunidad y estamos dispuestos a darte una bonificación de 71,4 millones de dólares. Con un 60 % de posibilidades de aprobación, esto vale 42,9 millones de dólares para ti, lo que supera en 22,9 millones de dólares la oferta de Zums».

Volviendo a Hasan, ¿qué probabilidad querría poner él en la mente de Zinc-It? La respuesta es: 0. Cuanto mayor sea la probabilidad de éxito, más costoso será para Zinc-It dar a Hasan esa gran bonificación que desea. Piensa en la remolacha y el brócoli. Recuerda que a Ai-Ping le gusta la remolacha y que Bo-Lin prefiere el brócoli. A este no le sirve decirle a Ai-Ping: «Este brócoli es increíble. Es más parecido al broccolini que al brócoli normal. No se engancha en los dientes. Tiene un gran sabor, es menos fibroso, y queda muy bien cocinado con ajo y aceite de oliva. ¡Tienes que probarlo!».

¿Qué pasa si Ai-Ping lo prueba y descubre lo bueno que es? Entonces Ai-Ping tendrá menos disposición a dejar el brócoli, lo que hace más difícil que Bo-Lin se quede con todo el brócoli. No es que este tenga que fingir que el brócoli sabe mal, pero no le interesará hablar de ello.

Del mismo modo, Hasan obtiene mejores resultados cuando Zinc-It cree que la probabilidad de recibir la aprobación de la FDA es baja, mientras que Zinc-It los obtiene mejores cuando Hasan cree que es alta. Pero hay que hacer una advertencia: si Zinc-It cree que las posibilidades de éxito son tan bajas que no resulta interesante comprar la empresa o invertir, entonces no hay trato que hacer. La situación ideal, desde la perspectiva de Hasan, es que Zinc-It sea lo suficiente optimista sobre el negocio como para estar animado a invertir, pero no tanto como para que le resulte muy costoso pagar a Hasan una gran bonificación en caso de éxito.

Se piensa erróneamente que para llegar a un acuerdo las dos partes deben ver el mundo de la misma manera, pero en realidad eso hace más difícil llegar a un acuerdo. En la medida en que Ai-Ping y Bo-Lin opinan de forma similar sobre la remolacha y el brócoli, es más difícil repartir. Por tanto, que Hasan y Zinc-It piensen de forma similar sobre la probabilidad de aprobación de la FDA, hará más difícil llegar a un acuerdo, ya que todos los pagos sumarán cero.

Lo mejor para ambas partes es atenerse a las probabilidades originales. En ese caso, una bonificación de 71,4 millones de dólares parece crear el mayor pastel que puede repartirse equitativamente. Pero eso no es así.

Si pasamos a una prima de 100 millones, el pastel se amplía hasta los 60 millones. El problema es cómo repartirlo equitativamente. Si Zinc-It le paga a Hasan 20 por adelantado, además de una bonificación de 100 millones, Zinc-It ganará 0 dólares en el caso de que el medicamento no se apruebe y también 0 dólares si se aprueba, lo que significa que Hasan se llevaría todo el pastel de 60 millones de dólares.

Dividir el pastel de forma equitativa significa que Hasan tendría que avanzar 30 millones del pastel a Zinc-It. La forma inteligente de hacerlo no es reduciendo la prima (que Hasan valora más que Zinc-It), sino reduciendo la cuota inicial. Para transferir 30 millones de dólares, el pago inicial debe reducirse en 30 millones.

Espera un momento. Si empezamos con 20 millones de dólares por adelantado + 100 millones de bonificación y reducimos la cifra del pago por adelantado en 30 millones de dólares, eso significa que el contrato es de –10 millones de dólares por adelantado + 100 millones de bonificación. Hasan le paga a Zinc-It 10 millones de dólares para conseguir este acuerdo.

Reconozco que el contrato presenta dos problemas. Primero, puede que Hasan no tenga 10 millones de sobra. Segundo, este contrato pone todo el riesgo en Hasan. Empieza a ser dudoso que Hasan sea indiferente al riesgo.

Son buenas críticas, pero no hay que perder de vista la situación general.

Hasan debería pedir la mayor bonificación posible y el menor pago inicial posible. Y, si dispusiera de fondos —quizá de su último invento exitoso—, podría incluso evitar el trato del todo.

Mirar lejos

Anticipo que algunos pensarán que es una locura imaginar que Hasan o cualquier otra persona pueda reunir el dinero y pagar a Zinc-It para que pase por el proceso de la FDA. ¿Quién haría algo tan loco y correría un riesgo tan grande?

¿Quién?, en serio. Lo que nos lleva al contrato de mi primer libro. Por aquel entonces, yo era un joven profesor asistente de la Universidad de Princeton. Cuando era estudiante en el MIT, uno de mis primeros profesores de economía fue Avinash Dixit. El profesor Dixit estaba por encima de mí en Princeton. Ambos impartíamos el curso de Teoría de juegos para estudiantes de licenciatura y era una clase muy popular. Nos propusimos escribir un libro popular sobre el tema y el resultado fue *Thinking Strategically*.

Le mostramos el manuscrito a Drake McFeely, que por entonces era editor de economía en W. W. Norton. A Drake le encantó la idea de publicar el libro, pero no tanto como para darnos un adelanto, aunque sí nos ofreció el contrato estándar de 15 % de derechos.

Yo era muy optimista sobre las posibilidades de que la obra pasara de libro de texto a la categoría de interés general. Le pregunté a Drake si Norton podría pagar un 30 % de derechos de autor. Drake me explicó que había costes iniciales importantes, desde la edición, la maquetación, la impresión, la publicidad y los ejemplares de muestra hasta los gastos generales (el alquiler de la oficina, su salario). Si nos diera un canon del 30 %, no recuperaría esos costes.

Le pregunté si tenía una estimación de esos costes. Por suerte, Drake había hecho un presupuesto en una hoja de cálculo y los costes ascendían a unos 70.000 dólares. Con eso presioné un poco más. Si Avinash y yo cubriéramos los costes iniciales, ¿aumentaría Norton al 30 % los derechos?

Se puede pensar esto como el contrato de Hasan con pago inicial negativo. En lugar del tradicional anticipo, pagaríamos al editor para cubrir los costes iniciales. Y, al igual que Hasan paga para obtener una mayor bonificación, nosotros obtendríamos un canon mayor.

Drake se lo pensó. De esa manera Norton no correría ningún riesgo. Si el libro tenía éxito, ganarían menos dinero, pero valdría la pena renunciar a algunas de las ventajas para eliminar todas las desventajas. Avinash había publicado antes algunos libros más técnicos y yo no había publicado ninguno. Y quién sabía si habría un mercado de público general para la teoría de juegos. Drake estuvo de acuerdo.

Al fin llegó el momento de la verdad. Yo era muy optimista, quizá incluso demasiado, sobre las posibilidades del libro. Avinash, más sabio y experimentado, aplicó algo de teoría de juegos a la situación. El editor debe saber más que nosotros sobre las posibilidades de éxito del libro. Si están dispuestos a ofrecernos este trato, no deberíamos aceptarlo. Avinash decidió seguir con las cosas como estaban. Y yo seguí su ejemplo.

El resultado fue que *Thinking Strategically* vendió más de 250.000 ejemplares en Estados Unidos y casi lo mismo en diecisiete países. Fue un número uno en Israel, donde la teoría de juegos parece estar calando. Si hubiéramos aceptado el acuerdo del 30 % de los derechos de autor, ¡habría valido más de un millón de dólares más!

No podría haber reunido los 10 millones de dólares que Hasan necesitaba invertir, pero sí la mitad de los 70.000 dólares. Cuando Avinash se negó, yo todavía podría haber comprado la mitad del 15 % extra. Norton nos hubiera pagado un 22,5 % de derechos. Avinash y yo nos repartiríamos el primer 15 % y yo obtendría el siguiente 7,5 % por valor de 35.000 dólares. Si hubiera podido encontrar 70.000 dólares, podría haber comprado todo el 15 % de canon extra.

Dicen que se aprende más de los errores que de los éxitos. Esta fue una buena lección.

Aunque lo dejé escapar, parece que la idea se está poniendo de moda. Michael Lewis, el autor de los éxitos de ventas *El póker del mentiroso*, *La gran apuesta* y *Deshaciendo errores*, ha publicado los dieciséis libros que ha escrito desde 1999 con W. W. Norton. ¿Por qué Norton? Es una de las pocas editoriales independientes que quedan. Tienen editores legendarios como Drake McFeely y Starling Lawrence. Y Lewis consigue apostar por sí mismo: no recibe ningún adelanto y se reparte el pastel de los beneficios al 50 % con Norton.* Eso es lo que yo llamo «una enorme apuesta».

---

* Repartir beneficios mejora los incentivos y, por tanto, crea un pastel más grande. Al depender todos los derechos de autor de los beneficios, el autor tiene un incentivo adicional para entregar un gran libro. Así que, además de eliminar el riesgo de pagar un gran anticipo y terminar con un fiasco, hay menos fiascos. Y los autores se quejan menos. Cuando los derechos de autor son una parte de los ingresos, el autor solo quiere maximizar los ingresos, mientras que el editor se preocupa por los beneficios. Por lo tanto, todos los autores piensan que el editor no ha gastado lo suficiente para promocionar su libro, lo cual es, por supuesto, cierto.

18

Los argumentos de la otra parte

En Yale, imparto el curso básico de negociación junto a Daylian Cain. Él tiene una colección de intereses inusual. No solo es experto en ética empresarial, sino también es un experto jugador de póquer. Piensa en ello.

Antes de pasar a una de sus ideas sobre la negociación, voy a compartir una lección de su investigación. Daylian es conocido por su trabajo sobre los conflictos de intereses. Se podría pensar que cuando surge un conflicto de intereses —un médico que cobra si su paciente se inscribe en un ensayo científico o un agente inmobiliario que representa tanto al comprador como al vendedor—, interesa que la persona divulgue el conflicto. Pero lo que Daylian y sus coautores descubrieron es que esto puede agravar el problema.[27] Porque cuando la persona lo hace público, se siente libre de actuar de forma más interesada. Para empeorar las cosas, como las personas esperan que subestimen su información, la exageran. Esto no sería un problema si la parte involucrada del otro lado, se tomara con pinzas lo que se dice. Sin embargo, quienes reciben esa información sesgada no la rectifican adecuadamente, en parte por su obligación de ayudar a quien les informa, el cual se ha ganado su confianza diciéndole que ellos no actúan necesariamente por interés.

Cuando Daylian enseña a los ejecutivos a negociar, les hace pensar en la negociación con un niño que no quiere salir de la piscina. El padre dice que es hora de volver a casa y el niño empieza a llorar. El niño llora por dos razones. En primer lugar, porque no quiere salir de la piscina. En segundo lugar, y el punto que normalmente se pasa por alto, el niño no tiene el vocabulario o las habilidades lingüísticas para exponer su caso. El niño está frustrado y piensa: si pudiera explicar por qué la piscina es tan estupenda, seguro que podría convencer a mis padres de que me dejen quedarme otros diez minutos. Pero lo que sale de su boca es: buaaah, buaaah, y sollozos.

La solución de Daylian es que el padre elabore el argumento del niño.

> Sé que estar en la piscina es genial. Puedes dar volteretas y sentirte ligero. A mí también me gustaría pasar toda mi vida en el agua, pero tenemos que comer en algún momento. Puede que ahora no tengas hambre, aunque la tendrás cuando lleguemos a casa. Y no eres el único que quiere cenar. Por eso es hora de irse.

Esta es la gran lección. No siempre podemos salirnos con la nuestra. Pero siempre podemos ser comprendidos. Lo que funciona con los niños también funciona con los adultos.

La gente suele discutir y seguir negociando porque piensa: si la otra parte entendiera mejor mi posición, me saldría con la mía. Aceptar y presentar el punto de vista de la otra parte demuestra que se les entiende, aunque no se salgan con la suya. El hecho de haber elegido un resultado diferente no se debe a una falta de comprensión, sino a que hay otros factores que se consideran más importantes.

Si crees que A es la respuesta correcta, pero prevés que la otra parte está a favor de B, defiende apasionadamente B. Argumenta con elocuencia a favor de B más que cualquier partidario de B. Y entonces, justo cuando el otro bando esté dispuesto a que te apuntes a B, explica porqué A es realmente la mejor opción. Los que están a favor de B no tienen nada más que decir. Todos sus argumentos han sido expuestos, así que no es necesario repetirlos. Además, la razón por la que no se adhieren a B no es que no entiendas su perspectiva, es que hay otras razones más convincentes.

Cuando presentes el argumento de la otra parte, asegúrate de que lo has entendido bien. El objetivo es ser elocuente y demostrar que entiendes su posición. No hay mejor manera de hacerlo que articular el argumento desde su perspectiva. Sin embargo, es posible que no lo hayas entendido bien o que hayas omitido algo. Haz una pausa y comprueba. El hecho de que expongas el argumento no significa que estés de acuerdo con él, sino que lo expones como lo haría la otra parte.

Chris Voss hace un comentario similar en *Never Split the Difference* ('Nunca divides la diferencia'). Uno de sus objetivos es conseguir que la otra parte diga: «Así es». Cuando dicen «Eso es correcto» significa que has demostrado que entiendes su posición.

Veamos este enfoque en un ejemplo. En el caso de Zinc-It, al principio de la negociación había cinco propuestas sobre la mesa, como se resume en la tabla.

Paquete	Por adelantado	Bonificación	Ganancias esperadas	Pastel
A	25 M$	0 $	5 M$ + 5 M$	10, 0 M$
B	20 M$	15 M$	9 M$ + 8,5 M$	17,5 M$
C	20 M$	10 M$	6 M$ + 9 M$	15.0 M$
D	17 M$	15 M$	6 M$ + 11,5 M$	17,5 M$
E	12 M$	20 M$	4 M$ + 16 M$	20,0 M$

Zinc-It prefiere el paquete E, que no solo crea el mayor pastel, uno de 20 millones de dólares, sino que también supone la mayor ganancia para Zinc-It, 61 millones de dólares. Si yo estuviera en el papel de Hasan, primero presentaría los argumentos a favor y en contra de E, y luego pivotaría hacia B. Destacaría los defectos de B y luego mostraría por qué sigue siendo la mejor opción.

Realmente entiendo por qué quieres conseguir E. Tiene los mayores beneficios para ti y es el pastel más grande. Pero incluso poniéndome en tu lugar tendría problemas para defender E debido al gran desequilibrio en el reparto del pastel y no podría defender la obtención del 80 % del pastel.

También comprendo por qué no te gusta B. Es con el que se obtiene menos recompensa entre las opciones viables. (Nunca íbamos a elegir A, ya que ambos preferimos B). De hecho, yo también tengo un problema con B porque resulta injusto. El pastel es de 17,5 millones de dólares y yo me llevo más de la mitad. Cada uno debería recibir 8,75 millones de dólares. En cambio, yo me llevo 9 millones y tú solo te llevas 8,5. No tengo ninguna defensa que hacer. Desearía que hubiera una manera de compensarlo.

Sin embargo, eso no es un argumento a favor de la opción D, que tiene el mismo pastel que B, pero el reparto es aún más desigual. Cualquier problema que tenga con la opción B solo se amplía en la opción D.

Una vez expuestos estos argumentos, la otra parte tiene poco o nada que responder. En lugar de defender su primera opción, Hasan muestra todos sus defectos, lo cual tiene dos efectos.

En primer lugar, les corta las alas a los que prefieren la opción D. No les queda nada que criticar de B. Y lo que es más importante, muestra a la otra parte que aprecias su preocupación. Aunque la opción B tiene problemas, no justifican que se elija la D, en la que aparecen los mismos problemas e, incluso, más.

Tenemos una tendencia natural a defender nuestras posiciones de los ataques y a despreciar los argumentos de los demás. Cuanto más lo hagamos, más pensará la otra parte que no entendemos su posición y replicará. Pero al reconocer los puntos válidos de la otra parte, evitamos la discusión.

Algunos temerán que, si aceptas que la otra parte tiene puntos válidos, tendrás que ceder al resultado que prefieren. No. Tienes que presentar razones convincentes por las que el resultado que deseas tiene más sentido. Si no existen tales argumentos, estarás en el lado perdedor.

Exponer tu debilidad es un signo de fortaleza. Da miedo hacerlo. Personalmente, no siempre tengo éxito en ello, aunque sé que es el mejor camino.

En este libro he intentado conscientemente de seguir este enfoque. He dado ejemplos que pueden hacer que te sientas incómodo con la solución del pastel. Los casos de Ionity y CD son ejemplos de ello. Lo he hecho porque aprecio los argumentos de quienes rechazan el pastel. Por eso quiero mostrarte tales argumentos en contra (junto con mis persuasivos pros) porque creo que cuando veas los dos lados, te inclinarás a favor del reparto del pastel. De hecho, eso es lo que esperaba conseguir al hablar de todas las objeciones en «Sí, pero» de la Parte III.

19

Vender tus soluciones

Para seguir los consejos de este libro, tendrás que persuadir a la gente de que haga las cosas de otra manera. Hasta ahora nos hemos centrado en los argumentos lógicos. Aquí veremos algunos de los factores psicológicos que te ayudarán a ser más persuasivo.

La cuestión común está en ser más alocéntrico y menos egocéntrico. Por alocéntrico quiero decir más centrado en los demás. En muchas ocasiones, la gente se centra en hallar por qué algo es bueno para ellos y menos en por qué es bueno para la otra parte. Lo veo al contratar personal. El estudiante tiene un largo discurso preparado sobre por qué quiere trabajar para la empresa X; en cambio, yo les pido que expliquen por qué la empresa X querría contratarles.

Cómo hacer una oferta que sea escuchada

Una buena manera de romper un posible atasco y ampliar el pastel es desarrollar otra opción que resulte mejor para todas las partes. Sin embargo, puede que no sea suficiente para llegar a una solución creativa. Tienes que conseguir que la otra parte se abra a la nueva posibilidad. Si no tienes cuidado, puede que no sea receptiva aunque le interese. Para ayudar a tu causa, cuando presentes una nueva idea, empieza por la parte que les gustará. Céntrate en el pastel mientras ellos siguen escuchando.

Voy a ilustrar este punto con un ejemplo del caso Zinc-It. Para hacer un gran pastel, el contrato ideal tiene una bonificación muy grande junto a un pequeño pago inicial. En la siguiente transcripción de la negociación, el representante de Zinc-It intenta vender esta idea y fracasa estrepitosamente.

Zinc-It: No te voy a pagar un salario…

Hasan: Perdona, pero me parece un poco insultante, ya que hemos estado trabajando…

Zinc-It: …sino 71,4 millones de dólares en bonos.

Hasan: Hemos estado trabajando con esta cifra hasta ahora y creo que no nos estáis ni escuchando ni reconociendo.

Zinc-It: Solo estoy lanzando esa cantidad.

Hasan: Entonces es un no contundente.

Una vez que Zinc-It dice que «no va a pagar un salario», Hasan no escucha otra palabra. Es especialmente irónico que Hasan diga entonces «no nos estás escuchando». Él es quien no está escuchando.

Eso no me sorprende demasiado porque la parte de la oferta sin salario no es atractiva para Hasan. Aunque es lo que le gusta a Zinc-It de la oferta.

El error de Zinc-It fue empezar con lo que le gustaba a ellos, no con lo que le gustaría al vendedor. El bajo pago inicial permitía una súper bonificación. Para cuando el comprador lo entendió, la partida estaba perdida. Imaginemos en su lugar el siguiente diálogo.

Zinc-It: Me gustaría pagarte una gran bonificación.

Hasan: ¿De verdad? ¿Cómo de grande?

Zinc-It: 71,4 millones de dólares.

Hasan: Bien, te escucho.

Zinc-It: Una bonificación de 71,4 millones de dólares crea el mayor pastel posible y lo divide equitativamente. Claro que para que yo pueda pagarte una bonificación así y pueda dividir el pastel equitativamente, el pago inicial tiene que ser más reducido.

Hasan: ¿Cuánto de reducido?

Zinc-It: Bueno, de hecho, ninguna cantidad por adelantado.

Eso es mejor. Zinc-It consiguió la atención de Hasan con ese superbono por adelantado. Pero Zinc-It aún podría perder a Hasan con las malas noticias que le da al final. Veamos si a la tercera va la vencida.

Zinc-It: Me gustaría pagarte una gran bonificación.

Hasan: ¿De verdad? ¿Cómo de grande?

Zinc-It: 71,4 millones de dólares.

Hasan: Bien, te escucho.

Zinc-It: Una bonificación de 71,4 millones de dólares crea el pastel más grande posible. [Hace algunos cálculos y ve que el pastel es de 46 millones de dólares]. Si te pago 71,4 millones como bonificación, eso es el 60% x 71,4 millones = 43 millones de dólares, lo que mejora en 23 millones tu oferta de Zums. Eso es genial para ti.

Hasan: ¿Y qué obtienes tú?

Zinc-It: El pastel es de 46 millones. Tú obtienes 23 millones, y yo otros 23 millones. Así repartimos el pastel exactamente en dos.

Hay un viejo chiste sobre un granjero que tenía un caballo que podía hablar. Le muestra el caballo a un amigo. «¿Cuánto es 1 + 1?», le pregunta el amigo al caballo, y este se limita a relinchar. «¿Cuál es la capital de Francia?», insiste, pero de nuevo el animal solo relincha. Tras unos cuantos intentos fallidos más, el granjero golpea al animal con un madero. Y el caballo le dice: «¿Por qué has hecho eso?». El amigo se asombra de que el animal pueda realmente hablar y el granjero le explica: «Claro que puede, pero primero hay que llamar su atención».

Les aseguro que no se ha dañado a ningún animal en la elaboración de este chiste. Aunque esta historieta no tiene nada de especial, el final sirve para recordarnos que hay que llamar la atención de la otra parte. ¿Qué puedes decirle a tu contraparte que rompa la resistencia natural y la motive a escuchar tu propuesta? Así es como hay que presentar la oferta.

Al igual que los que buscan empleo deben transmitir por qué la empresa debe querer contratarlos, tú debes transmitir por qué el resultado es bueno para la otra parte. Al idear una solución en la que todos salgan ganando, concéntrate en la ganancia de la otra parte.

Escribe el discurso de la victoria de la otra parte

Esta es una idea desarrollada por William Ury, coautor de *Obtenga el sí*. Si quieres que la otra parte acepte un acuerdo, piensa en cómo va a vendérselo a los suyos y a ellos mismos. Explica por qué al final estarán contentos con el acuerdo.

Ury fue uno de los asesores del gobierno colombiano durante las conversaciones de paz con los rebeldes de las FARC. Como tal pidió al equipo del gobierno que adoptara realmente la perspectiva de la otra parte, empezando por pensar en dónde podría terminar el proceso.

Comienza imaginando que hemos llegado a un acuerdo. E imaginemos que los líderes de las FARC... tienen que describir ese acuerdo

—dando una charla a toda su gente, como acaban de hacer esta semana pasada— como una especie de victoria para ellos. No es que no pueda ser una victoria para el gobierno también, pero tiene que ser algo que pudieran vender a sus tropas explicándoles: «Mirad, hemos estado luchando durante 52 años, y ahora vamos a dejar las armas». No pueden decirles que todo fue en vano, y para eso hemos de trabajar yendo hacia el pasado partiendo de ese discurso, incluso simulamos cómo decirlo. Así que le pedí al hermano del presidente que nos dijera el discurso como si fuera el comandante de la guerrilla. Entonces nos planteamos: «¿Cómo podemos facilitarles que hagan ese discurso? ¿Cuáles son los intereses clave, cuáles son las necesidades que tienen?».[28]

Una vez que tengas una idea de cuál es el posible resultado final, puedes trabajar yendo al pasado para averiguar cómo llegar a él.

Permiso o perdón

Uno de los retos de probar algo nuevo es que no siempre sabes si estás autorizado para experimentar. Si tú eres el gran jefe, puedes darte permiso, pero el resto no es seguro que tenga autoridad para ello.

Si puedes llegar a la persona que toma la decisión, lo averiguarás, aunque esto no siempre es práctico. En estas circunstancias, la gente suele pensar que tiene que elegir entre pedir permiso o perdonar.

Pedir permiso significa que, si no se obtiene la autorización, no se actúa.

Pedir perdón significa actuar sin autorización, esperando haber tomado la decisión correcta.

Pero hay una alternativa mejor. La mejor opción es un acuerdo contingente. Tanto tú como tu interlocutor en la negociación estáis de acuerdo en que X es mejor que A, B o C. Pero no estáis seguros de tener autoridad para llegar a X. Por ejemplo, ¿realmente puedes pagar una bonificación de 71 millones de dólares? Para estar seguros, los dos acordáis lo siguiente:

Haremos X si conseguimos el permiso para hacerlo. En caso contrario, aceptamos hacer B.

Nunca se ha despedido a nadie por presentar un plan contingente. No tienes que preocuparte por los incentivos. Sabes que X será mejor si es autorizado y, por lo tanto, tienes todos los motivos para presionar para que así sea. Si la persona con autoridad está de acuerdo, procedes con X; si no, sigues con la opción B.

Mejor que un «No»

A veces te encontrarás con que no hay ningún trato que hacer. O, al menos, que no hay ningún acuerdo para el que estés autorizado. En esos casos, puedes retomarlo con un no. Mejor aún, retomarlo con un sí condicional.

Para simplificar las cosas, digamos que lo máximo que estás autorizado a pagar es 1.000 dólares. El vendedor te ha convencido de que no venderá por menos de 1.150 dólares y tú crees que el artículo vale esa cantidad.

Al igual que teníamos la opción creativa y la estándar, ahora la opción creativa es el trato que excede su límite y la estándar es el «no trato».

Hola, jefe. Intenté comprar el ejemplar de la primera edición por 900 dólares. Fue inútil. La vendedora parece decidida a conseguir al menos 1.150 dólares. Ella lo valoró en 1.200 dólares, que parece que es el precio vigente de las primeras ediciones. Yo llegué hasta mi límite de 1.000, pero ella no lo aceptó. Así que me fui.

En lugar de marcharte de la negociación, prueba esto:

La vendedora está dispuesta a vender por 1.150. No me he comprometido a darle esa cantidad, pero ha firmado un contrato en el que se compromete a vendérnoslo por ese precio en las próximas 48 horas. Si pagamos esa cantidad, tenemos un trato. También puedo volver y ofrecerle una cantidad entre 1.000 y 1.150 dólares.

Si eres el jefe, esto es mucho mejor que no llegar a un acuerdo. Eres libre de rechazar el precio de venta de 1.150, pero si la oferta te resulta atractiva, ya lo tienes hecho.

Puede parecer raro que el jefe estuviera dispuesto a pagar 1.150 dólares, pero no autorizara al negociador a pagar esa cantidad. Es bastante común darle a un agente negociador una autoridad limitada. Una de las razones para hacerlo es que para el negociador honestamente esos 1.000 dólares son su precio máximo. Sin embargo, el jefe no diría lo mismo si esa cantidad fuera inferior a su límite. Por esta razón, el vendedor preferirá negociar con la persona que fija el límite y no con quien tiene que cumplirlo.

Démosle la vuelta a esto. ¿Por qué, como vendedor, darías al comprador esta opción libre? Le has dado a la otra parte el compromiso de vendérselo a un precio fijo sin que te haya pagado nada por esta opción. Por otra parte, esto limita tu flexibilidad en caso de que otra persona venga con un precio mejor.

Aunque, de hecho, el comprador te ha dado algo: ha accedido a presentar tu caso a su jefe. Ponte en su lugar: ¿cuál es el peor resultado posible desde su perspectiva? Pues que vaya a su jefe y le diga: «No pude cerrar el trato en 1.000 dólares, pero logré que el vendedor lo bajara a 1.150. ¿Me das permiso para subir a esa cantidad?».

El jefe le autoriza y entonces, cuando el comprador vuelve a dirigirse a ti, descubre que tu nuevo precio es de 1.300 dólares. Este es un escenario de pesadilla porque si tiene que volver a pedir permiso para estirar su presupuesto, quiere estar seguro de que lo conseguirá.

Lo que el comprador le ofrece al vendedor a cambio de su opción es la posibilidad de pasar por encima de él. No se trata de dinero, sino de tiempo y atención.

Como vendedor preferirías tratar con el verdadero responsable de la decisión, con quien no tiene ningún límite presupuestario artificial. Pero la persona con la que estás negociando te ha sido asignada con el propósito de manteneros separados. Si quieres pasar por encima de esa persona, tendrás que darles algo a cambio. Darle una opción es tu pago por conseguir acceder.

Esta cuestión surgió cuando Seth y yo estábamos vendiendo Honest Tea a Coca-Cola. Esta nos había ofrecido una opción de compra por la empresa de tres años con una fórmula de precio preestablecida. Aunque decían que se proponían comprar la empresa al cabo de esos tres años, no teníamos ninguna garantía de que fueran a ejercer esa opción. Así que insistimos en que nos dieran una opción de venta, es decir, la posibilidad de exigirles que compraran la empresa.

Para poder darnos el derecho de venta, el equipo negociador de Coca-Cola tenía que obtener permiso del consejo de administración. Lo último que querían era llegar a la junta y descubrir que nosotros no estábamos realmente interesados en un acuerdo o que habíamos subido nuestro precio de venta. Si queríamos que fueran a esa junta, teníamos que comprometernos a hacer el trato en los términos acordados. Les pedíamos un derecho de venta y eso estaba fuera de su alcance. Así que querían que nos comprometiéramos a que, si nos daban una opción de venta, el trato estaba hecho. Dijimos que sí y nos consiguieron la opción de venta. Nosotros les dimos la opción de compra. El trato estaba hecho.

También podemos darle la vuelta a este caso. Hemos dicho que si eres el comprador y no puedes cerrar el trato porque no tienes autorización, pidas una opción en lugar de irte sin trato. Pero digamos que tú eres el vendedor y, aunque ves que el comprador se te va, no quieres bajar el precio. Podríamos dejar que la persona se marchara, sin embargo, te sugerimos que le ofrezcas una opción en lugar de que se vaya con las manos vacías.

> Lamento que no podamos llegar a un trato por 1.000 dólares. Sin embargo, en lugar de irte y decirle a tu jefe que no hay acuerdo, te proponemos que le digas que estamos dispuestos a darte una opción de 48 horas. Si llegas a nuestro precio de 1.150 dólares, el trato es tuyo. Estamos dispuestos a ponerlo por escrito.

«Sí, si» mejor que «No a menos que»

La idea de ofrecer una opción puede ser una herramienta muy eficaz en una negociación laboral. Digamos que te han ofrecido un salario de 63.000 dólares. Te gustaría ver si puedes subir la cifra a 68.000. Algunas personas intentan el «No aceptaré si no llegas a los 68.000 dólares», que es el enfoque «No a menos que». Sin embargo, yo te propongo que intentes el «Sí, si...». Puedes decir: «Estoy dispuesto a decir que sí ahora mismo si puedes llegar a los 68.000 dólares».

Tal y como hemos comentado anteriormente, se trata de dar al comprador —en este caso el que compra tu trabajo— una opción para contratarte.

Seamos alocéntricos y pensemos en la situación desde la perspectiva de la empresa que emplea. Se preguntan a qué estás dispuesto. Saben que hay dos razones diferentes por las que podrías estar negociando con ellos.

Una es que quieres llegar a un acuerdo y trabajar para ellos. La otra es que quieres utilizarlos para conseguir una mejor MAAN y así poder conseguir un contrato mejor con la empresa que te gusta. En el fondo, están tratando de averiguar en qué terreno estás.

Esto nos remite al capítulo 15. Al empresario le preocupa que lo utilicen como peón. A diferencia de la Escuela de Negocios Questrom de la Universidad de Boston, puede que no tengan la capacidad o la previsión de conseguir que te comprometas por adelantado antes de decidir si ellos van a cumplir con los 68.000 dólares. Pero tú puedes tomar la iniciativa y comprometerte con ellos. Eso es lo que te permitirá la fórmula del «Sí, si».

Una vez que lo hagas, ellos podrán llegar más lejos. Como el proceso de negociación es largo y costoso, prefieren cerrar el trato contigo antes que volver a empezar y pagar el coste de negociar con otra persona. Además, el hecho de que estén negociando contigo significa que eres su primera opción.

De nuevo, piensa en la situación desde su posición. Es costoso arriesgarse por alguien y hacer una excepción solo para que luego esa persona te rechace. La persona de RRHH no puede ir a pedir un trato especial para ti más veces de lo normal. Y si se corre la voz de cuánto están dispuestos a pagar a un nuevo empleado, algunos de los empleados actuales pueden pensar que se les debe un aumento. Una empresa puede estar dispuesta a pagar estos costes, pero solo si está segura de que obtendrá algo a cambio, es decir, conseguir contratarte. Tu «sí» les dará la confianza que necesitan.

Cuando dices «no aceptaré si no lo haces», dejas abierto lo que pasará si cumplen tus condiciones. Podrías no aceptar, y esta duda en la mente del empresario limita hasta dónde está dispuesto a presionar en tu favor, especialmente si ya se ha quemado en el pasado. También pueden sacar sus conclusiones del hecho de que no hayas dicho «Sí, si». En cuanto lo digas, ya sabrán lo que tienen que conseguir para cerrar el trato.

Por supuesto, hay un coste asociado a decir «Sí si». Si cumplen tus condiciones, se supone que debes decir que sí. Por eso, si no hubiera ningún coste asociado a esta afirmación, no transmitiría la misma información. Pero no deberías hacer esta oferta si no estás seguro de querer aceptar si cumplen tu petición. En lugar de volver al «No a menos que», deberías pensar mejor en lo que te haría falta para que aceptaras el «Sí, si». ¿Cuáles son las condiciones que te llevarían a aceptar? Propón esas condiciones. O, si tu principal objetivo es mejorar tu MAAN, entiende que lo que no digas puede darles a entender a qué estás dispuesto.

PARTE V

LA MECÁNICA
DE LA NEGOCIACIÓN

Lamentablemente, vas a negociar con personas que no han leído este libro. Es triste para ti porque eso te hará la vida más difícil. (Triste para mí porque es una venta del libro perdida). La solución no es que les des el libro, sino empezar la negociación con una conversación sobre cómo te gustaría negociar.

La ironía es que el modo en que se desarrollan las negociaciones típicas no solo es malo para ti, sino también para ellos. Del mismo modo que quieres ponerte al volante si el propietario del coche no está sobrio, también quieres dirigir la negociación hacia un camino más seguro y productivo cuando la otra parte emplea un método tradicional.

Quiero prepararte para vender el método del pastel. Para empezar, debes estar preparado para la probabilidad de que la otra parte no espere que haya un pastel. Tendrás que hacer algo más que presentar la idea: tendrás que anticiparte a las objeciones para contrarrestarlas. Eso es lo que he hecho a lo largo del libro. Al responder a las respuestas «Sí, pero», he tratado de anticipar y contrarrestar las objeciones que la gente plantea. Tú tendrás que anticipar las posibles objeciones que se aplican a tu caso concreto. Y querrás explicar cuál es el pastel en tu negociación específica.

No soy partidario de la escuela de la improvisación. El trabajo de preparación del capítulo 20 hace hincapié en lo valioso de adoptar la perspectiva de la otra parte. ¿Cómo verán el pastel y cómo responderán a tus argumentos? Cuanto mejor entiendas y comuniques tu perspectiva, mejor podrás venderla.

En el capítulo 21 se habla de lo que hay que revelar y lo que hay que mantener oculto. No aconsejo poner todas las cartas sobre mesa, si bien tampoco hay que dejarlas todas bajo la manga. Para crear un pastel, los negociadores deben compartir información. Esto significa hacer preguntas y responderlas. Es muy frecuente que la gente oculte cosas o diga mentiras piadosas para evitar responder a las preguntas. Te explicaré cómo responder a las preguntas sin ponerte en una posición de debilidad.

Además, quiero prepararte para que sepas cómo crear y captar el pastel en las negociaciones más tradicionales para cuando te encuentres en esa situación. La mayor parte del capítulo 22 se basa en transcripciones de negociaciones en las que los participantes no han adoptado el método del pastel. En él se analizan las herramientas que se utilizan para captar una mayor parte del pastel, y cómo no destruir este en el proceso. Como verás, hay muchas minas en el camino. Puedes decir lo que no debes o no decir lo que debes. Lo más frecuente es que tengas que lidiar con personas que te hagan la vida imposible. Te ofrezco algunas sugerencias para mantenerte en tu posición.

En el capítulo 22 se ofrece orientación sobre cómo presentar una oferta inicial, cuándo responder de la misma manera y cuándo no, cómo negociar con imbéciles y, lo que es igualmente importante, cómo no convertirse en uno. Se trata del valor de tener anclajes en los que apoyarse y hacer ofertas precisas, así como del peligro de pasarse de la raya con estas estrategias. Nos enseñan el valor de la reciprocidad, pero la reciprocidad funciona en los dos sentidos. Hay una tendencia a responder de la misma manera cuando la otra parte se muestra obstinada. No hay que escalar la situación y combatir el fuego con fuego, sino que hay que apagarlo. La forma de negociar debe reforzar la idea del pastel y venderla a los demás en la negociación.

20

Preparativos para una negociación

El general prusiano Helmuth von Moltke (1800-1891) dijo que ningún plan de batalla se hacía con certeza para más allá del primer encuentro con las fuerzas del enemigo. Mike Tyson acortó esta frase para decir que todo el mundo tiene un plan hasta que le dan un puñetazo en la boca.[29] Eso no significa que no debas planificar. Todo lo contrario. Significa que necesitas una serie de planes flexibles.

Hay algunas formas obvias de prepararse, como tener los números hechos de antemano para no hacer cálculos sobre la marcha. En el caso de Zinc-It, por ejemplo, habría que llegar con una hoja de cálculo con los beneficios de las dos partes. No basta con saber lo buena que es para ti la oferta, también hay que saber (o al menos estimar) lo bien que le va a ir a la otra parte. Además, para repartir el pastel hay que tener una visión de cuál es el pastel, por lo que en esa hoja de cálculo debe mostrarse el pastel con todas sus porciones, todas las cuales deberán superar su MAAN. Es conveniente que la hoja de cálculo sea flexible para que pueda adaptarse fácilmente a nuevas ofertas.

Por otro lado, hay que planificar lo que puede salir mal, en particular qué ocurre si no hay acuerdo. Esto significa entender cuál es tu MAAN y el de la otra parte, lo cual implica investigar (por ejemplo, determinar el proceso de disputa de la ICANN o la obligación legal de un propietario de encontrar un nuevo inquilino), además de encontrar socios de negociación alternativos (como Zums). Si no conoces las MAAN, no estás preparado para repartir el pastel.

También debes prever cómo se opondrá la otra parte a tu propuesta o incluso a tus normas básicas. ¿Qué puede proponer la otra parte? Un punto de partida es contemplar qué enfoque heurístico funciona más a tu favor. ¿Cómo vas a contrarrestar una propuesta de dividir las ganancias de esa manera? Tendrás que estar preparado para mostrar los posibles fallos de otras soluciones.

UNA PRUEBA RÁPIDA

Bob propone un reparto de 6:6. Su argumento es que obtener la mitad del total es mucho mejor que las cuatro porciones que obtendrías de no haber un acuerdo. Como esto supera tu MAAN, este es ahora irrelevante. ¿Cómo responderías si fueras Alice?

Yo te diría que estás tratando de embaucarme para que ignore el pastel. No evalúo un acuerdo por la cantidad que tú y yo acabamos obteniendo, sino por lo que cada uno de nosotros supera de su MAAN. Sí, yo gano 2 porciones por no tener acuerdo, pero tú ganas 4. Eso no es justo. Centrémonos en los 6 trozos que componen el pastel.

Una técnica especialmente eficaz es mostrar cómo les perjudicaría el planteamiento de la otra parte si las cifras fueran diferentes: eso es lo que hizo Anju para mostrarle a Bharat el problema de la división proporcional en el caso del CD compartido. O mostrar cómo su enfoque falla cuando las cantidades se vuelven extremos, como fue el caso de la división 2000:1 de los ahorros entre Coca-Cola y Honest Tea. Ya hemos hablado extensamente sobre cómo contrarrestar las objeciones a la división del pastel. Lo que quiero decir aquí es que hay que estar preparado. Hay que tener a mano los ejemplos pertinentes a cada situación.

El trabajo de preparación va más allá de planificar la venta del pastel. También hay que tener en cuenta cómo va a crecer. ¿Qué preguntas harás y qué información ofrecerás? ¿Cómo puedes hacer una oferta que sea escuchada?

Cuando llegue el momento de hacer la presentación, sé flexible. Asegúrate de que entiendes sus objeciones, no solo las que tú harías. Confirma que lo tienes claro. Para superar las objeciones, hazlas tú mismo. Esto demuestra tu comprensión y les permite escuchar tus contraargumentos. Termina presentando tu discurso de victoria.

No hay nada nuevo en esto. Pero veo una y otra vez que la gente se sorprende y no está preparada para el desarrollo de la negociación. Llegan con una propuesta inicial y un objetivo final. Lo que no tienen es un conjunto de planes de contingencia para cuando la otra parte se oponga. Ahora tienes todas las herramientas que necesitas. Solo tienes que planificar lo que puede salir mal.

Cuando enseño el caso Zinc-It, doy las mismas instrucciones para todas las partes. De vez en cuando, alguien acaba enfermando y uno de los estudiantes tiene que asumir un papel diferente. Ese alumno suele hacerlo muy bien.

En retrospectiva, la razón es obvia. El estudiante que cambia de papel, por ejemplo, de comprador a vendedor, está especialmente bien preparado para adoptar su anterior perspectiva de comprador cuando actúa como vendedor. Puede exponer los argumentos de la otra parte y rebatirlos también. La forma ideal de prepararse para una negociación es imaginar que se está representando a la otra parte. Incluso es posible que quiera hacer esto primero, antes de empezar a pensar en su papel.

Ponerse en el lugar de los demás es difícil. Una expresión de Herb Cohen explica que la cuestión es que no vemos las cosas como son, sino como somos nosotros. Para ser alocéntrico tienes que pasar de ver las cosas desde tu perspectiva a verlas desde la perspectiva de la otra parte para; en última instancia, verlas desde ambas perspectivas.

La mordedura del perro

He elegido el siguiente caso para ilustrar cómo se planifica. Aquí la atención se centra menos en el pastel que en el desarrollo de la negociación. Las cifras pueden parecer pequeñas, pero no para la estudiante que cuenta la historia a continuación.

> A mi marido le mordió el perro de nuestro vecino. En realidad, no era suyo, sino que la vecina estaba cuidando al perro y lo dejó suelto. Vivimos en una casa multifamiliar y ese perro entró en nuestra casa y atacó a nuestro perro. Cuando mi marido fue a proteger a nuestro perro, también le mordió. El vecino presentó una tarjeta antirrábica, pero estaba en alemán y yo no sé leer alemán.
>
> Por supuesto, fuimos directamente a urgencias. Después de curar a mi marido con algunos antibióticos, llevamos a nuestro perro al veterinario. Cuando llegamos a casa, investigué un poco sobre la rabia y leí que podía ser mortal. Dado que solo hay un pequeño margen para ponerse la vacuna antirrábica, por precaución volvimos a urgencias para que se la pusieran a mi marido.
>
> Pensé que todo había acabado bien hasta que recibimos la factura: ¡¡32.000 dólares!! Gracias a Dios que teníamos seguro. Pero tuvimos que adelantar 2.000 dólares. Si añadimos el coste del veterinario, nos quedamos sin 2.500 dólares (más el dolor, el trauma y el tiempo perdido). Nos reuniremos con el vecino esta noche para hablar con él de la compensación.

¿Cómo se puede preparar esta negociación? Empecemos por lo que podría salir mal. Tal vez el dueño del perro no tenga ninguna responsabilidad legal, lo que podría ser un desastre. Tal vez mi estudiante no siguió las recomendaciones médicas. Y esto es algo que es mejor esquivar adelantándose a ello si es necesario. Aunque creas que el perro estaba vacunado, deberías confirmarlo.

Esto sugiere llevar a cabo tres hechos para prepararse: (1) buscar la ley, (2) obtener una copia del formulario de vacunación antirrábica del perro, (3) determinar las pautas sanitarias. Una vez que hayas reunido los hechos relevantes, podrás averiguar mejor qué debes pedir y cómo responderá la otra parte.

Esto es lo que revela una rápida investigación.

La ley: cada estado tienen diferentes estatutos sobre las mordeduras de perro. En algunos, el perro queda eximido en su primera mordedura. Hasta entonces, el dueño no sabe que el perro puede ser peligroso. Connecticut es un estado sin mordeduras. El dueño es responsable incluso en la primera mordedura. [30]

La cartilla de vacunación del perro: tras una inspección posterior, en el formulario aparecía en alemán y también traducida la palabra «rabia».

Directrices del Centro para el Control y Prevención de Enfermedades (CDC): «La rabia es una urgencia médica pero no una emergencia. Las actuaciones no deben retrasarse. La decisión de suministrar una PEP [una combinación de inmunoglobulina antirrábica humana y una vacuna antirrábica] se basará en el tipo de exposición, en el animal al que estuvo expuesto, si el animal está disponible para las pruebas…». [31] El Departamento de Salud de Dakota del Norte resume esta directriz en un útil diagrama de flujo. Basándose en las guías sanitarias, la recomendación es poner al perro en cuarentena y observarlo durante diez días y proceder a la PPE si el perro muestra signos de rabia (o muere).

Ahora tenemos la ley, el informe de la vacuna y las recomendaciones médicas. La buena noticia es que el propietario es responsable. Si no se llegara a un acuerdo, la MAAN de ambas partes es ir a los tribunales, y el dueño del perro perdería.

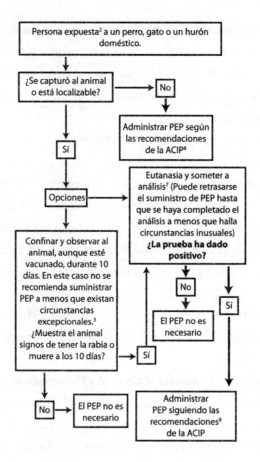

Persona expuesta[2] a un perro, gato o un hurón doméstico.

¿Se capturó al animal o está localizable? → No

Administrar PEP según las recomendaciones de la ACIP[8]

Sí

Opciones

Eutanasia y someter a análisis[7] (Puede retrasarse el suministro de PEP hasta que se haya completado el análisis a menos que halla circunstancias inusuales) **¿La prueba ha dado positivo?**

Confinar y observar al animal, aunque esté vacunado, durante 10 días. En este caso no se recomienda suministrar PEP a menos que existan circunstancias excepcionales.[3] ¿Muestra el animal signos de tener la rabia o muere a los 10 días?

No → El PEP no es necesario

Sí

Sí

El PEP no es necesario

No → El PEP no es necesario

Administrar PEP siguiendo las recomendaciones[8] de la ACIP

Diagrama de flujo del Departamento de Salud de Dakota del Norte, https://www.health.nd.gov/diseases-condiciones/rabia/rabia-faqs

¿Qué podría decir el dueño del perro en su defensa? Este podría señalar que mi estudiante entró en pánico y complicó la situación. A ella le dijeron que el perro había sido vacunado y la cartilla de vacunas así lo confirmaba, pero cuando le mostraron la cartilla, de haber dedicado un minuto más a leerla habría visto la palabra «rabia». De todas formas, aunque no hubiera sabido que el perro estaba vacunado, las directrices sanitarias sugieren vigilar al perro durante diez días antes de ponerse las vacunas PEP.

Todos ellos son puntos legítimos, así que debes tener preparada la respuesta.

Aunque cometí errores, la raíz del problema fue su perro. El perro nunca debería haber entrado en nuestro apartamento y no debería haber mordido a mi marido y a nuestro perro. Aunque entiendo las recomendaciones sanitarias, no queríamos correr ningún riesgo: la rabia es mortal.

Sin embargo, el dueño del perro no quiere ni oír hablar de que tiene que pagar una factura de 3.000 dólares, que puede presentarse como un discurso de victoria. Incluso si el propietario fuera responsable solo en un 50 %, podría haber tenido que pagar una factura mucho mayor.

Tiene suerte de que tengamos un seguro. De lo contrario, le haríamos responsable del coste total de 32.000 dólares. En cambio, solo le pedimos 3.000 dólares para cubrir nuestros gastos de bolsillo de 2.500 dólares más 500 dólares por el dolor y el sufrimiento.

Estos son los puntos principales en los que yo me centraría. Para prepararme de verdad, practicaría reclutando a un amigo que interpretara el papel de dueño del perro. No se lo pediría a cualquiera, sino a alguien que fuera dueño de un perro porque es más fácil que haga el papel de forma convincente. Y le pediría que fuera duro. No necesito prepararme con alguien que simplemente me diga que sí. Quiero prepararme para lo que hay que hacer después de recibir un puñetazo en la cara. En el caso de mi alumna, ella estaba bien preparada, y el resultado fue poco sorprendente. El seguro del dueño del perro cubrió todos sus gastos.

Para anticiparse a la reacción de la otra parte, se puede realizar el equivalente a un juicio simulado; llamémosle «negociación simulada». La ventaja de recurrir a amigos y colegas para que te ayuden es que no tienen que ignorar lo que tú sabes y tú sabes demasiado. La otra parte evaluará tu propuesta basándose únicamente en lo que sabe. Con frecuencia, nos centramos en cómo responderíamos nosotros, y no en cómo respondería alguien que no sabe todo lo que nosotros sabemos.

Nuestro siguiente caso muestra lo difícil que es no prestar atención a tu punto de vista cuando adoptas la perspectiva de la otra parte. Si puedes hacerlo, ese es tu superpoder en la negociación: sabrás qué ofrecer y conseguirás lo que parecía una venta imposible. Esa es la historia de George Perkins y el estudio Moffett.

El Moffett Studio

Hay una famosa negociación histórica sobre el uso de una fotografía con derechos de autor. A los profesores de las escuelas de negocios les encanta explicar este caso. La mayoría de mis colegas presentan el resultado como un ejemplo de cómo negociar bien. Creo que tienen parte de razón. Según el historiador John Garraty[32] esta fue la situación.

Era el final del otoño de 1912. Teddy Roosevelt se había separado del Partido Republicano y se presentaba como candidato a la presidencia por el Partido Progresista o el «Partido del Alce Macho». A las elecciones a gobernador de Nueva Jersey se enfrentaban Woodrow Wilson, por los demócratas, y el entonces presidente, William Howard Taft, por los republicanos. (También se presentaba el candidato del Partido Socialista de América, Eugene Debs, que ¡acabó con un 6% de los votos!).

Una de las herramientas de campaña más poderosas del Partido Progresista fue el discurso de Roosevelt en la convención, su «Confesión de Fe». La campaña quería utilizar ese discurso como parte de un folleto para distribuir en California, que entonces era un estado indeciso. Estaban dispuestos a imprimir tres millones de ejemplares. Una foto de Roosevelt y de su compañero de campaña, Hiram Johnson, aparecería en la portada.

En una comprobación rutinaria de las pruebas de imprenta, el publicista de la campaña, O. K. Davis, descubrió algo que no estaba bien: nadie había solicitado el permiso del estudio Moffett para utilizar sus fotografías, sujetas a derechos de autor. Esto era un gran problema porque la ley de derechos de autor de la época preveía una pena de 1 dólar por copia por reproducir una fotografía sin permiso.* Había pues un potencial de 3 millones de dólares en juego u (80 millones en dólares de hoy). El publicista se dirigió al exsecretario del Partido Progresista, George Perkins, y le preguntó qué debía hacer. ¿Cuánto deberían ofrecer pagar?

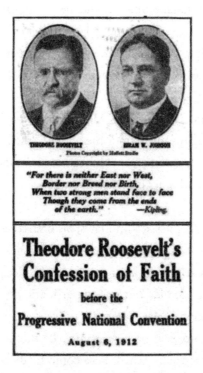

¿Qué harías tú en este caso? Había que imprimir los folletos. A diferencia de lo que ocurre en la actualidad, en que es fácil cambiar las

_____

* Irónicamente, estas sanciones se especificaron en la Ley de Derechos de Autor, que fue firmada por el entonces presidente Theodore Roosevelt en marzo de 1909, su último día en el cargo.

cosas con la producción digital, no había tiempo para pensar en una nueva foto de portada. En resumen, la situación parecía desesperada. En realidad, era desesperada. La gente se puso nerviosa. Querían una solución ya.

Así es difícil centrarse en la perspectiva del otro lado.

Perkins era un experimentado hombre de negocios, que era socio de J. P. Morgan y formaba parte del consejo de administración de U. S. Steel. Perkins se apresuró a dictar el siguiente telegrama al estudio Moffett:

> Estamos planeando imprimir tres millones de copias del discurso de Roosevelt con fotos de Roosevelt y Johnson en la primera página. Lo cual será una gran publicidad para el fotógrafo. ¿Cuánto nos darían por usar sus fotos? Respuesta urgente.

¿Cómo responderías, si fueras Moffett, y recibieras esta solicitud y no conocieras los datos que hemos mencionado arriba?

La respuesta de Moffett fue: «Nunca hemos hecho esto antes, pero dadas las circunstancias, les daremos 250 dólares».

Diez minutos después, según Davis, las prensas estaban funcionando. Esta historia se ha contado con muchas versiones. A veces se cuenta que los folletos ya se habían impreso;[33] otras se dice que Moffett tenía problemas de dinero o bien que era un partidario de Wilson.

Deepak Malhotra y Max Bazerman utilizan esta historia como protagonista de su libro *El negociador genial*. La moraleja es que George Perkins fue un negociador genial. Pero como he dicho, estoy medio de acuerdo.

La parte genial es la preparación, que empieza por intentar comprender la perspectiva de la otra parte. La mayoría de la gente en el lugar de Perkins se centraría en su propia desesperación y no pensaría en el valor que puede suponer para el estudio Moffett el hecho de que la campaña utilice sus fotografías. El que fuera capaz de ser alocéntrico de esa manera fue una genialidad.

En lo que no coincido con Malhotra y Bazerman es en la omisión de información importante por parte de Perkins. Según ellos, ya se habían imprimido los folletos y, por tanto, tenían que utilizar la foto. Perkins omitió convenientemente ese dato en su telegrama. Al hacerlo, se burló de Moffett Studio.

Imagina que la respuesta hubiera sido: Mañana daré mi respuesta.

En ese caso, es posible que Perkins tuviera que revelar la verdadera situación. ¿Cómo te sentirías entonces como Moffett?

Si fuera yo, me habría sentido engañado, porque es una mentira por omisión. [34] Soy muy poco caritativo a la hora de fijar un precio. Por lo tanto, al margen de cualquier cuestión ética, creo que es una estrategia innecesariamente peligrosa; si te pillan, puede que ya no haya ningún trato, o que la otra parte responda con una oferta poco razonable.

Herb Cohen (autor de *Todo es negociable*) estaba de visita en mi clase. Eso me dio la oportunidad de preguntarle cómo hubiera manejado él esa situación. Herb proponía que se revelara que habían cometido un error y se les pidiera su ayuda, lo que no significa pagar. Incluso con un precio bajo, el estudio Moffett saldría ganando. Él les explicaría la situación y les pediría permiso para utilizar la fotografía. También les haría saber que el uso de la fotografía beneficiaría a Moffett. El pastel es grande, ya que ambas partes se beneficiarán. Y además, le deberías a Moffett un gran favor en el futuro, a un estudio que ha fotografiado a presidentes desde Lincoln y, si Roosevelt gana, Moffett continuará esa tradición.

Es poco probable conseguir que Moffett pague si le cuentas la verdadera situación. Pero aún así se podría conseguir los derechos para usar la foto a un precio razonable.

Es fácil dejarse llevar y pensar que Perkins convirtió un pasivo de tres millones de dólares en una ganancia de 250 dólares. Eso es exagerado. La campaña podría haber comprado los derechos a un precio inferior a 500 dólares. Al valor actual, son unos 13.000 dólares. (Para ponerlo en perspectiva, Getty Images cobra la mayoría de sus fotografías para uso comercial a precios inferiores a los 3.000 dólares). Por lo tanto, es más probable que estemos hablando de un cambio de 750 dólares, que es la diferencia entre que la campaña pague 500 dólares y que el estudio pague 250 dólares a la campaña. Sin duda, es mejor cobrar 250 dólares que pagar 500, pero no a costa de arriesgarlo todo.

Cabe preguntarse en qué se diferencia esto de que un comprador de tazas de té no diga nada al vendedor del mercadillo sobre el valor especial que tiene para él esa taza en concreto. ¿Por qué está bien omitir esa información, pero no está bien omitir que los folletos ya se han impreso?

Este tema me mantuvo despierto varias noches.

Para empezar, tengo la sensación de que Moffett estaba siendo engañado y manipulado. Para acercarnos a la realidad, imagina que tu hija de once años te llama al trabajo y te pregunta si está bien que una amiga se quede a dormir. Tú le dices que sí. Y cuando vuelves a casa, descubres que la amiga y su pijama están en casa y que se había quedado mucho antes de que tu hija te pidiera permiso. En ese momento, le preguntas qué habría pasado si le hubieras dicho que no. Tu hija, sin ningún tipo de arrepentimiento, te contesta que en ese caso uno de los padres de la amiga habría pasado a recogerla. Pero eso no importa, te dice, porque tú estabas dispuesto a permitir la fiesta de pijamas. ¿Qué importancia tiene que la fiesta de pijamas ya hubiera empezado? Quizá todos los niños de once años son consecuencialistas.

Pero yo me sentiría muy diferente sobre esa cuestión. Me habría sentido engañado. Podría haber aprobado la noche de pijamas antes de que se organizara, incluso si me hubieran dicho que ya había empezado, pero no me gusta dar mi aprobación a una acción que era casi un hecho consumado, sin saberlo en ese momento.

Admito que es extraño que yo estuviera *más* dispuesto a decir que sí si hubiera sabido que la amiga ya estaba allí y que uno de sus padres tendría que hacer un viaje extra para recogerla. Entonces, ¿por qué me iba importar si yo iba a decidir lo mismo en cualquier caso? Además de sentirme engañado, yo podría haber negociado un reparto más equitativo del pastel. Si ella me hubiera dicho la verdad, habría demostrado cuánto valoraba mi permiso, y a cambio habría aceptado hacer algunas tareas extra o problemas de matemáticas. Así que se llevó más pastel gracias a su mentira por omisión.

Creo que el estudio Moffett habría opinado lo mismo si hubiera descubierto a Perkins. El estudio estaba dispuesto a pagar 250 dólares para que su nombre apareciera en la foto, independientemente de que los folletos estuvieran ya impresos y de que Perkins tuviera o no alternativas. La publicidad les merecía la pena. Pero el hecho de que algo lo valga para ti no significa que aceptes el trato.

Si Alice le ofrece a Bob 3 porciones, este puede aceptar si lo único que sabe es que va a recibir 3 porciones en lugar de su MAAN de 2. Pero si se diera cuenta de que su obtención de 3 va acompañada de la obtención de 9 por parte de Alice, su respuesta cambia. Ahora espera un reparto equitativo del pastel.

Sabemos que, antes de que se imprimieran los folletos, Moffett estaba dispuesto a vender el uso de la fotografía a un precio razonable, incluso perdiendo. Aunque el precio fuera bueno, apuesto a que hubiera sido razonable aunque les hubieran dicho que los folletos ya estaban impresos por error. Pero seguro que Moffett no daría su permiso sin antes conocer la verdadera situación. La campaña no le confió al estudio la verdad. La gente desea ser tratada con respeto, al margen del dinero que puedan ganar en una negociación.

Cuando la campaña le preguntó cuánto debían pagarle, eso aumentó el error de percepción del estudio. ¿Por qué Moffett estaría dispuesto a pagar a la campaña? Porque suponían que la campaña tenía otra opción para las fotografías y, por tanto, que la competencia se quedaría con la publicidad. El telégrafo contribuyó a esa percepción errónea de Moffett Studio y eso fue un acto de comisión, aunque fuera indirecto.

Si la campaña se hubiera limitado a pedir al estudio que les indicara su precio habitual y que les hiciera un descuento dadas sus buenas relaciones, se habrían aprovechado de la percepción errónea del estudio, pero no la hubieran empeorado.

Si no piensas revelar que los folletos ya se han impreso, la siguiente oferta parece menos contraproducente:

> Planeamos distribuir tres millones de copias del discurso de la convención con fotos de Roosevelt y Johnson en la portada. Será una gran publicidad para el fotógrafo. No queremos perder tiempo negociando el precio. Estamos dispuestos a ofrecer una pequeño pago además de la publicidad. ¿Cien dólares está bien?

Esto carece del instinto asesino de Perkins. Si Moffett les diera en respuesta un precio de 200 dólares, yo lo consideraría un triunfo. Si Moffett descubriera que los folletos ya estaban impresos, creo que sentiría menos que se han aprovechado de él.

Cuando el comprador de una taza de té le pide un precio al vendedor del mercadillo y acepta 20 dólares, el vendedor no se siente engañado. Aunque el comprador tenga una valoración idiosincrásica muy alta de la taza de té, no está contribuyendo a que el vendedor tenga ninguna percepción errónea. Y este está obteniendo un beneficio normal o incluso superior a la media en la transacción. Pero si la taza de té vale realmente 300 dólares para el comprador, eso no es ni de lejos un reparto equitativo.

Resumiendo: primero, prepárate siendo alocéntrico. Empieza por comprender la posición de la otra parte. Ellos no saben lo que tú sabes, así que cuando te pongas en su lugar tendrás que borrar parte de tus conocimientos. En segundo lugar, cuando te encuentres en una situación difícil, no dejes falsas impresiones. Perkins parece un héroe, pero me temo que fue demasiado inteligente a medias. Arriesgó una gran pérdida por una pequeña victoria (y una gran historia).

No digo que no se deba mentir nunca. Si los nazis preguntan si hay judíos escondidos en el ático, se puede mentir. Si Perkins cree que el destino de las elecciones pende de la distribución de estos folletos y le preocupa que Moffett sea partidario de Wilson, está justificado ocultar la situación desesperada. Pero omitir la desesperación es diferente a presionar a Moffett para que pague.

Mejorar su MAAN

Otro aspecto de la preparación es trabajar para comprender tu verdadera MAAN. Aunque la mayoría de las personas tienen una idea de su «alternativa» si la negociación se rompe, no suelen centrarse lo suficiente en la parte «mejor» de esa mejor alternativa de acuerdo negociado. Imagina que tienes la suerte de recibir una oferta de trabajo tanto de Apple como de Microsoft. La oferta de Apple es de 120.000 dólares. Microsoft es tu primera opción y Apple es tu segunda opción. ¿Es tu MAAN un salario de 120.000 dólares?

La respuesta es no, por dos razones. La primera es que tu MAAN tiene en cuenta algo más que el salario. Tienes que valorar tu estilo de vida, la ubicación, los colegas, la tutoría y todo lo que conlleva el trabajo. La mayoría de gente lo entiende de esta manera. La alternativa se describe mejor como «Trabajar para Apple en Cupertino con un salario de 120.000 dólares».

Lo que se les escapa es que los 120.000 dólares pueden no ser la mejor oferta que podrías recibir de Apple. Si le dijeras al reclutador que tienes ganas de unirte a ellos y que lo harías si te subieran la oferta salarial a 130.000 dólares, ¿crees que te dirían que sí?* Si es así, el salario de la MAAN no es de 120.000 dólares, sino de 130.000. Si crees que la

* Conseguir que aceptes puede ser motivo suficiente para que te suban el sueldo. Si tienes otras razones, como la menor tasa de impuestos en Redmond en comparación con Cupertino o el salario de las ofertas de la competencia, yo también las utilizaría.

probabilidad es del 50%, podrías poner un salario de 125.000 dólares como MAAN. Lo que quiero decir es que tu mejor alternativa es probablemente mejor que lo que la alternativa te ofrece actualmente.

Eso no significa que debas negociar al principio con tu opción número dos. Lleva mucho tiempo y es difícil sacarles el máximo partido si no estás preparado para comprometerte a aceptar el trabajo. Lo que deberías hacer es calcular lo que tu segunda opción podría hacer para mejorar su oferta si estuvieras preparado para aceptarla y luego incorporar esa estimación a tu MAAN.

21

Qué revelar
(Y qué mantener oculto)

Para crear un pastel la gente tiene que compartir información. Compartir significa hacer preguntas y responderlas. Es frecuente que los negociadores oculten cosas o se imaginen que la otra parte puede leer su mente. He aquí un diálogo entre Adam y Barbara, un matrimonio amigo mío:

> **Adam:** La verdad es que quiero que sepas qué es lo que deseo sin que yo tenga que decírtelo. Significaría mucho más de esa manera.

> **Barbara:** La comunicación es difícil. Incluso si dices lo que quieres hay muchas posibilidades de que te malinterpreten. Puede que consigas lo que deseas, pero si no dices nada, la posibilidad es casi nula.

La gente suele tener miedo a decir lo que quiere. Temen que la otra parte utilice esta información en su contra en la negociación. ¿Es eso cierto?

Imagina que vendes un coche y que vas a utilizar el dinero para pagar el préstamo a la mafia. El agente de la mafia irá a cobrarte a las cinco de la tarde y te romperá las rodillas si no consigues los 10.000 dólares que debes.

Un posible comprador del coche llega al mediodía y te pregunta por qué lo vendes. ¿Le explicarías tu situación? Al principio, podrías pensar que revelar tu nivel de desesperación te pondría en una posición de debilidad. Si le dices que necesitas conseguir 10.000 dólares, el comprador sabe que no tiene que pagarte mucho más que esa cantidad, si es que llega a esa cifra. Por otro lado, también sabe que no debe perder el tiempo y que si quiere hacer un buen negocio, tiene que reunir el dinero enseguida. Si mantienes la información oculta, puedes obtener más por el coche... y puedes utilizar ese dinero extra para pagar las escayolas de las piernas.

En este ejemplo obviamente extremo, incluso caricaturesco, el vendedor se preocupa tanto por el precio como por la rapidez de la transacción. Lo ideal sería que el vendedor obtuviera rápidamente un precio elevado. Pero si la velocidad es realmente la prioridad número uno, revelarlo ayudará a asegurar que la transacción se haga rápidamente.

Dicho esto, no hay que dar información que no sea relevante para la transacción. Por ejemplo, si vendes una casa que compraste hace treinta años por 100.000 dólares y, por tanto, tiene una base fiscal baja, eso no es relevante para su valoración actual. El hecho de que puedas ganar mucho dinero no cambia el valor actual de la casa y tampoco es relevante para la valoración del comprador. Si te preguntan, puedes decir el precio de compra original o negarte amablemente a compartirlo, explicando que no te parece importante. Incluso en este caso, no veo ningún perjuicio real en compartirlo, aunque tampoco veo ningún beneficio potencial.

En general, estoy del lado de revelar. La razón es que es difícil, si no imposible, que la otra parte te dé lo que quieres si se lo ocultas o lo desvías. Volviendo a la negociación de la gasolinera (véase el capítulo 16), el comprador suele preguntar al vendedor por qué vende. Este suele responder con una mentira piadosa, como «estoy planeando jubilarme». El problema de esta respuesta es que no lleva al comprador a ofrecerle un puesto. ¿Por qué habría de ofrecer un trabajo a alguien que acaba de anunciar sus planes de jubilación?

¿Hay alguna razón para no revelar la verdadera razón por la que vende? Piénsalo. El comprador sabe que hay una razón para la venta. Desde la perspectiva del comprador, hay buenas y malas razones para una venta. Una mala sería que hubiera una fuga en el tanque de almacenamiento subterráneo y que la estación estuviera a punto de convertirse en un sitio supercontaminado o que la salida de la autopista que conduce a los clientes a la gasolinera estuviera a punto de cerrarse. [35] Una buena razón sería que el propietario quiere cumplir el sueño de toda la vida de dar la vuelta al mundo en barco. Es una buena razón porque significa que no hay nada malo en la gasolinera. La gente tiene una reacción instintiva a la hora de ocultar información: ni siquiera revelan aquella que podría redundar en su beneficio.

A la hora de decidir qué revelar, concéntrate en dos factores. ¿Cómo reaccionará la otra parte a tu información? ¿Y cómo cambiará el pastel?

Los plazos

El caso de una fecha límite oculta ofrece una buena manera de poner a prueba tu pensamiento. Alikiah y Brenise participan en una negociación que tiene como fecha límite el viernes a las 17:00. Si no tienen un acuerdo firmado para esa hora, la oportunidad se esfumará y ambas se quedarán sin nada. Las dos partes son plenamente conscientes de este plazo.

Resulta que Alikiah tiene un plazo más temprano, el miércoles a las cinco de la tarde. Brenise desconoce por completo este hecho. ¿Debía Alikiah decírselo a Brenise?

Mis alumnos están igualmente divididos en esta cuestión. A los que optan por no revelar les preocupa que Brenise utilice la presión del tiempo de Alikiah para conseguir un mejor trato. ¿Es eso realmente correcto?

¿Cuál es la fecha límite de Brenise? También es el miércoles a las cinco, pero ella no lo sabe. Alikiah y Brenise tienen exactamente el mismo plazo. Esto se remonta a nuestra primera discusión del pastel. Alikiah no puede crear un pastel sin Brenise, y esta no puede crear uno sin Alikiah. Los dos son igualmente necesarios para crear el pastel. Por la misma razón por la que deben dividir el pastel, deben compartir la información sobre los plazos.

Si Alikiah no comparte con Brenise su plazo de entrega anticipado, él sentirá la presión del tiempo y ella no. En cambio, si comparte la noticia, ambos sentirán la presión del tiempo. Yo le aconsejaría a Alikiah que le dijera algo como: «Brenise, tengo una mala noticia que contarte. Debo finalizar esta negociación para el miércoles a las cinco, no para el viernes a las cinco. Eso significa que, si no llegamos a un acuerdo, no podremos hacer nada. Y si no llegamos a un acuerdo para entonces, los dos perderemos esta oportunidad. Así que, esa es tu fecha límite también. Pongámonos manos a la obra».

Mi consejo se basa en pruebas experimentales. Los profesores Francesca Gino y Don Moore descubrieron que ocultar el plazo más corto aumentaba la posibilidad de llegar a un punto muerto en más de la mitad de las ocasiones, de un 23 % a un 37 %.[36] Entre los que llegaron a un acuerdo, la parte con el plazo más corto se llevó de media la mitad del pastel cuando reveló el plazo, pero solo un 43 % cuando se mantuvo oculto. A no ser que se enmarquen las cosas utilizando la simetría, esto no es intuitivo. De hecho, cuando se preguntó a los participantes con el plazo más corto si la revelación ayudaría, casi el 60 % pensó que lo pondría en una posición más débil. Se equivocaron.

MAAN (Mejor Alternativa a un Acuerdo Negociado)

Si hay algo en lo que coinciden los expertos en negociación es en que hay que mantener oculto una MAAN débil. Según el Programa de Negociación de Harvard, esta es la negociación 101:

No reveles un MAAN débil. [37]

Como no soy de los que siguen la corriente, me permito ofrecer una perspectiva alternativa.

Para situar el escenario, imagínate que estás vendiendo tu negocio y la mejor oferta que tienes sobre la mesa es de 400.000 dólares. Eso se siente como un débil MAAN porque crees que el negocio vale al menos 500.000 dólares. Hay comprador potencial interesado y te pregunta qué otras ofertas tienes. Tienes varias respuestas posibles:

No es de tu incumbencia

Alguna que comienza con cuatro

400.000 dólares

Aunque «No es asunto tuyo» es una forma grosera de decirlo, se puede emplear la simetría para comunicar el mismo mensaje: «No creo que esté dispuesto a decirme lo máximo que está dispuesto a pagar. Por la misma razón, me da reparo decirle el mínimo que estoy dispuesto a aceptar». Este es el enfoque estándar.

Pero ¿habrías respondido «no es asunto tuyo», o su versión más educada, si tu otra oferta fuera de 500.000 dólares? Hay una razón para revelar tu MAAN incluso cuando es débil, y es que si no lo haces, la otra parte puede deducir que tu MAAN es aún más débil.

Si tienes una oferta alta, por ejemplo, de 500.000 dólares, querrás compartir esta información. Por lo tanto, si no la compartes, el comprador deducirá que su otra oferta está, en el mejor de los casos, en el rango de los 450.000 dólares. La lógica se multiplica. Si tienes una oferta de 450.000 dólares, estarás dispuesto a revelar esa información. Si no lo haces, el vendedor creerá que su otra oferta, si es que la tiene, es como mucho de 400.000 dólares. Entonces resulta ventajoso volver a presentar una oferta de 400.000 dólares para distinguirse de un vendedor que no tiene otra oferta. Se puede intentar mantener oculta una

MAAN débil, pero la falta de voluntad para compartirla dice mucho de su debilidad.

Otra razón para revelar tu MAAN es no perder el tiempo. Edward bajó su oferta inicial de 2.500 dólares a 1.100 dólares justo después de que le revelara que mi MAAN era ir a la ICANN a un coste de 1.300 dólares. Si al vender tu negocio, el nuevo comprador potencial te ofrece 275.000 dólares, puedes saber rápidamente si va en serio revelando que hay una oferta competidora que empieza por cuatro. Es cierto que el comprador potencial reconocerá que si la oferta fuera algo así como 450.000 dólares o más, habrías dicho «y se acerca a los 500.000 dólares». Así, podrán deducir que la oferta está en la parte baja del rango de los 400.000 dólares. Si no puede superar los 400.000 dólares, no tiene sentido continuar la conversación.

> Cuando compartas información, hazlo por pasos y busca la reciprocidad. Di que «empieza por cuatro» en lugar de decir la cantidad exacta. Pide que te enseñen su hoja de cálculo o el modelo que tengan para poder verificar sus cifras. Podrás ser más abierto cuando te comprometas a repartir el pastel y cuando haya menos espacio para que la otra parte oculte el verdadero tamaño del pastel.

La respuesta cuando se da la información completa no es tan mala como pueda parecer. Aunque revele que su oferta máxima actual es de solo 400.000 dólares, eso no significa que vaya a aceptar 401.000 dólares:

> Tenía una oferta de 400.000 dólares y la rechacé. Era demasiado baja. Si quieres comprar este negocio, vas a tener que hacer una oferta mucho mejor.

Aunque revelaste la otra oferta de 400.000 dólares, no hablaste de tu MAAN. Esta mejor alternativa podría ser la de continuar como estabas y no vender. Admito que esto mantendría tu MAAN parcialmente oculto, por lo que no he probado completamente mi caso.

¿Y si una venta a 400.000 dólares fuera realmente tu MAAN? Si crees que el comprador está dispuesto a pagar 480.000 dólares, entonces, aunque se revele tu mejor alternativa, puedes aguantar por 440.000 dólares o la mitad del pastel. No hay razón para que aceptes los 401.000 dólares como no la hay que el comprador pague 479.000. Volviendo a Edward y el nombre de dominio. Recuerda que le dije que mi MAAN era de 1.300 dólares, pero que no iba a pagarle más de 650 dólares.

Revelar una MAAN débil no te impide obtener la mitad del pastel, y no revelarlo puede llevar a la otra parte a deducir que tu MAAN es aún más débil de lo que es.

Creo que hay una confusión sobre lo que significa tener una MAAN débil. ¿Era débil mi MAAN en la negociación con Edward? El suyo era de 0 dólares y el mío era pagar 1.300. Mi MAAN era peor que el suyo, pero esa no es una comparación relevante.

Esto es lo que sospecho que realmente ocurre. La otra parte tendrá alguna idea de cuál es tu MAAN (después de tener en cuenta el hecho de que no se la has revelado). Si cree que tu MAAN es mejor de lo que realmente es, no vas a corregirles revelando tu MAAN. Si creen que tu MAAN es peor de lo que realmente es, sí deberías corregirles.

Por supuesto, es posible que no te digan cuál creen que es tu MAAN. En esa situación, tus decisiones se basan en lo que crees que ellos piensan que es tu MAAN (de nuevo, tras tener en cuenta el hecho de que no se lo has revelado). Si crees que piensan que tu MAAN es mejor de lo que realmente es, no querrás corregirles revelando tu MAAN. Si crees que piensan que tu MAAN es peor de lo que realmente es, sí debes corregirles.

El significado de una MAAN débil es que crees que la otra parte ha sobrestimado tu MAAN. La debilidad no radica en que tu MAAN tiene valor muy bajo, sino del hecho de que tu verdadera mejor alternativa para negociar es peor de lo que crees que ellos piensan que es. Si ese es el caso, la palabra es mamá.*

---

* ¿Por qué decimos que «mamá es la palabra» para guardar silencio? Porque si intentamos hablar cuando nuestros labios están cerrados suena a «mmmm» (o *mum* en inglés). La expresión se remonta al inglés medieval. Como escribió Shakespeare en *Enrique VI*, Parte 2: «Sella tus labios y no digas más palabras que mamá».

22

Movimientos de apertura

Hay un adagio chino muy conocido que dice que un viaje de mil millas comienza con un solo paso. Es cierto. También es fácil empezar con un paso en falso. Veamos si puedo ayudarte a evitar que la negociación comience con el pie izquierdo.

En este capítulo examinaremos extractos de una serie de negociaciones. A lo largo de los últimos quince años, he filmado cientos de ellas y las palabras que cito proceden de las transcripciones de esas grabaciones. Como en las negociaciones participan personas reales, no puedo mostrar los vídeos. Pero, para resolver este problema, contraté a actores que recrearan las escenas. Estos vieron los originales y luego utilizaron las transcripciones como guion. Hay enlaces a estos vídeos en el sitio web del libro, SplitThePieBook.com. Los actores eran estudiantes de la Escuela de Arte Dramático de Yale. Cuando ganen sus premios de la Academia, podrás decir que los viste aquí primero.

Los fragmentos se centran en los movimientos iniciales, ya sean las primeras ofertas, mentiras, rutinas de policía bueno y policía malo, o ultimátums. Hay varios choques de trenes. Una de las conclusiones es que el enfoque tradicional de la negociación tiene fallos profundos. Si puedes acordar desde el principio diferentes reglas básicas para repartir el pastel, no tendrás que preocuparte por jugar a estos juegos. Reconozco que no siempre tendrás esa oportunidad. A continuación, te explico lo que debes hacer o, sobre todo, lo que no debes hacer en esos casos, y cómo responder cuando los demás no siguen mis consejos.

El anclaje (y cómo no dejarse arrastrar por tu propia ancla)

Algunos piensan que es inteligente comenzar a negociar con una oferta extrema para tratar de conseguir más parte del pastel. Si la otra parte pide 100 y estás dispuesto a pagar 70, ofrécele 20 dólares.

La idea es anclar a la otra parte a tu cifra. Cuando oigan 20 dólares, se reducirán sus expectativas sobre lo que tú estás dispuesto a pagar. En lugar de responder con 80 dólares, se encontrarán a mitad de camino con 60 dólares.

Este enfoque presenta dos problemas potenciales:

1. Ofrecer 20 dólares o alguna otra cifra muy baja puede hacer que la otra parte se aleje o decida que no quiere negociar contigo.
2. Si el precio de mercado se sitúa en entre 80 y 100 dólares, tendrás que hacer grandes concesiones para llegar al rango de precios adecuado. Pasando, por ejemplo, de 20 a 50 dólares, el vendedor interpretará que aún tienes una gran flexibilidad en tu oferta, por lo que esperará ver otras grandes concesiones.

Un ejemplo de un anclaje extremo que hunde las negociaciones tuvo lugar el 26 de enero de 2017. El entonces presidente, Donald Trump, tenía previsto reunirse con el presidente de México, Enrique Peña Nieto, en la Casa Blanca. Una parte polémica de su agenda era la discusión sobre la construcción del muro en la frontera. El presidente Trump se adelantó a las negociaciones enviando un tuit a las 8:55 en el que insistía en que México pagara por la construcción del muro.

Parecía que el presidente Trump intentaba anclar las negociaciones con su oferta a la baja. Pero el tiro le salió por la culata, ya que fue visto como un insulto, y lo que es peor, como un insulto público. A las 11:30, el ministro de Exteriores mexicano recibió instrucciones de anular la reunión con el entonces secretario de Seguridad Nacional, John Kelly. Poco después, el presidente Peña Nieto canceló públicamente su encuentro con el presidente Trump.[38] Finalmente, Estados Unidos terminó pagando todos los 15.000 millones de dólares que costaba la construcción.

La literatura académica sobre el anclaje se basa en experimentos ajenos a la negociación. En 1974, Amos Tversky y Daniel Kahneman introdujeron al mundo la toma de decisiones basada en el comportamiento: cómo las peculiaridades de la mente humana conducen a desviaciones predecibles de la racionalidad. Este trabajo acabó por dar a Kahneman el Premio Nobel de Economía en 2002. (Tversky seguramente habría compartido el premio con él si no hubiera fallecido prematuramente a los cincuenta y nueve años a causa de un cáncer). Ambos demostraron el efecto del anclaje al hacer dos preguntas diferentes a los sujetos de estudio. A la mitad de ellos se les preguntó si el número de países africanos en las Naciones Unidas era superior o inferior a 10. A la otra mitad se les pregunto si eran más o menos de 65 países. Después de la primera respuesta, se les pidió a todos que calcularan el número real. Los que calcularon por encima o por debajo de 10 respondieron que 25. Los que lo hicieron «por encima o por debajo» de 65 se decantaron por 45 países. Aunque ambas estimaciones estaban por debajo de la realidad (54), fue una demostración notable de cómo la simple consideración de los números 10 o 65 puede tener un gran efecto en las estimaciones de la gente. Oír primero 65 en lugar de 10 casi duplicó la estimación.

La razón por la que el anclaje es diferente en la negociación es que la otra parte es consciente de lo que estás haciendo y se puede sentir ofendida. Nadie se siente así cuando se le pregunta si el número de países africanos en las Naciones Unidas es superior o inferior a 10. Pero se sentirán ofendidos si les ofreces el 10 % de lo que vale su coche, su casa o su negocio. Porque pensarán que no tienes ni idea de lo que estás haciendo o, más probablemente, que estás intentando aprovecharte de ellos.

Eso no significa que no puedas utilizar esta táctica, sino que tienes que usarla con moderación.

Sea cual sea la oferta que hagas, siempre debes poder defenderla. Si ofreces 20 dólares y el comprador te dice: «¿Cómo has llegado a esa cifra?», no es una respuesta satisfactoria decirle: «Estaba tratando de anclarte a una oferta baja». Por tanto, elige una cifra defendible. En el caso de los bienes inmuebles, por ejemplo, si hay un rango de estimaciones en Zillow [portal del mercado inmobiliario], puedes justificar que has elegido tu cantidad del extremo inferior del rango.

Pasemos al segundo problema del anclaje: te obliga a hacer grandes movimientos para llegar a un posible acuerdo. Una vez hecho esto, la otra parte piensa que puedes hacer más concesiones, pero a veces no puedes. Entonces, el resultado final será que no hay trato, como vemos en la siguiente transcripción.

Comprador: Digamos por cuánto empezar.

Vendedor: Estaríamos hablando de alrededor de 660.000 dólares para comprar la concesión de mi gasolinera.

Comprador: Bueno, tengo que admitir que estás muy, pero que muy lejos de lo que estábamos pensando… Con esa cantidad podríamos construir una nueva estación. Así que no estoy dispuesto a pagar más de 300.000 dólares. Tal vez podamos negociar un poco más porque quizá sí vale más de 300.000 dólares. Pero, por supuesto, el precio que esperas obtener está absolutamente fuera de cuestión.

[Ciertas vacilaciones]

Comprador: Si podemos llegar a un acuerdo en 375.000 dólares…

Vendedor: Mira, no necesito vender.

Comprador: Yo personalmente estaba pensando en no llegar a más de 375.000, pero podría subir algo más porque... porque nos gustaría quedárnosla y cerrar con un apretón de manos. Hoy, ahora, puedo darte un cheque por 470.000 si estás de acuerdo, pero por encima de eso ya no es posible.

Vendedor: No. Mis otras opciones son mejores.

Comprador: Llevaré su mensaje a la dirección de la empresa.

Siendo que el precio de mercado se acerca a los 470.000 dólares, el comprador comenzó con una oferta baja de 300.000 dólares. Consigue mantenerse en esa cantidad, pero al subir rápidamente a 375.000 y luego a 470.000 deja la impresión de que si el vendedor aguanta, aún le llegarán ofertas atractivas. No tiene ofertas más altas, porque los 470.000 dólares son el límite del comprador. Los grandes saltos de precio —que fueron necesarios como punto de partida bajo— crearon una falsa sensación de flexibilidad del comprador que, a su vez, hizo que el vendedor no estuviera dispuesto a aceptar la mejor oferta del comprador.

Podríamos preguntarnos si el comprador debería ir más despacio, pero eso también crea otra serie de problemas. Si el comprador no se acerca a un rango razonable, el vendedor pensará que el comprador no es serio.

La fuente esencial del problema es esa oferta inicial excesivamente baja. Ese punto de partida tan bajo requiere dar grandes pasos y eso crea un anclaje diferente: que eres un negociador dispuesto a dar grandes pasos.

No es que quiera alargarlo, pero hay otro problema con esta estrategia. Una oferta a la baja produce falta de confianza. Si alguien empieza proponiéndote 300.000 dólares y acaba ofreciéndote 470.000 dólares, eso sugiere, —en realidad grita—, que estaba intentando aprovecharse de ti. Lo cual debe ponerte en alerta y con la guardia alta. No digas nada que pueda ser usado en tu contra. Como vemos en la transcripción, ninguna de las dos partes hace bien su trabajo o no hace ningún trabajo en absoluto para buscar formas de ampliar el pastel.

No quiero que pienses que no hay lugar para el anclaje. Lo que deseo es que aprecies que un anclaje de mano dura puede ser peor que no tener anclaje. Haz un ligero ajuste. Es posible hacer que incluso un ancla ligera sea muy difícil de manejar, como ahora veremos.

Hacer ofertas concretas

Me encanta esta señal que limita la velocidad a 24 millas porque atrae más mi atención de lo que lo haría la señal de 25 millas. Por la misma

razón, si quieres que una oferta se mantenga, concrétala. Es mejor pedir 485 dólares que 500. Si pides una cifra tan redonda, la otra parte pensará que te la estás inventando y que no has investigado para saber lo que vale el artículo, así que te responderán con una cifra mucho más baja. En cambio, si pides 485 dólares, la otra parte deducirá que hay algún razonamiento detrás de esa cifra.

Este resultado se documentó en un ingenioso trabajo de los profesores de la escuela de negocios Matt Backus y Steven Tadelis y del investigador de eBay Tom Blake.[39] En su estudio examinaron las negociaciones que tenían lugar en eBay. Como se ve en el gráfico, compararon el precio de venta final con el precio de venta inicial. Por ejemplo, si el precio inicial era de 200 dólares, el vendedor se quedaba con cerca de un 57% cuando vendía el producto. Este es el círculo relleno que hay por encima de los 200 dólares. Observa este patrón en los círculos rellenos: cuando el precio de venta es un número redondo, especialmente un múltiplo de 100, tiende a ser de una proporción mucho menor en comparación con cuando el precio de venta es más preciso.

No es sorprendente que alguien que pida 515 dólares acabe obteniendo más que quien pide 500 dólares. Pero sí lo es que alguien que pide 485 dólares acabe llevándose más, porque el número exacto atrae.

Por supuesto, no vayas a pedir 485, 12, porque si el otro te preguntara de dónde has sacado esa cifra, no te servirá de nada responder que has leído en un libro que los números precisos atraen más. Hay que ser capaz de justificar la cifra exacta que se da. A menudo la gente dispara su oferta al redondear la oferta o la demanda. Si quieres hacer una oferta por un apartamento que tiene 1.145 metros cuadrados y el precio por metro cuadrado en el portal inmobiliario Zillow es de 900 a 1.000 dólares, continúa y ofrece 900 dólares x 1.145 = 1.030.500 dólares. Si lo redondeas hacia abajo y ofreces 1 millón, la otra parte no creerá que se trata de una oferta en firme. Si el vendedor te pregunta cómo has llegado al precio de 1.030.500 dólares, puedes explicarle sale a partir del precio estimado más bajo de Zillow multiplicado por los metros cuadrados.

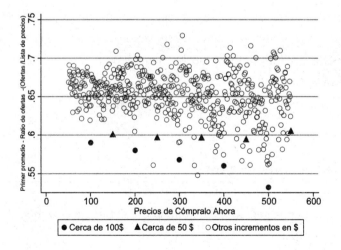

No mientas sobre tu MAAN

Al tratar de conseguir más parte del pastel, algunas personas exageran su MAAN. Y con exagerar, quiero decir mentir. La forma más fácil de conseguir que la otra parte se mueva es hacerle creer que está compitiendo con otra persona.

En el siguiente diálogo, el vendedor afirma tener una oferta competitiva por 500.000 dólares.

> **Vendedor:** Tenemos un par de otras ofertas sobre la mesa.
>
> **Comprador:** ¿Cuál es la oferta?
>
> **Vendedor:** La mejor oferta es de 500.000 dólares. Así que ese es el número a superar.
>
> **Comprador:** Uau, [risa] esa es una oferta muy buena. Yo aceptaría eso si fuera tú.

El comprador no está dispuesto a ofrecer más de 470.000 dólares, así que si el vendedor ya tiene una oferta de 500.000 dólares, no tiene mucho sentido seguir negociando.

En ese momento, la vendedora podría añadir una segunda mentira y alegar que por alguna razón prefiere vender a este comprador que al que le ofrece 500.000. Eso probablemente levantará sospechas sobre su honestidad.

No mientas ni te metas en este lío para empezar.

Policía bueno/policía malo

En la siguiente negociación la compradora comienza con mucha amabilidad y simpatía.

Compradora: Solo quería empezar diciendo que creo que este acuerdo va a ser más fácil de lo que podría ser. Por suerte para ti, mi compañera de trabajo, que normalmente se encargaría de hacer esta negociación, está trabajando en otra. Ella no ha podido estar aquí hoy y es una dura negociadora. [Risas] Pero yo soy fácil de manejar. No trataré de rebajar tu precio.

Le dice que tiene suerte de trabajar con ella y que es fácil de tratar. Todo son sonrisas, pero bajo la superficie no sonríe realmente.

Esta es la clásica rutina del policía bueno y el policía malo. En realidad, está diciendo que si no haces este trato conmigo, te vas a enfrentar a otro que es malo y duro. ¡Será mejor que hagas este trato conmigo ¡o te vas a enterar!

Ahora la pregunta: si tú fueras el vendedor, ¿cómo responderías a esta amenaza implícita?

Puedes ignorarlo, lo cual es peligroso porque si lo haces, estás diciendo implícitamente que aceptas la amenaza del poli bueno/poli malo. Lo que significa que tienes miedo de enfrentarte a la otra persona o que el comprador cree que tendrías miedo.

O puedes llamarle la atención y decirle que no es posible que esté jugando contigo al poli bueno y poli malo. Eso es mejor que no decir nada, aunque se corre el riesgo de empezar las negociaciones con mal pie.

Si no quieres decírselo a la persona explícitamente y tampoco quieres dejarlo pasar, ¿cómo deberías responder? Aquí seguimos con la transcripción. El vendedor tiene la réplica perfecta a la estratagema del comprador.

Compradora: … Yo soy fácil de manejar. No trataré de rebajar tu precio.

Vendedor: Supongo que ambos tenemos suerte. Mi esposa tampoco está aquí. Ella también es dura de pelar. [Risas]

Compradora: De acuerdo. Me parece bien. ¿Empezamos ya?

Llama la atención al otro sobre sus tácticas, pero hazlo con humor. El vendedor te está diciendo que ve lo que estás haciendo, y que podría jugar al mismo juego. Dejémonos de tonterías y pongámonos a trabajar.

Soy un gran fan de emplear la simetría, pero tiene su trampa. A veces conviene emplear una simetría hipotética en lugar de una real. Eso es lo que logró el humor del vendedor. Estaba diciendo que podría jugar hipotéticamente al mismo juego, no que fuera a jugar al mismo juego. Si alguien se comporta como un imbécil contigo, no quiero que aplique la simetría y se comporte de la misma manera con él. En cambio, quiero que emplees la simetría para ayudarle a ver cómo se perciben sus acciones.

Cómo apagar un incendio: combatir el fuego con agua

Cuando la otra parte enciende un fuego, la reacción natural es responder del mismo modo, combatir el fuego con fuego. Pero, como te dirá cualquier bombero, la mejor respuesta es combatir el fuego con agua.. Hay que apagar las llamas.

En la negociación que sigue, hay tres partes implicadas. Está el vendedor, el abogado del vendedor y el comprador. El vendedor tiene una idea ingeniosa para dar una oferta final.

Vendedor: Te quiero. Eres de la familia. Pero esto es un negocio. Ya hemos hablado, va a ser A o B, o no hay trato. Voy a dejar que vosotros discutáis. Sé que vamos a llegar a una conclusión firme. He dejado mi teléfono aquí para que puedas… Bueno, no puedes llamarme. Es A o B, así es para nosotros. Gracias.

[El vendedor sale de la habitación y deja el móvil sobre la mesa].

Abogado del vendedor: [Risas] Creo que lo ha dicho todo. Mi cliente me ha dicho que todo lo que podemos aceptar por nuestra parte es A o B. Eso es todo.

El comprador podría responder del mismo modo: es D o E o no hay trato. Eso es combatir el fuego con fuego y es poco probable que conduzca a un acuerdo. El comprador podría consentir y aceptar la opción que prefiere. No me gusta esa respuesta porque premia el mal comportamiento de la otra parte. Quiero que el comprador consiga que el abogado del vendedor muestre cierta flexibilidad, esencialmente para anular las instrucciones dadas por el cliente.

Así es como el comprador extinguió la oferta final.

Comprador: ¿Es solo A o B?

Abogado del vendedor: Sí, así es.

Comprador: Eso es todo. ¿No hay más opciones?

Abogado del vendedor: Eso es exactamente lo que estamos tratando aquí.

Comprador: Bueno, vamos a ver, A es 25 millones de dólares.

Abogado del vendedor: Así es.

Comprador: ¿No aceptarías 26 millones de dólares?

Abogado del vendedor: ¿Estás ofreciendo 26 millones de dólares?

Comprador: No estoy ofreciendo 26 millones de dólares. Solo estoy preguntándote si aceptarías 26 millones de dólares.

Abogado del vendedor: Sí.

Lo que hemos visto aquí fue realmente notable. Tuvimos un vendedor que parecía atascado solo en A o B. El comprador descubrió una

292 • REPARTIR EL PASTEL

manera inteligente de crear nuevas opciones. El comprador va y dice, bueno, usted es feliz con 25 millones de dólares. ¿Qué tal 26 millones? ¿Quién podría decir que no a eso? No era una oferta real. Era una oferta hipotética. Y, sin embargo, establece el hecho de que el vendedor considere algo diferente de A o B.

Tú haces una simple propuesta superior para llamar la atención de la persona y demostrar que su oferta final o intransigencia no es realmente cierta. Y luego, una vez que hayas comprobado que están abiertos a otras ideas, es el momento de empezar a explorar.

Hay algo más que quiero señalar sobre cómo el comprador apagó el fuego. Este no dijo: ¿considerarías una oferta de 20 millones de dólares hoy, con un 10 % de participación en los beneficios y un 5 % de dividendos diferidos en los próximos 5 años? La respuesta probable sería que no, aunque sea una oferta muy superior a la A. Sin embargo, esa oferta no consigue apagar el fuego porque es demasiado complicada. Nadie tiene que pensar o sacar una hoja de cálculo para darse cuenta de que 26 millones de dólares es mejor que 25 millones. Para sacar a alguien de su ultimátum hay que emplear una oferta sencilla que le golpee en la cabeza por su evidente superioridad.

Si el abogado dice que no a los 26 millones de dólares, entonces realmente estás atascado en A o B. Si, como en el caso anterior, el abogado dice que sí, has establecido que el vendedor está dispuesto a considerar otras opciones que no sean A o B. Una vez establecido esto, ahora es el momento de explorar opciones creativas y más complicadas. En el caso de Zinc-It, hay acuerdos que valen más de 26 millones de dólares para el vendedor y que no cuestan tanto para el comprador. Por ejemplo, considerar un pago de 50 millones de dólares en caso de aprobación de la FDA y nada en caso contrario. Eso vale 30 millones de dólares para el vendedor, pero solo le cuesta 5 millones al comprador.

Negociar con patanes

Como escribió el exsecretario del Tesoro y presidente de Harvard, Larry Summers, en un artículo no publicado: «Hay idiotas. Mira a tu alrededor». También podría haber escrito: «Hay patanes. Mira a tu alrededor».

No todo el mundo habrá leído este libro ni elegirá negociar con principios. Para ayudarte a afrontar el reto de negociar con idiotas, te ofrezco un sencillo consejo: no seas idiota tú también.

No seas la persona a la que otros tienen que pedir consejo. Me encantan mis alumnos. Son inteligentes, empáticos y con principios, hasta que empiezan a negociar. Entonces, un extraño trastorno se apodera de ellos y muchos se convierten en una caricatura del negociador duro. Renuncian a las habilidades que les permiten tener éxito y hacer crecer el pastel y en su lugar se convierten en la persona con la que no querrían negociar.

Sí, hay patanes por ahí. Cuando te encuentres en el otro lado, explica el pastel y mantente firme en cuanto a conseguir la mitad. Utiliza la simetría para darle la vuelta a sus argumentos. Pero, sobre todo, no les copies. No añadas uno al número de imbéciles.

Qué decir

¿Cómo se puede descubrir lo que la otra parte quiere realmente conseguir? Lo más fácil es preguntar. Hazlo antes de empezar a hablar de dinero. Al principio, puedes preguntarles: ¿qué es lo que te entusiasma de este acuerdo? ¿Qué te hace dudar?

Otra forma de intentar llegar a esto es adelantarte al tema del dinero:

Sé que quieres más dinero; todo el mundo quiere más. ¿Qué más puedo hacer para mejorar tu vida, además de darte dinero? Más tarde hablaremos de dinero y lo discutiremos, pero ahora mismo ¿qué cosas puedo hacer que no impliquen dinero, para que este acuerdo sea mejor para ti?

En esa conversación se descubren los intereses que permiten cambiar el brócoli por la remolacha y crear un pastel más grande.

Algunas personas, tal vez tú, pensarán «no quiero revelar eso en el inicio, porque si lo hago es probable que paguen menos». Y hay algo de verdad en eso; probablemente pagarán un poco menos si les revelas que hay algo más que te interesa y te lo dan. Por otro lado, los dos habréis hecho el pastel más grande y conseguido algo que realmente os importa. Ambas partes salen ganando y es más probable que el trato se lleve a cabo.

Por supuesto, si primero has acordado repartir el pastel, la conversación será aún más fluida. Sigue haciendo las mismas preguntas (¿Qué les entusiasma? ¿Qué les hace dudar?), porque así es como se amplía el pastel. Y también responderás a sus preguntas cuando te las hagan a ti.

45 Aportes

Aquí están las cuarenta y cinco lecciones principales del libro. Espero que les des un buen uso y no dudes en compartirlas.

Las esenciales

Estas son las reglas de juego en cualquier negociación.

1. **Empieza por pedir.** Si no pides, es poco probable que recibas. Puedes tener el mejor conocimiento de la negociación pero, si no negocias, no sirve de nada.
2. **No te limites a pedirlo, presenta argumentos honestos.** Hay un famoso experimento realizado en la década de 1970 por Ellen Langer, Arthur Blank y Benzion Chanowitz en el que una persona pide que le dejen pasar en la cola para hacer copias. [40] La mayoría de la gente solo conoce el primer resultado de acuerdo a la pregunta: «¿Puedo usar la máquina Xerox, porque tengo que hacer copias?», que condujo a un 90 % de éxito, en comparación con decir simplemente «¿Puedo usar la máquina Xerox?», con la que solo obtuvo un 60 % de efectividad. La conclusión errónea que saca la gente de esto es que cualquier razón funciona, por

296 • REPARTIR EL PASTEL

muy inane que sea. Pero la razón inane («Tengo que hacer copias») solo funcionó cuando la persona quería hacer cinco copias. Una vez que la persona dijo que quería hacer veinte copias, ambos enfoques tenían una eficacia idéntica: solo un 24 % de éxito. Si quería meterse en la fila, tenía que dar una razón legítima, como «tengo prisa». En una negociación, no aconsejo pedir más solo porque «me gustaría tener más dinero». El sistema del pastel proporciona argumentos lógicos y principios para persuadir a los demás.

3. **Conoce tu MAAN** (Mejor Alternativa a un Acuerdo Negociado), es lo que harás si no llegas a un acuerdo. Si no conoces tu MAAN, no sabrás cómo que te va en la negociación o incluso si debes abandonarla. Cuando tu mejor alternativa es incierta, debes hacer una estimación. Y recuerda que esta puede ser mejor que tu actual segunda opción, ya que puede existir la posibilidad de mejorar la oferta si sigues ese camino.

4. **Nunca aceptes algo que valga menos que tu MAAN.** Acabar sin acuerdo es mejor que aceptar un mal acuerdo.

5. **Trabaja para entender la MAAN de la otra parte.** Puede que te vaya bien en términos absolutos, pero si no tienes en cuenta cuánto recibe en relación con su MAAN, no sabes lo bien que le va a la otra parte.

El pastel

Estas son las principales aportaciones de este libro.

6. **Calcula el pastel.** En cualquier negociación, emplea la perspectiva del pastel. ¿Qué está realmente en juego? En el caso de dos partes, el pastel es lo que ambos pueden conseguir trabajando juntos frente a lo que pueden obtener si no llegan a un acuerdo.

Para calcular el pastel se necesitan tres números: lo que ambos pueden conseguir juntos, tu MAAN y la MAAN de la otra parte.

7. **Reconoce la igualdad de poder en cualquier negociación entre dos partes.** Dado que cada parte es esencial para el acuerdo, cada una tiene el mismo poder. Por esta razón, debes repartir el pastel de forma equitativa.

8. **Reconoce la simetría en cualquier negociación entre dos.** Partes que de otro modo parecen diferentes se vuelven simétricas bajo la lente del pastel. Las personas que ocupan posiciones simétricas deben ser tratadas por igual. Por este motivo, deben repartir el pastel de forma equitativa.

9. **Emplea la simetría.** Una vez estás enfocado en pastel, todo es simétrico. Cualquier argumento de la otra parte se puede invertir. Si ellos proponen una división de 90/10 a su favor, tú puedes contrarrestarla con un 90/10 en la tuya. Aunque es mejor que lo hagas de manera hipotética y no como un giro real.

10. **Una MAAN pobre no significa poco poder.** Si no hay acuerdo, ninguna de las partes alcanzará su MAAN. Al igual que tú quieres conseguir la tuya, la otra parte también. Una MAAN baja significa que hay más en juego en la negociación, ya que el pastel es más grande; lo que no significa que debas aceptar menos de la mitad del pastel.

11. **Repartir el pastel es un resultado justo.** Todas nuestras nociones de justicia se reducen a una forma de trato igualitario. ¿Pero igualdad de qué? El reparto proporcional trata a todos los dólares por igual, así como a las personas. El sistema del pastel te ayudará a saber tratar a las partes equitativamente.

12. **Cuidado con el señuelo del reparto proporcional.** Es fácil caer en la trampa del reparto proporcional, sobre todo porque las partes más grandes lo presentan como una condición básica.

13. **Que te importe más no significa que recibas menos.** La parte a la que le importa menos debería tener más facilidad para hacer

un sacrificio. Cada una debería obtener lo mismo de la máxima ganancia potencial de acuerdo a como la percibe. Cuando las valoraciones son lineales, eso significa que cada parte obtiene la mitad de su pastel ideal. Cuando no son lineales, es posible que cada parte obtenga más de la mitad de su pastel ideal.

14. **Presenta esta nueva forma de negociar con honestidad.** La gente se lanza demasiado rápido a las cifras y las ofertas. Comienza con los principios y las reglas básicas. No esperes que la otra parte esté familiarizada con este enfoque. Si encuentras resistencia, al menos sabrás de antemano qué tipo de persona hay en la otra parte.

15. **Aunque a la otra parte no le importe la equidad o el pastel, tú puedes conseguir la mitad.** Utiliza la perspectiva del pastel para explicar de qué trata realmente la negociación. Puedes hacerlo sin tener que referirte a la terminología del pastel, como en el ejemplo: «La razón por la que estamos negociando es para ahorrarnos 1.300 dólares de cuota de la ICANN». Explica por qué ambas partes son igualmente esenciales para crear el pastel. El poder simétrico implica un reparto equitativo. Utiliza esta lógica para explicar por qué te mantienes firme en exigir la mitad del pastel. La otra parte no tendrá una contrapartida de principios. Los principios y la lógica vencen a las posiciones arbitrarias.

16. **Acuerda dividir el pastel para hacerlo crecer.** Si puedes resolver la cuestión del reparto del pastel, te resultará más fácil trabajar de forma cooperativa para hacerlo crecer.

17. **Utiliza el pastel como vara de medir.** Es demasiado fácil caer en la trampa de comparar una oferta con tu MAAN. Puede que la oferta supere con creces tu MAAN y entonces la aceptes, pero no tienes ni idea de lo buena que es la oferta (o de lo mucho mejor que podría ser) hasta que ves la parte del pastel que vas a recibir. Si vas a aceptar menos de la mitad del pastel, deberías

saberlo en ese momento. Y, si pides o recibes más de la mitad del pastel, también deberías saberlo.

18. **Utiliza el pastel como un modelo.** No solo quieres conseguir la mitad de un pastel pequeño, sino que tu objetivo es crear un pastel enorme (del que obtengas la mitad). Piensa en qué tipo de estructuras de acuerdo crean el mayor pastel.

El crecimiento del pastel

19. **Dale a la otra parte lo que quiere.** Si ellos consiguen lo que quieren, tú también puedes conseguirlo. Para ello, empieza por saber qué es lo que quieren (y lo que no). Permíteme compartir aquí un consejo que recibí de Daylian Cain: el tiempo que se invierte en intentar cambiar las mentes es mejor aprovecharlo para comprenderlas.

20. **Sé empático (o al menos curioso).** Haz preguntas. Pregúntales por sus objetivos para el acuerdo. Averigua qué es importante para ellos. ¿Cuáles son sus preocupaciones? Además de dar más dinero, ¿cómo puedes ayudar?

21. **Responde a la vez que preguntas.** Si no respondes a sus preguntas, dejarán de responder a las tuyas. Además, si no compartes información, la otra parte no podrá averiguar lo que quieres y dártelo. La gente tiene demasiado miedo de que cualquier cosa que diga sea utilizada en su contra. Pero si no respondes a sus preguntas, lo que no digas puede dar lugar a inferencias que pueden y serán utilizadas en tu contra.

22. **Realiza operaciones inteligentes.** Averigua qué es y qué no es importante para ti. Renuncia a las cosas que son valiosas para la otra parte y menos valiosas para ti. Consigue aquello que es valioso para ti y menos valioso para ellos. Así es como se amplía el pastel.

23. **Recuerda la remolacha versus el brócoli.** Un buen acuerdo es el que da a cada parte más de lo que valora. No tengas miedo de llegar a los extremos. Si a A le gusta más la remolacha que el brócoli y a B le gusta más el brócoli que la remolacha, A debería llevarse toda la remolacha y B todo el brócoli.

24. **Utiliza la creatividad como primer recurso, no como último.** Si esperas demasiado, ambas partes os sentiréis frustradas y puede que se te acabe el tiempo o la paciencia. Intenta ampliar el pastel al principio de la negociación, cuando la gente está más dispuesta a cooperar y hay menos presión de tiempo.

25. **Demuestra que entiendes el punto de vista de la otra parte.** La mejor manera de hacerlo es presentando sus argumentos por ellos. Comprueba que lo has entendido bien.

26. **Crea nuevas opciones.** No te limites a las opciones que hay sobre la mesa. La gente pasa demasiado tiempo debatiendo alternativas mediocres. Una de las razones por las que puedes tener problemas para llegar a un acuerdo es que ninguna de las opciones sea justa (en el sentido de que conducir a un reparto equitativo) y ninguna conduzca a la mayor parte del pastel. Céntrate en idear nuevas opciones que maximicen el pastel y proporcionen un reparto equitativo.

27. **Emplea tratos contingentes (I).** Una de las razones para proponer un acuerdo contingente es que no estés seguro del tamaño del pastel, pero temas que la otra parte tenga mejor información. Para asegurarte de que no se aprovechan de ti, fija los pagos en función de lo grande que sea el pastel. Esto también se aplica cuando ambas partes no están seguras del tamaño del pastel y prefieren no arriesgarse.

Vende tu solución

28. **La solución de una negociación debe aplicarse de forma coherente a cualquier rango de parámetros.** Parte de la venta de tu solución consiste en demostrar los defectos de otros enfoques. La solución a una negociación no debe buscarse solo para esto, sino que debe ser un único procedimiento que se pueda aplicar a una amplia gama de situaciones. No se puede argumentar a favor del reparto proporcional en un contexto y luego en contra cuando este ya no es favorable. Por tanto, es la prueba de coherencia la que lleva a dividir el pastel, porque con cualquier otra regla siempre hay incoherencias. En el ejemplo de la *pizza*, vimos cómo una división equitativa de los doce trozos no superaba la prueba de consistencia, ya que se rompía cuando una de las partes tenía una MAAN de 7 o más trozos; una división proporcional a la MAAN falla cuando una de las MAAN se acerca a 0. En la negociación entre Anju y Bharat, Anju demostró que dividir los intereses en proporción a la cantidad invertida ya no era justo (para Bharat) cuando el tipo de interés de un certificado de depósito de 20.000 y 25.000 dólares era el mismo.

29. **Anticipa las posibles objeciones a tu propuesta.** No necesitarás un plan si la otra parte te dice: «Genial, no se me había ocurrido. Repartamos el pastel». Como eso es poco probable, ten un plan para saber qué hacer cuando la otra parte te diga que no. ¿Cuáles son las objeciones que harías si representaras a la otra parte y cómo puedes contrarrestarlas? Anticípate a su propuesta pensando en el enfoque heurístico que más les conviene. Muéstrales de qué manera podría perjudicarles su enfoque si los números fueran diferentes o cómo su heurística se rompe cuando los números se vuelven extremos.

30. **Cuando presentes una nueva idea, estructúrala de forma que la otra parte quiera oírla.** Sé alocéntrico. Piensa en lo que les

gustará de la nueva idea, no en lo que te gusta a ti. Si piensas ofrecer una gran bonificación y un bajo pago inicial, empieza por la gran bonificación, no por el bajo pago inicial. Parece obvio una vez que lo dices, pero la gente tiende a empezar con la parte del acuerdo que más le gusta. Y es en ese momento, cuando la otra parte puede dejar de escuchar.

31. **Emplea tratos contingentes (II).** Si no estás seguro de tener autoridad para probar algo nuevo, propón dos tratos: uno convencional y otro autorizado que ambos prefiráis.

32. **Di «Sí si» en lugar de «No a menos que».** La gente está más dispuesta a darte lo que quieres si sabe que al hacerlo va a llegar a un acuerdo. Calcula lo que te costaría decir «Sí si».

Advertencias

33. **No pidas demasiado.** Empecé aconsejándote que pidieras, pero no te extralimites. Si ya estás recibiendo la mitad (o más) del pastel, acepta lo que te han ofrecido. Hay un viejo dicho: los cerdos más gordos son los que se sacrifican.

34. **Cuidado con aprovecharte de las oportunidades de conseguir más de la mitad del pastel.** Aunque la otra parte no entienda el pastel, tendrás que apoyarte en su error. Hacerlo así no es la mejor manera de generar confianza.

35. **No combatas el fuego con fuego.** Lucha contra el fuego con agua. Si la otra parte dice algo incendiario, en lugar de intensificar la situación, trata de suavizarla. Utiliza el humor.

36. **Si alguien te hace una última oferta, no se la devuelvas con otra.** Eso es combatir el fuego con fuego. En su lugar, busca una opción que les haga sentir claramente mejor. Aunque sea algo hipotético, esto les mostrará que están abiertos a otras opciones que no sean esa última oferta.

37. **Deja que te digan que no.** En lugar de rechazar un trato que te sea poco favorable, piensa en qué haría falta para que tú lo aceptaras. Pídelo. No tienes nada que perder.

38. **Elige un ancla razonable.** La primera oferta puede influir en el resultado de una negociación, pero si eres demasiado agresivo eso puede hacer que no se llegue a un acuerdo. Las cifras exactas son más difíciles de cuestionar que las redondas, por ejemplo, 1.217 frente a 1.200 dólares. Pero debes prepararte para defender la procedencia de ese número exacto.

39. **Muchos procedimientos que parecen justos no lo son.** Aunque es importante compartir la información de forma recíproca, no hay nada intrínsecamente justo en el hecho de encontrarse en medio de dos puntos arbitrarios o en la eliminación recíproca de opciones.

40. **Cuando hay más de dos partes, las cosas se complican rápidamente.** Aunque se aplique la misma idea del pastel, el reto es que las MAAN ya no son exógenas. Si las cosas se tuercen, hay que tener en cuenta quién puede asociarse con quién

41. **Aunque no tengas poder en una negociación, puedes tenerlo para cambiar lo que los demás reciben.** No te conformes con Diet Squirt. Cobra por cambiar el juego.

42. **No digas mentiras piadosas.** Las mentiras piadosas parecen inofensivas, pero pueden inducir a error. No sabes qué problemas puede ayudarte a resolver la otra parte, y ella no sabe qué problemas tienes tú.

43. **No digas mentiras descaradas.** No es ético. Desde el punto de vista estratégico, si te pillan mintiendo, puedes perder la oportunidad de llegar a un acuerdo. Incluso si no te pillan, puedes perder el acuerdo si la otra parte piensa que tu MAAN es mejor de lo que ellos pueden ofrecer: «Es una buena oferta, yo en tu lugar la aceptaría».

44. **Preocúpate, pero no demasiado.** Es más fácil negociar en nombre de otros en lugar de hacerlo por ti mismo, porque no estás tan involucrado emocionalmente. Cuando estés negociando para ti, puede ayudarte el pensar que estás negociando para una otra persona muy parecida a ti.

45. **Sé consciente de las diferencias culturales.** Escucha a las otras partes y sé consciente de que lo que es importante para ellos puede no serlo para ti y viceversa. Herb Cohen dice que toda negociación es intercultural porque no vemos las cosas como son, sino como somos nosotros. De hecho, negociar con alguien que se parece a ti puede ser aún más difícil, ya que asumes que te están entendiendo.

Empieza con las reglas básicas.
Reparte el pastel.
Resuelve los problemas.
Haz un pastel gigante.
Disfruta de la mitad.

Nota del autor

En este libro se describen cuatro tipos de negociaciones. Están los ejemplos obviamente inventados, como el del reparto de *pizza* entre Alice y Bob o el de Sísifo haciendo rodar una roca. Están los ejemplos históricos (Moffett Studio, Ionity), para los cuales he localizado el material original o he entrevistado a algunos de los ejecutivos implicados. También están las negociaciones en las que he participado, desde la compra de un nombre de dominio hasta la venta de Honest Tea, y todas ellas las relato tal y como sucedieron, quizá con un recuerdo sesgado. La cuarta categoría son los ejemplos de mis alumnos, en los cuales, además de cambiar los nombres, me he tomado algunas licencias artísticas. Hemos transcrito negociaciones reales, pero estas eran de casos prácticos, no reales. En el otro grupo (como la negociación del certificado de depósito), he creado una mezcla entre lo que he aprendido de las experiencias de mis alumnos y lo que he visto en clase.

A la hora de elegir nombres, he intentado ir más allá de los tradicionales Alice y Bob. Me sorprendió gratamente la cantidad de amigos y alumnos brillantes que tenían nombres que empezaban por A y B. Fue una pequeña forma de honrarlos.

Agradecimientos

Receta para hacer un pastel muy grande

Ingredientes: mezclar teóricos y prácticos.

2 coprofesores que compartieron sus secretos comerciales (Cade Massey y Daylian Cain).

7 críticos duros pero justos (Bharat Anand, Max Bazerman, Jack Fanning, Brian Hanessian, Igor Kirman, Bradley Kuszmaul y Ann Olivarius).

7 colegas reflexivos que quitaron la paja y dejaron los hechos (Ian Ayres, Florian Ederer, Dan Esty, Kyle Jensen, Sharon Oster, Frances Rosenbluth, Kelly Shue).

1 cirujano ocular de segundo grado que piensa como un economista (Howie Weiss).

1 antiguo compañero de universidad entrometido y (re)generativo (Jeffrey Macklis).

1 pizca de antiguos alumnos estrella (Corey Baron, Greg Camp, Ezra Goldschlager), una pizca de lectores superinteligentes (Seth Masters, Dan Rube, Robert Schonberger, Andrew Weiss), y algunas personas generosas que me dejaron mirar en sus fogones (Richard Brooks, Don Moore, Michael Salinger, Shayne).

Hornea en la cabeza durante diez años a 98,6 grados. Ten paciencia. En este punto, solo está a medio cocer.

Añade un agente mezclador y reorganiza los ingredientes en el orden correcto (James Levine).

Edita la receta para reducir las cantidades a la mitad y mantén pequeñas las porciones (Hollis Heimbouch).

Amasa en la mesa de la cocina un año durante la pandemia. Extiende el papel y déjalo enfriar. Divide en 12 porciones. Se conservan bien.

Tuve mucha ayuda en la cocina. Hubo subchefs (Courtney Paganelli y Wendy Wong) y miles de catadores (mis estudiantes de MBA, becarios de Schwarzman, estudiantes de Coursera) que me ayudaron a perfeccionar la receta. La voz de Katie Pichotta en mi cabeza me ayudó a garantizar que no apareciera «eso» demasiadas veces: solo quedaron 188. Los talentosos editores Elizabeth Brown, Tom Pitoniak y Nikki Baldauf volvieron a poner los que no debería haber cortado, además de hacer que mi escritura pareciera que me había especializado en inglés, no en matemáticas.

Gracias a todos. He dicho desde el principio que no puedes hacer tú solo un pastel. Voy a ir más allá: todos y cada uno de los ingredientes han sido esenciales.

Hay un colega que merece una mención especial. Adam Brandenburger es coautor (coopetición) y amigo de toda la vida. Hemos escrito juntos varios artículos sobre negociación que exponen la teoría del pastel y las negociaciones multipartitas. Su trabajo pionero sobre la teoría de los juegos cooperativos me ayudó a emprender este camino y su influencia está en cada página.

Los escritores suelen terminar agradeciendo a su pareja que les permita pasar el tiempo encerrados en su despacho trabajando en el libro. Pero en este caso, era mi oficina la que estaba cerrada. Me trasladé a la mesa de la cocina, porque allí no estaba solo, sino todo lo contrario:

Helen y yo trabajamos desde casa. Creo que la distracción puede habernos salvado de repartir otras cosas además del pastel. Por otros cuarenta y dos años de hacer pasteles juntos.

Ilustraciones de Dan Ashwood. Dan es diseñador gráfico, animador e ilustrador. Antes fue caricaturista en el *Harvard Lampoon*. Puedes ver sus animaciones en el curso de negociación *online* de Barry en Coursera.org/learn/negotiation y más ilustraciones suyas en danashwood.myportfolio.com

Notas

1. Nejat Anbarci y Nick Feltovich, «How sensitive are bargaining outcomes to changes in disagreement payoffs?». *Experimental Economics 16*/4, pp. 560-596, (2013).

2. Robin Pinkley, Margaret Neale y Rebecca Bennett, «The Impact of Alternatives to Settlement in Dyadic Negotiation», *Organizational Behavior and Human Decision Processes, 57*/1, pp. 97-116, (1994).

3. Francesca Gino y Don Moore, «Why Negotiators Should Reveal Their Deadlines: Disclosing Weaknesses Can make You Stronger», *Negotiation and Conflict management Research, 1*/1, pp. 77-196, (2008).

4. Nos ayudaron George Lloyd y Jeremy Halpern, dos brillantes abogados que son consejeros en el sentido más estricto de la palabra.

5. ¿Cómo sabemos que la verdadera valoración de Alice era de 11.500 dólares y no algo superior o inferior? No es una cifra que se pueda verificar. Tendríamos que aceptar la palabra de Alice de que el coche valía 11.500 dólares para ella. O podríamos tener cierta deferencia hacia ella en cuanto a las pruebas que tendría que aportar para reforzar su afirmación de que el coche valía para ella 11.500 dólares.

6. Por defecto, el vendedor se ahorró 2.400 dólares. Si se hubieran repartido el pastel, cada uno se habría ahorrado 7.000 dólares, por lo que la diferencia exacta era de 4.600 dólares.

7. David Messick analiza la infinidad de heurísticos que la gente utiliza para la igualdad en «Equality as a decision heuristic», de B. A. M. Mellers y J. Baron (eds.), *Psychological Perspectives on Justice: Theory and Applications*,

Cambridge University Press, (1993). En un estudio anterior, Richard Harris y Mark Joyce demuestran la importancia de crear una estructura. Estos realizaron una serie de experimentos en los que varios compañeros trabajaban en turnos igualmente largos pero diferentes (uno en un mercadillo y otro en una carpintería).

La forma en que los socios proponen repartir los beneficios totales depende en gran medida de cómo se formule la pregunta. Cuando se pedía que se repartieran los beneficios de forma justa, la respuesta más común era que se hiciera a partes iguales. Pero cuando se les pedía que repartieran los gastos conjuntos de forma justa, la respuesta más común era dividir los costes a partes iguales y no de forma que se igualaran los beneficios. Los experimentos se describen en su artículo «¿What is fair? It depends on what you phrase the question», *Journal of Personality and Social Psychology 38/1*, pp. 165-79, (1980).

8. La conexión moderna entre la negociación y el Talmud se estableció por primera vez en el artículo de Barry O'Neill «A Problem of Rights Arbitration from the Talmud», *Mathematical Social Sciences 2*, pp. 345-371, (1982). Los resultados se ampliaron en: Robert Aumann y Michael Maschler, «Game Theoretic Analysis of a Bank- ruptcy Problem from the Talmud», *Journal of Economic Theory, 36*, pp. 195-213, (1985). El texto del Talmud puede encontrarse en sefaria.org/Bava_Metzia.2a.1-12.

9. Para los que temen que la esquiladora se rompa o se deprecie, que no se preocupen. No hay ningún problema en que los dos usen la misma.

10. En este caso, la tela es de solo 50 dólares y ambas partes tienen derecho a más de 50 dólares. Se disputa toda la tela, por lo que se reparte en 25/25 dólares.

11. Los habitantes de la planta baja pueden tener amigos en la planta superior a los que les gustaría visitar. Dicho esto, no creo que se les deba cobrar más por visitar la planta superior que a los que viven fuera del apartamento. Los que viven en el último piso son los responsables de cubrir los gastos del ascensor que se utiliza para transportar a la gente hasta sus viviendas.

12. Disponible en: wikipedia.org/wiki/List_of_development_aid_country_donors y reliefweb.int/sites/reliefweb.int/files/resources/GHA%20report%202019_0.pdf

13. Disponible en: worldpopulationreview.com/countries/countries-by-gdp

14. Rudy Nydegger y Guillermo Owen, «Two-person bargaining: An experimental test of the Nash axioms», *International Journal of Game Theory*, 3, pp. 239-49, (1974).

15. La investigación forma parte de su tesis doctoral. Está disponible en: ninaroussille.github.io/files/Roussille_askgap.pdf

16. La advertencia es que el resultado se produce principalmente a través de una reducción de la tasa de crecimiento de los salarios masculinos. Véase Morten Bennedsen, Elena Simintzi, Margarita Tsoutsoura y Daniel Wolfenzon, «Do Firms Respond to Gender Pay Gap Transparency?», Disponible en: nber.org/papers/w25435

17. Disponible en: iwpr.org/wp-content/uploads/2020/09/Q068-Pay-Secrecy. pdf y nytimes.com/2019/01/20/smarter-living/pay-wage-gap-salary-secrecytransparencia.html

18. Zoë Cullen y Bobak Pakzad-Hurson son profesores de la Harvard Business School y la Brown University, respectivamente. Su artículo, «Equilibrium Effects of Pay Transparency», está disponible en: https://www.nber.org/papers/w28903

19. La mayoría de la gente piensa que un aumento del salario mínimo conducirá a una reducción del empleo (porque es más caro contratar a gente). Sin embargo, un aumento del salario mínimo anula la lógica de los efectos indirectos y, por lo tanto, puede dar lugar a un aumento del empleo. Consideremos una empresa con diez empleados que ganan 10 dólares por hora. Con ese salario, la empresa tiene dificultades para contratar a nuevos empleados. Si pagara 15 dólares/hora, la empresa podría duplicar la plantilla y ampliar el horario y el servicio. El problema es que hacerlo le costaría a la empresa 20 dólares/hora, los 15 dólares/hora que paga a los diez nuevos contratados más el aumento de 5 dólares/hora que tendría que hacer a sus diez empleados actuales. Eso no merece la pena. Como el salario mínimo obliga a la empresa a aumentar el salario a 15 dólares/hora para los empleados existentes, el coste de contratar nuevos es solo de 15 dólares/hora, no de 20 dólares/hora, ya que el aumento de 5 dólares/hora ya se ha aplicado. La empresa tiene menos beneficios debido al aumento del salario mínimo, pero también es menos costoso expandirse, ya

que la empresa ha asumido el coste de aumentar el salario de sus trabajadores actuales.

20. Para los aficionados al derecho, el caso se conoce como «American-Hawaiian», Cal38.App.3d 73,112 Cal. Rptr. 897.

21. Disponible en: nytimes.com/1989/11/19/business/nutrasweet-s-bitter-fight.html

22. También es el Massey que está detrás de la clasificación de fútbol de Massey-Peabody.

23. Cade Massey y Richard Thaler, «The Loser's Curse: Decision making and market Efficiency in the National Football League Draft», *Management Science, 59/7*, 1479-1495, (2013).

24. Algunos lectores me han dicho que debería atribuir la historia de la naranja a Mary Parker Follett, una brillante pensadora y pionera de la resolución de conflictos. Aunque hay docenas de citas de ella en este sentido, y la solución es un ejemplo perfecto de su enfoque integrador de la resolución de conflictos, no he podido encontrar ninguna referencia a este ejemplo en su obra. Pero hay una historia de fondo interesante. Las primeras ediciones de *Obtenga el sí* compartían una historia sobre un conflicto por una ventana abierta. Esa historia fue tomada sin atribución del artículo de Mary Parker Follett de 1925, «Constructive Conflict». Las ediciones posteriores de *Obtenga el sí* ya se lo atribuían. Tal vez la gente infiera de ello que la historia de la naranja también se tomó prestada. Sin embargo, la historia se debe a Deborah Kolb, quien la incluyó en un artículo del *Negotiation Journal* de 1995 sobre las contribuciones de Mary Parker Follett. La profesora Kolb pensó inicialmente que la historia de la naranja «no era más que otro ejemplo de una buena idea de una mujer apropiada por un hombre». Al profundizar en la historia, se remontó al caso escrito por Robert House y publicado en 1975, «Experiences in management and Organizational Behavior». Quizá Robert House pensaba en Jack Sprat traducido a fruta.?

25. El acuerdo completo tiene 360 páginas, ya que hay literalmente cientos de detalles que debían especificarse. Puedes descargar el acuerdo en el sitio web de la Asociación Nacional de Jugadores de Baloncesto: nbpa.com/cba

26. Disponible en: espn.com/nba/story/_/id/7127448/nba-lockout-talks-break-early-thursday-planned and northwesternbusinessreview.org/how-the-nba-lockout-came-to-be-169cfa0bcf0d

27. Daylian Cain, George Loewenstein y Don Moore, «The Dirt on Coming Clean: Perverse Effects of Disclosing Conflicts of Interest», *Journal of Legal Studies, 34,* pp 1-25, 2005.

28. Disponible en: www.williamury.com/getting-to-yes-in-colombia/

29. Una versión anterior de la cita de Tyson se atribuye a Joe Louis: «Todo el mundo tiene un plan hasta que le golpean». En el caso de Tyson, respondía a la pregunta de un periodista sobre si estaba preocupado por la preparación de Evander Holyfield para el combate. Al principio, parecía que la frase de Tyson era clarividente, ya que dejó a Holyfield tambaleándose con un terrible golpe de derecha en el primer asalto. Sin embargo, diez asaltos después, la planificación y la habilidad de Holyfield fueron suficientes para vencer a Tyson.

30. Conn. Gen. Stat. § 22-357: Si un perro causa algún daño físico o a la propiedad de una persona, el propietario o el cuidador… será responsable de dicho daño…

31. Disponible en: cdc.gov/rabies/exposure/index.html

32. Los detalles históricos y las citas proceden de la biografía de John Garraty *The Right Hand man: The Life of George Perkins,* Westport, CT, Greenwood Press, 1960.

33. La mera impresión de los folletos constituye una violación de los derechos de autor. Según la Ley de Derechos de Autor de 1909, la sanción de 1 dólar se aplica «por cada copia infractora realizada o vendida por el infractor o sus agentes o empleados, o que se encuentre en su poder». Disponible en: copyright.gov/history/1909act.pdf. Si se distribuyeran, se convertiría en una violación intencionada. Es posible que, si la campaña destruyera los panfletos sin distribuirlos, terminaría siendo lo que hoy se llama una violación inocente y podría llevar al tribunal a reducir los daños estatutarios.

34. En este caso, no hay obligación de revelar, por lo que puede no pasar la prueba legal de una mentira por omisión. Pero pasa la prueba del olfato.

35. En general, cuando existen esas razones tan malas, el vendedor tiene la obligación legal de revelarlas.

36. Disponible en: Francesca Gino y Don Moore, «Why Negotiators Should Reveal Their Deadlines: Disclosing Weaknesses Can make You Stronger», *Negotiation and Conflict management Research*, 1/1, pp. 77-96, (2008).

37. Disponible en: pon.harvard.edu/daily/batna/negotiation-research-you-can-use-should-you-brandish-your-batna-nb/

38. Disponible en: nytimes.com/2017/01/26/world/mexicos-president-cancels-meeting-with-trump-over-wall.html

39. Disponible en: Matthew Backus, Thomas Blake y Steven Tadelis, «On the Empirical Content of Cheap-Talk Signaling: An Application to Bargaining», *Journal of Political Economy, 127*, 4, pp. 1599-1628, (2019).

40. Disponible en: Ellen Langer, Arthur Blank y Benzion Chanowitz, «The mindlessness of Ostensibly Thoughtful Action: The Role of "Placebic" Information in Interpersonal Interaction», *Journal of Personality and Social Psychology 36/6*, pp. 635-642, (1978).

Sobre el autor

Barry Nalebuff es profesor de administración de Milton Steinbach en la Escuela de Administración de Yale. Experto en teoría de juegos, ha escrito ampliamente sobre su aplicación a la estrategia empresarial. Además de *Repartir el pastel*, es coautor de seis libros: *Pensar estratégicamente* y *El arte de la estrategia* son dos libros populares sobre la teoría de los juegos. *Coopetición* va más allá de los juegos de suma cero para destacar el potencial de cooperar además de competir. *¿Y por qué no?* ofrece un sistema para la resolución de problemas y favorecer el ingenio. *Lifecycle Investing* presenta una nueva estrategia de inversión para la jubilación. *Mission in a Bottle* ofrece lecciones para los emprendedores y cuenta la historia de la marca de tés orgánicos Honest Tea en formato gráfico.

Además de su trabajo académico, Barry tiene una amplia experiencia como consultor de empresas multinacionales. Fue miembro del consejo de administración de Nationwide Insurance y Q mixers, y actualmente forma parte de los consejos de Calicraft y AGP.

En el ámbito de la negociación, asesoró a la NBA en sus anteriores convenios con la Asociación de Jugadores. También ha asesorado a empresas en importantes operaciones de fusiones y adquisiciones, y a sus hijas en los acuerdos con sus compañeros de piso sobre cómo repartir equitativamente el alquiler. Barry ha estado enseñando este método en Yale durante la última década en el núcleo del MBA y luego lo convirtió en un curso por internet en Coursera, que cuenta con más de 350.000 estudiantes inscritos y una calificación de 4,9/5,0.

Como empresario fue fundador de Honest Tea junto con su antiguo alumno Seth Goldman. La empresa se vendió a Coca-Cola en 2011. Su siguiente empresa, Kombrewcha, fabrica una kombucha ligeramente alcohólica y fue vendida a AB InBev en 2016. Su tercera empresa, Real Made Foods, produce platos de avena de elaboración instantánea. Esto le convirtió en empresario de cereales y en artista de juegos de palabras mediocres.

Graduado en el MIT, becario de Rhodes y miembro de la Sociedad de Becarios de Harvard, Barry se doctoró en la Universidad de Oxford.